Dr. Christian Ehrich

Die Arbeit der JAV

Grundlagen und Handlungsmöglichkeiten

Dr. Christian Ehrich

Die Arbeit der JAV

Grundlagen und Handlungsmöglichkeiten

5. Auflage 2021

Dieses Papier ist umweltschonend chlorfrei gebleicht hergestellt.

Bei der Erstellung des Buches wurde mit großer Sorgfalt vorgegangen; trotzdem können Fehler nicht vollständig ausgeschlossen werden. Der Rieder Verlag und die Autoren können für fehlerhafte Angaben und deren Folgen weder eine juristische Verantwortung noch irgendeine Haftung übernehmen. Für Verbesserungsvorschläge und Hinweise auf Fehler sind wir dankbar.

© 2021 Rieder GmbH & Co. Verlag für Recht und Kommunikation KG
Persönlich haftende Gesellschafterin:
Rieder Verwaltungs- und Beteiligungsgesellschaft mbH Münster
Geschäftsführerin:
Dipl. Psych. Heidrun Rieder
Tel.: 0251/30133 • Fax: 0251/30135 • Mail: info@riederverlag.de

Alle Rechte, auch die des auszugsweisen Nachdrucks, der fotomechanischen Wiedergabe (einschließlich Mikrokopie) sowie der Auswertung durch Datenbanken oder ähnliche Einrichtungen, vorbehalten.
Umschlag Entwurf: kommpliment! agentur für kommunikation, 48145 Münster
Satz: Schreibbüro B. Föhl, 74080 Heilbronn
Druck: Books on Demand

ISBN 978-3-945260-86-9

Vorwort

Die Jugend- und Auszubildendenvertretung (JAV) ist eine besondere betriebsverfassungsrechtliche Arbeitnehmervertretung, der es in erster Linie obliegt, die besonderen Belange derjenigen Arbeitnehmer wahrzunehmen, die das 18. Lebensjahr noch nicht vollendet haben, und der zu ihrer Berufsausbildung Beschäftigten, die das 25. Lebensjahr noch nicht vollendet haben. Wesentliche Aufgabe der JAV ist die Überwachung der Einhaltung und Durchführung der zu Gunsten dieser Arbeitnehmergruppen geltenden Gesetze, wie insbesondere des Berufsbildungsgesetzes (BBiG) und des Jugendarbeitsschutzgesetzes (JArbSchG), von Verordnungen, Unfallverhütungsvorschriften, Tarifverträgen und Betriebsvereinbarungen.

Die JAV wird zwar nach allgemeiner Ansicht nicht als selbständig und gleichberechtigt neben dem Betriebsrat stehendes Organ der Betriebsverfassung angesehen, das die Interessen der jugendlichen Arbeitnehmer und Auszubildenden unmittelbar gegenüber dem Arbeitgeber vertritt. Insoweit obliegt die Wahrnehmung der Interessen auch der jugendlichen Arbeitnehmer und der Auszubildenden allein dem Betriebsrat. Gleichwohl dürfen die Aufgaben und Handlungsmöglichkeiten der JAV insbesondere im Bereich der betrieblichen Ausbildung nicht unterschätzt werden. So kann die JAV bei sinnvoller Anwendung und Ausschöpfung der ihr zur Verfügung stehenden rechtlichen Möglichkeiten sowie bei enger Zusammenarbeit mit dem Betriebsrat einen erheblichen Beitrag dazu leisten, dass eine hohe Qualität der Ausbildung gewährleistet wird und sich dadurch für die Auszubildenden eine Beschäftigungsperspektive nach Abschluss der Ausbildung ergibt.

Dieses Buch richtet sich sowohl an Mitglieder der JAV als auch in gleicher Weise an Mitglieder des Betriebsrats von Betrieben, in denen eine JAV vorhanden oder wegen Vorliegens der gesetzlichen Voraussetzungen des § 60 Abs. 1 BetrVG zu errichten ist. Neben den allgemeinen Grundsätzen werden insbesondere die Aufgaben und Kompetenzen der JAV sowie die praktische Umsetzung der gesetzlich vorgeschriebenen Verpflichtung zur gemeinsamen Zusammenarbeit von Betriebsrat und JAV im Einzelnen dargestellt.

Köln, im Februar 2014
Dr. Christian Ehrich

Vorwort zur 5. Auflage

Zahlreiche wichtige Änderungen des Ausbildungsrechts durch das am 1. Januar 2020 in Kraft getretene Gesetz zur Stärkung und Modernisierung der beruflichen Bildung vom 12. Dezember 2019 (BGBl. I, S. 2522 ff.), gesetzliche Sonderregelungen aus Anlass der COVID-19-Pandemie sowie neueste höchstrichterliche Entscheidungen im Bereich der Jugend- und Auszubildendenvertretung machten eine Neuauflage erforderlich.

Ich wünsche den Lesern viel Freude mit diesem Buch und hoffe, dass es den Benutzern, insbesondere den Mitgliedern der JAV und des Betriebsrats, hilfreich ist, mögliche Fragen und Probleme einer sachgerechten und praxisnahen Lösung zuzuführen.

Für Anregungen und konstruktive Kritik bin ich wie bisher stets dankbar.

Köln, im Dezember 2020

Dr. Christian Ehrich

Inhaltsverzeichnis

Vorwort 5
Vorwort zur 5. Auflage.. 6
Abkürzungsverzeichnis 12
1.   Voraussetzungen der Errichtung einer JAV 14
2.   Größe und Zusammensetzung der JAV............................... 16
3.   **Wahl der JAV** 17
3.1   Zeitpunkt der Wahl 17
3.2   Wahlberechtigung und Wählbarkeit 18
3.3   Allgemeine Wahlgrundsätze 19
3.3.1   Mehrheitswahl 19
3.3.2   Verhältniswahl 20
3.3.3   Vorschlagsrecht 20
3.3.4   Vereinfachtes Wahlverfahren kraft Gesetzes 21
3.3.5   Normales Wahlverfahren 21
3.3.6   Vereinfachtes Wahlverfahren kraft Vereinbarung 21
3.4   Vorbereitung und Durchführung der Wahl 22
3.4.1   Bestellung des Wahlvorstands 22
3.4.2   Aufgaben des Wahlvorstands 24
3.4.2.1   Erstellung der Wählerliste 24
3.4.2.2   Repräsentation des Minderheitsgeschlechts........................... 26
3.4.2.3   Erlass und Aushang des Wahlausschreibens 32
3.4.2.4   Verfahren nach Einleitung der Wahl 35
3.5   Besonderheiten beim vereinfachten Wahlverfahren 36
3.6   Stimmauszählung und Wahlniederschrift 40
3.7   Einberufung der konstituierenden Sitzung der JAV 40
3.8   Wahlschutz und Wahlkosten... 41
3.9   Wahlanfechtung und Nichtigkeit der Wahl 42
3.10   „Kandidatenwerbung" für die JAV als wichtige praktische Aufgabe des Betriebsrats 44

4.   **Amtszeit der JAV und ihrer Mitglieder**............................ 46

5.   **Organisation und Geschäftsführung der JAV** 48
5.1   Allgemeine Grundsätze... 48
5.2   Vorsitzender und Vertreter 49

5.2.1	Wahl	49
5.2.2	Aufgaben	49
5.3	Sitzungen der JAV	51
5.4	Beschlüsse der JAV	57
5.4.1	Beschlussfähigkeit	57
5.4.2	Beschlussfassung	58
5.5	Geschäftsordnung	60
5.6	Sprechstunden	61
5.7	Streitigkeiten	62
6.	**Aufgaben der JAV**	**63**
6.1	Ermittlung und Verteilung der wahrzunehmenden Aufgaben	63
6.2	Gesetzliche Aufgaben der JAV	65
6.2.1	Antragsrechte	66
6.2.2	Überwachungsrechte	66
6.2.2.1	Betriebsverfassungsgesetz	67
6.2.2.2	Berufsbildungsgesetz	67
6.2.2.3	Jugendarbeitsschutzgesetz	69
6.2.2.4	Teilzeit- und Befristungsgesetz	70
6.2.2.5	Verordnungen	70
6.2.2.6	Tarifverträge	70
6.2.2.7	Betriebsvereinbarungen	71
6.2.2.7	Wahrnehmung der Überwachungsrechte	71
6.2.3	Anregungsrechte	72
7.	**Rechte der JAV gegenüber dem Betriebsrat**	**73**
7.1	Unterrichtungsrechte	73
7.2	Beratungsrechte	73
7.3	Teilnahme an Betriebsratssitzungen	75
7.4	Stimmrecht	76
7.5	Aussetzung von Betriebsratsbeschlüssen	78
7.6	Teilnahme an Besprechungen zwischen Arbeitgeber und Betriebsrat	79
7.7	Streitigkeiten zwischen JAV und Betriebsrat	80
8.	**Zusammenarbeit von JAV und Betriebsrat**	**81**
8.1	Generelle Grundsätze	81
8.2	Gemeinsame Arbeitsplanung	81
9.	**Handlungsmöglichkeiten von JAV und Betriebsrat im Bereich der betrieblichen Ausbildung**	**84**

9.1	Informationen als wichtige Voraussetzungen für eine erfolgreiche JAV- und Betriebsratsarbeit	84
9.2	Auswahl der Auszubildenden	89
9.2.1	Auswahlrichtlinien beim Einstellungsverfahren	90
9.2.2	Assessment-Center bei Auswahl oder Übernahme von Auszubildenden	92
9.3	Überwachung der Berufsausbildungsverträge	96
9.3.1	Mindestinhalte der Berufsausbildungsverträge	96
9.3.2	Nichtige Vereinbarungen	106
9.4	Überwachung der Berufsausbildung und Einfluss auf deren Ausgestaltung durch Betriebsrat und JAV	107
9.4.1	Mitbestimmungsrechte des Betriebsrats	107
9.4.1.1	Mitbestimmung bei der Durchführung der Berufsbildung	108
9.4.1.2	Mitbestimmung in sozialen Angelegenheiten	108
9.4.2	Kontrolle der Ausbildungsqualität	112
9.4.2.1	Qualifikationen des Ausbilders	113
9.4.2.2	Weisungsberechtigte Personen des Auszubildenden	116
9.4.2.3	Eignung des Ausbildungsbetriebs	116
9.4.3	Aktivitäten des Betriebsrats und der JAV zur Verbesserung der Ausbildungsqualität	120
9.4.4	Ausbildungsfremde Tätigkeiten	124
9.4.5	Wichtige gesetzliche Pflichten des Ausbildenden	125
9.4.5.1	Kostenlose Zurverfügungstellung von Ausbildungsmitteln	125
9.4.5.2	Berufsschule	126
9.4.5.3	Charakterliche Förderung	127
9.4.5.4	Ausbildungsnachweis	129
9.4.6	Ausbildungsbeauftragte	130
9.4.7	Verhalten von JAV und Betriebsrat bei Problemen mit dem Ausbilder	131
9.4.8	Schulungsmaßnahmen für Auszubildende	135
9.4.8.1	Besondere Anforderungen bei Einführung neuer Technik	136
9.4.8.2	Befragung der Auszubildenden zum Ablauf der Schulungsmaßnahmen	136
9.4.9	Sonderfall: Praktikum	137
9.5	Beurteilungssysteme für Auszubildende	141
9.5.1	Reichweite der Mitbestimmung bei Beurteilungssystemen	141
9.5.2	Typische Beurteilungsfehler	142
9.5.3	Kriterien eines guten Beurteilungssystems	143
9.5.4	Checkliste: Eckpunkte einer Betriebsvereinbarung zum Beurteilungssystem	145
9.5.5	Lernzielkontrollen	146

9.5.5.1	Vorteile von Lernzielkontrollen	148
9.5.5.2	Bogen zur Lernzielkontrolle	149
9.6	Fragebogenaktionen durch die JAV	152
9.6.1	Planungs- und Vorbereitungsphase	153
9.6.2	Durchführungsphase	155
9.6.3	Umsetzungsphase	157
9.7	Übernahme der Auszubildenden in ein Arbeitsverhältnis	157
9.7.1	Regelmäßiges Ende des Ausbildungsverhältnisses nach dem BBiG und Formen der Übernahme	158
9.7.2	Rahmenbedingungen für die befristete Übernahme oder die Übernahme in (befristete) Teilzeit	160
9.7.3	Möglichkeiten der Befristung des Arbeitsverhältnisses	161
9.7.3.1	Sachgrundlose Befristungen	161
9.7.3.2	Sachgrundbefristungen	162
9.7.4	Erfordernis der Information von JAV und Betriebsrat	163
9.7.5	Gemeinsame Vorgehensweise von JAV und Betriebsrat zur Übernahme von Auszubildenden	165
9.7.5.1	Vorschläge zur Kostensenkung	166
9.7.5.2	Einsatz der Mitbestimmungsrechte im Rahmen der Übernahme-Erörterungen	169
9.7.5.3	Stellenausschreibungen	170
9.7.5.4	Beschwerderecht der Auszubildenden	171
9.7.6	Strategieplanung der JAV zur Übernahme von Auszubildenden	171
9.7.7	Betriebsvereinbarung zur Übernahme von Auszubildenden	173
9.7.8	Betriebliche Öffentlichkeitsarbeit	175
9.8	Kontrolle der Ausbildungszeugnisse	176
9.8.1	Einfaches und qualifiziertes Zeugnis	176
9.8.2	Wesentliche Grundsätze der Zeugniserteilung	177
9.8.3	Verschlüsselungstechniken	178
9.8.4	Inhalte und Gliederung eines Ausbildungszeugnisses	180
9.8.5	Muster eines qualifizierten Ausbildungszeugnisses	182
10.	**Rechtsstellung der JAV-Mitglieder**	**183**
10.1	Ehrenamtliche Tätigkeit	183
10.2	Tätigkeits- und Entgeltschutz	183
10.3	Schulungs- und Bildungsveranstaltungen	184
10.4	Benachteiligungs- und Begünstigungsverbot	185
10.5	Geheimhaltungspflicht	185
10.6	Allgemeine Verhaltenspflichten	185

11.	**Besondere Schutzvorschriften zu Gunsten der JAV-Mitglieder**	**186**
11.1	Kündigungsschutz	186
11.1.1	Ordentliche Kündigung	186
11.1.2	Außerordentliche Kündigung	187
11.1.3	Ersatzmitglieder	187
11.2	Versetzung	188
11.3	Übernahmeanspruch von JAV-Mitgliedern nach § 78a BetrVG	188
12.	**Jugend- und Auszubildendenversammlungen**	**198**
12.1	Einberufung	198
12.2	Zeitpunkt und Ort	200
12.3	Teilnahmeberechtigte	201
12.4	Themen	201
12.5	Durchführung der Versammlung	202
12.6	Kosten	203
12.7	Streitigkeiten	204
12.8	Nachbetrachtung durch die JAV	204
12.9	Checkliste: Vorbereitung und Ablauf der JA-Versammlung	205
13.	**Gesamt-Jugend- und Auszubildendenvertretung**	**207**
13.1	Bedeutung und Funktion	207
13.2	Voraussetzungen der Errichtung	207
13.3	Zusammensetzung	208
13.4	Amtszeit	208
13.5	Zuständigkeit	208
13.6	Geschäftsführung	209
13.7	Stimmengewichtung	210
13.8	Rechtsstellung der Mitglieder	210
14.	**Konzern-Jugend- und Auszubildendenvertretung**	**212**
15.	**Sonderregelungen aus Anlass der COVID-19-Pandemie**	**214**
16.	**Literaturverzeichnis**	**216**
17.	**Stichwortverzeichnis**	**218**

Abkürzungsverzeichnis

Abs.	Absatz
AC	Assessment Center
AktG	Aktiengesetz
AP	Arbeitsrechtliche Praxis – Nachschlagewerk des BAG
ArbGG	Arbeitsgerichtsgesetz
ArbuR	Arbeit und Recht (Zeitschrift)
ArbRAktuell	Arbeitsrecht Aktuell (Zeitschrift)
Aufl.	Auflage
Art.	Artikel
BAG	Bundesarbeitsgericht
BB	Betriebs-Berater (Zeitschrift)
BBiG	Berufsbildungsgesetz
DB	Der Betrieb (Zeitschrift)
BetrVG	Betriebsverfassungsgesetz
BGB	Bürgerliches Gesetzbuch
BGBl.	Bundesgesetzblatt
bzw.	beziehungsweise
d.h.	das heißt
f., ff.	folgend(e)
ggf.	gegebenenfalls
G-JAV	Gesamt-Jugend- und Auszubildendenvertretung
i.S.v.	im Sinne von
i.V.m.	in Verbindung mit
JArbSchG	Jugendarbeitsschutzgesetz
JA-Versammlung	Jugend- und Auszubildendenversammlung
JAV	Jugend- und Auszubildendenvertretung
K-JAV	Konzern-Jugend- und Auszubildendenvertretung
KSchG	Kündigungsschutzgesetz
LAG	Landesarbeitsgericht
LAGE	Entscheidungssammlung der Landesarbeitsgerichte
MiLoG	Mindestlohngesetz
m.w.N.	mit weiteren Nachweisen
Nr.	Nummer
NZA	Neue Zeitschrift für Arbeitsrecht
o.ä.	oder ähnlich, oder Ähnliches, oder Ähnlichem
RdA	Recht der Arbeit (Zeitschrift)
Rn.	Randnummer
SGB	Sozialgesetzbuch

s.o.	siehe oben
sog.	so genannt
s.u.	siehe unten
TVG	Tarifvertragsgesetz
TzBfG	Teilzeit- und Befristungsgesetz
u.a.	unter anderem
usw.	und so weiter
u.U.	unter Umständen
VG	Verwaltungsgericht
vgl.	vergleiche
WO	Wahlordnung zum Betriebsverfassungsgesetz
z.B.	zum Beispiel
z.T.	zum Teil
zzgl.	zuzüglich

1.   Voraussetzungen der Errichtung einer JAV

Nach § 60 Abs. 1 BetrVG ist eine JAV zu errichten in Betrieben, in denen in der Regel mindestens fünf Arbeitnehmer beschäftigt sind, die

- das 18. Lebensjahr noch nicht vollendet haben (jugendliche Arbeitnehmer)

oder

- zu ihrer Berufsausbildung beschäftigt sind und das 25. Lebensjahr noch nicht vollendet haben.

Der Begriff der „Berufsausbildung" i.S.v. § 60 Abs. 1 BetrVG umfasst nicht nur die in § 1 Abs. 3 BBiG umschriebene Berufs(grund)ausbildung, sondern auch alle Maßnahmen, die innerhalb eines Betriebes berufliche Kenntnisse, Fertigkeiten, Fähigkeiten und Erfahrungen vermitteln, sofern dies auf der Grundlage eines privatrechtlich geschlossenen Vertrages geschieht. Zu ihrer Berufsausbildung beschäftigt werden damit nicht nur Auszubildende im Rahmen eines Berufsausbildungsverhältnisses nach Maßgabe der §§ 10 ff. BBiG, sondern auch Anlernlinge, Umschüler, Volontäre, Teilnehmer an berufsvorbereitenden betriebsinternen Ausbildungsmaßnahmen sowie die in § 26 BBiG genannten Personen. Ebenso handelt es sich bei Praktikanten um „zu ihrer Berufsausbildung Beschäftigte", falls ihnen aufgrund eines privatrechtlichen Vertrags berufliche Kenntnisse, Fertigkeiten und Erfahrungen vermittelt werden sollen. Dies gilt auch für Studenten, die vor Ableistung ihrer Prüfungen nach den Studien- oder Prüfungsordnungen Fachpraktika durchzuführen haben. Nicht zu den zu ihrer Berufsausbildung Beschäftigten gehören dagegen Schüler, die vor ihrem Schulabschluss Betriebspraktika abzuleisten haben. Ebenfalls keine Beschäftigung zur Berufsausbildung liegt bei Personen vor, die neben ihrer Schul- oder Hochschulausbildung im Betrieb tätig sind, wie dies insbesondere bei Werkstudenten der Fall ist. Diese können aber jugendliche Arbeitnehmer i.S. der ersten Variante von § 60 Abs. 1 BetrVG sein.

Das Merkmal „in der Regel" bedeutet, dass üblicherweise fünf oder mehr jugendliche Arbeitnehmer oder zu ihrer Berufsausbildung Beschäftigte im Betrieb tätig sind. Unerheblich ist, ob die Zahl genau zum Zeitpunkt der Einleitung der Wahl oder am Wahltag erreicht wird.

Für die Errichtung einer JAV ist – wie sich aus § 63 Abs. 2 BetrVG und § 80 Abs. 1 Nr. 5 BetrVG mittelbar ergibt – weiterhin Voraussetzung, dass in dem Betrieb ein Betriebsrat besteht. Anderenfalls kann eine JAV selbst dann nicht gebildet werden, wenn in dem Betrieb regelmäßig mehr als fünf jugendliche oder auszubildende Arbeitnehmer beschäftigt sind. In dem Fall wäre die Wahl einer JAV nichtig. Dagegen führt ein nur kurzfristiger Wegfall des Betriebsrats – wie z.B. bei einer verzögerten Neuwahl oder einer erfolgreichen Wahlanfechtung – nicht gleichzeitig zum Wegfall einer bestehenden JAV. Ebenso wenig beeinflusst ein kurzfristiger Wegfall des Betriebsrats die weitere Durchführung einer bereits eingeleiteten Wahl der JAV.

Bei Vorliegen der Voraussetzungen für die Errichtung einer JAV ist deren Wahl trotz des missverständlichen Wortlauts von § 60 Abs. 1 BetrVG („werden ... gewählt") gesetzlich vorgeschrieben. Die Errichtung der JAV steht daher nicht im Ermessen des Betriebsrats. Vielmehr ist er nach § 63 Abs. 2 Satz 1 BetrVG zur Bestellung eines Wahlvorstands zur Durchführung der JAV-Wahl verpflichtet. Der Betriebsrat verletzt seine gesetzlichen Pflichten i.S.v. § 23 Abs. 1 BetrVG, wenn er die Bestellung eines Wahlvorstands unterlässt. Zudem kann die Weigerung des Betriebsrats, einen Wahlvorstand zu bestellen, u.U. den Straftatbestand des § 119 Abs. 1 Nr. 1 BetrVG verwirklichen. Kommt der Betriebsrat seiner Pflicht zur Bestellung eines Wahlvorstands nach, so ist die Wahl einer JAV – ebenso wie die Wahl eines Betriebsrats – jedoch nicht erzwingbar. Es bleibt den aktiv Wahlberechtigten überlassen, ob sie eine JAV wählen, wobei dies auch dann gilt, wenn der Wahlvorstand nach § 63 Abs. 3 BetrVG gerichtlich bestellt wurde.

Die gesetzlichen Vorschriften über die Errichtung einer JAV sind zwingend, d.h. von ihnen kann weder durch Tarifverträge noch durch Betriebsvereinbarungen abgewichen werden.

2. Größe und Zusammensetzung der JAV

Die JAV besteht nach § 62 Abs. 1 BetrVG in Betrieben mit in der Regel

5	bis 20	wahlberechtigten Arbeitnehmern	aus einer Person,
21	bis 50	wahlberechtigten Arbeitnehmern	aus 3 Mitgliedern,
51	bis 150	wahlberechtigten Arbeitnehmern	aus 5 Mitgliedern,
151	bis 300	wahlberechtigten Arbeitnehmern	aus 7 Mitgliedern,
301	bis 500	wahlberechtigten Arbeitnehmern	aus 9 Mitgliedern,
501	bis 700	wahlberechtigten Arbeitnehmern	aus 11 Mitgliedern,
701	bis 1000	wahlberechtigten Arbeitnehmern	aus 13 Mitgliedern,
mehr als 1000		wahlberechtigten Arbeitnehmern	aus 15 Mitgliedern.

Die JAV soll sich gemäß § 62 Abs. 2 BetrVG möglichst aus Vertretern der verschiedenen Beschäftigungsarten und Ausbildungsberufe der im Betrieb tätigen jugendlichen Arbeitnehmer und Auszubildenden zusammensetzen. Diese Vorschrift richtet sich an diejenigen Personen, die Wahlvorschläge einreichen. Im Wahlausschreiben soll darauf ausdrücklich hingewiesen werden (§ 38 Satz 1 WO i.V.m. § 3 Abs. 3 WO). Kommen die Wahlvorschlagsberechtigten dieser Aufforderung nicht nach, hat dies keinen Einfluss auf die Wirksamkeit der JAV-Wahl, weil es sich bei § 62 Abs. 2 BetrVG um eine bloße „Soll-Vorschrift" handelt.

Demgegenüber sieht § 62 Abs. 3 BetrVG zwingend vor, dass das Geschlecht, das unter den jugendlichen Arbeitnehmern und Auszubildenden in der Minderheit ist, entsprechend seinem zahlenmäßigen Verhältnis in der JAV vertreten sein muss, sofern diese aus mindestens drei Mitgliedern besteht. Die Verteilung der Sitze in der JAV auf die Geschlechter ist in der WO geregelt (Einzelheiten dazu s.u. 3.4.2.2).

3. Wahl der JAV

3.1 Zeitpunkt der Wahl

Die regelmäßigen Wahlen der JAV finden alle zwei Jahre in der Zeit vom 1. Oktober bis zum 30. November statt, § 64 Abs. 1 Satz 1 BetrVG. Die letzten regelmäßigen Wahlen haben im Jahre 2020 stattgefunden. Die nächsten regelmäßigen Wahlen finden sonach in den Jahren 2022, 2024, 2026 usw. statt.

Für die Wahl außerhalb der regelmäßigen Zeit gilt § 13 Abs. 2 Nr. 2 bis 6 und Abs. 3 BetrVG entsprechend, § 64 Abs. 1 Satz 2 BetrVG.

Außerhalb der Zeit vom 1. Oktober bis zum 30. November ist daher eine JAV zu wählen, wenn

- die Gesamtzahl der JAV-Mitglieder nach Eintreten sämtlicher Ersatzmitglieder unter die vorgeschriebene Zahl der JAV-Mitglieder gesunken ist

  oder

- die JAV mit der Mehrheit ihrer Mitglieder den Rücktritt beschlossen hat

  oder

- die JAV-Wahl mit Erfolg angefochten worden ist

  oder

- die JAV durch eine gerichtliche Entscheidung aufgelöst worden ist

  oder

- im Betrieb eine JAV trotz Vorliegens der Voraussetzungen für ihre Errichtung nach § 60 Abs. 1 BetrVG nicht besteht.

Hat die Amtszeit der nach § 64 Abs. 1 Satz 2 BetrVG i.V.m. § 13 Abs. 2 Nr. 2 bis 6 BetrVG gewählte JAV zu Beginn des für die regelmäßigen JAV-Wahlen festgelegten Zeitraums noch nicht ein Jahr betragen, so ist die JAV erst in dem übernächsten Zeitraum der regelmäßigen JAV-Wahlen neu zu wählen, § 64 Abs. 1 Satz 2 BetrVG i.V.m. § 13 Abs. 3 Satz 2 BetrVG. Anderenfalls ist die JAV in dem auf die Wahl folgenden Zeitraum der regelmäßigen JAV-Wahl neu zu wählen, § 64 Abs. 1 Satz 2 BetrVG i.V.m. § 13 Abs. 3 Satz 1 BetrVG.

3.2 Wahlberechtigung und Wählbarkeit

Wahlberechtigt sind nach § 61 Abs. 1 BetrVG i.V.m. § 60 Abs. 1 BetrVG alle Arbeitnehmer des Betriebes, die am letzten Wahltag das 18. Lebensjahr bzw. alle Auszubildenden, die am letzten Wahltag das 25. Lebensjahr noch nicht vollendet haben. Ebenso wie bei der Betriebsratswahl setzt die Ausübung des aktiven Wahlrechts in formeller Hinsicht zudem die Eintragung in die Wählerliste voraus (§ 38 Satz 1 WO i.V.m. § 2 Abs. 3 Satz 1 WO). Bei minderjährigen Arbeitnehmern hängt die Ausübung des Wahlrechts nicht von der Zustimmung der gesetzlichen Vertreter ab. Die Auszubildenden zwischen Vollendung des 18. und 25. Lebensjahres haben ein doppeltes Wahlrecht sowohl zur JAV als auch zum Betriebsrat. Werden Auszubildende zu Ausbildungszwecken vorübergehend in einem anderen Betrieb eingesetzt, haben sie dort kein Wahlrecht. § 7 Satz 2 BetrVG findet insoweit keine Anwendung, da die Auszubildenden nicht „zur Arbeitsleistung" überlassen werden.

Wählbar sind alle Arbeitnehmer des Betriebes, die das 25. Lebensjahr noch nicht vollendet haben, § 61 Abs. 2 Satz 1 BetrVG. Wählbar sind damit auch Personen, die zwischen 18 und 25 Jahren alt und nicht als Auszubildende beschäftigt sind, und demzufolge kein aktives Wahlrecht zur Jugend- und Auszubildendenvertretung haben. Stichtag für die Altersgrenze ist nach § 64 Abs. 3 BetrVG der Beginn der Amtszeit.

Nicht wählbar ist, wer infolge strafgerichtlicher Verurteilung die Fähigkeit, Rechte aus öffentlichen Wahlen zu erlangen, nicht besitzt (§ 61 Abs. 2 Satz 2 BetrVG i.V.m. § 8 Abs. 1 Nr. 3 BetrVG). Außerdem können Mitglieder des Betriebsrats nicht zu JAV-Mitgliedern gewählt werden, § 61 Abs. 2 Satz 2 BetrVG. Will ein Betriebsratsmitglied für die JAV kandidieren, muss es zuvor seine Mitgliedschaft im Betriebsrat niederlegen. Umgekehrt ist zwar ein Mitglied der JAV zum Betriebsrat wählbar. Mit der Annahme der Wahl verliert es jedoch die Wählbarkeit für die JAV, so dass zu diesem Zeitpunkt die Mitgliedschaft in der JAV gemäß § 65 Abs. 1 BetrVG i.V.m. § 24 Abs. 1 Nr. 4 BetrVG automatisch endet.

Ersatzmitglieder des Betriebsrats sind dagegen zur JAV wählbar. Mit dem Nachrücken in den Betriebsrat scheiden sie aber aus der JAV automatisch aus. Unerheblich ist hierbei, ob das Ersatzmitglied wegen einer dauernden oder nur vorübergehenden Verhinderung nachrückt und im letzteren Fall nach Beendigung aus dem Betriebsrat wieder ausscheidet. Bei dem Ausscheiden aus dem Betriebsrat lebt das Amt als JAV-Vertreter nicht wieder auf. Mit der Wahl zum Mitglied der JAV sollte daher ein Ersatzmitglied des Betriebsrats seine dortige Ersatzmitgliedschaft (endgültig) niederlegen.

In formeller Hinsicht ist für die Wählbarkeit die Eintragung in die Wählerliste erforderlich (§ 38 Abs. 1 WO i.V.m. § 2 Abs. 3 WO). Dies gilt nicht für Arbeitnehmer zwischen 18 und 25 Jahren, die nicht zu ihrer Berufsausbildung beschäftigt und damit zwar wählbar, jedoch nicht wahlberechtigt sind. Die Wählbarkeit dieser Personen ist daher auch ohne Eintragung in die Wählerliste gegeben.

3.3 Allgemeine Wahlgrundsätze

Nach § 63 Abs. 1 BetrVG wird die JAV in geheimer und unmittelbarer Wahl gewählt.

Die Wahl erfolgt nach den Grundsätzen der Mehrheitswahl, wenn nur ein Wahlvorschlag eingereicht wird oder wenn die JAV im vereinfachten Wahlverfahren nach § 14a BetrVG zu wählen ist, § 63 Abs. 2 Satz 2, Abs. 4 Satz 1, Abs. 5 BetrVG i.V.m. § 14 Abs. 2 Satz 2 BetrVG. Ansonsten ist sie nach den Grundsätzen der Verhältniswahl durchzuführen (§ 62 Abs. 2 Satz 2 BetrVG i.V.m. § 14 Abs. 2 Satz 1 BetrVG).

3.3.1 Mehrheitswahl

Bei der Mehrheitswahl kann der Wahlberechtigte auf dem Stimmzettel so viele Kandidaten ankreuzen, wie Mitglieder der JAV zu wählen sind (vgl. § 39 Abs. 3 WO). Werden mehr Kandidaten angekreuzt, ist die Stimme ungültig. Umgekehrt hat es auf die Gültigkeit der abgegebenen Stimme keinen Einfluss, wenn weniger Kandidaten angekreuzt werden. Die zu besetzenden Sitze der JAV werden nach den erreichten Stimmenzahlen verteilt, wobei das in der Minderheit befindliche Geschlecht nach Maßgabe des

§ 62 Abs. 3 BetrVG repräsentiert sein muss (s.u. 3.4.2.2), sofern die zu wählende JAV nicht nur aus einer Person besteht.

3.3.2 Verhältniswahl

Bei der Verhältniswahl kann der Wahlberechtigte nur eine Liste wählen. Die Streichung eines auf der Liste befindlichen Bewerbers ist ebenso wenig möglich, wie die Hinzufügung eines nicht auf der Liste stehenden Bewerbers. Anderenfalls ist die Stimmabgabe ungültig. Die Verteilung der Sitze auf die einzelnen Listen erfolgt nach dem sog. d'Hondt'schen Höchstzahlensystem i.S. des § 15 WO (vgl. § 39 Abs. 1 Satz 2 WO).

3.3.3 Vorschlagsrecht

Die Wahl der JAV erfolgt auf Grund von Vorschlägen (vgl. § 39 WO). Vorschlagsberechtigt sind allein die jugendlichen Arbeitnehmer und die zu ihrer Berufsausbildung beschäftigten Arbeitnehmer des Betriebs, die das 25. Lebensjahr noch nicht vollendet haben (vgl. § 61 Abs. BetrVG). Jeder Wahlvorschlag muss von einem Zwanzigstel der wahlberechtigten Arbeitnehmer, mindestens jedoch von drei Wahlberechtigten unterzeichnet sein. In Betrieben mit in der Regel bis zu 20 zur JAV wahlberechtigten Arbeitnehmern genügt die Unterzeichnung durch zwei Wahlberechtigte. In jedem Fall genügt die Unterzeichnung durch 50 Wahlberechtigte (§ 63 Abs. 2 Satz 2 BetrVG i.V.m. § 14 Abs. 4 Satz 1 und 2 BetrVG). In den Vorschlagslisten sind Familienname, Vorname, Geburtsdatum, Art der Beschäftigung sowie der Ausbildungsberuf aufzuführen (§ 39 Abs. 1 Satz 3 WO i.V.m. § 6 Abs. 3 Satz 1 WO).

Auch die im Betrieb vertretenen Gewerkschaften sind gemäß § 63 Abs. 2 Satz 2 BetrVG i.V.m. § 14 Abs. 3 und 5 BetrVG berechtigt, zu der Wahl der JAV einen Wahlvorschlag einzureichen. Dieser muss lediglich von zwei Beauftragten der Gewerkschaft unterzeichnet sein und bedarf keiner Unterzeichnung durch wahlberechtigte Arbeitnehmer des Betriebes. Das Wahlvorschlagsrecht der Gewerkschaften setzt voraus, dass ein Wahlvorstand gebildet ist, der das Wahlverfahren durch das Wahlausschreiben eingeleitet hat. In betriebsratslosen Betrieben können die Gewerkschaften somit keine Wahlvorschläge für die Wahl der JAV machen, weil für die Bildung des

Wahlvorstands das Bestehen eines Betriebsrats notwendige Voraussetzung ist.

3.3.4 Vereinfachtes Wahlverfahren kraft Gesetzes

In Betrieben mit fünf bis zu 50 jugendlichen Arbeitnehmern und zu ihrer Berufsausbildung Beschäftigten, die das 25. Lebensjahr noch nicht vollendet haben, muss die Wahl der JAV nach § 63 Abs. 4 Satz 1 BetrVG i.V.m. § 14a BetrVG – zwingend – im sog. vereinfachten Wahlverfahren durchgeführt werden (Einzelheiten hierzu s.u. 3.5).

3.3.5 Normales Wahlverfahren

Das normale Wahlverfahren (Einzelheiten hierzu s.u. 3.4.) ist in Betrieben durchzuführen, in denen regelmäßig mehr als 50 zur JAV wahlberechtigte Personen tätig sind.

3.3.6 Vereinfachtes Wahlverfahren kraft Vereinbarung

In Betrieben mit mehr als 50 und bis zu 100 zur JAV wahlberechtigten Personen können der Wahlvorstand und der Arbeitgeber die Durchführung der JAV-Wahl im vereinfachten Wahlverfahren vereinbaren, § 63 Abs. 5 BetrVG i.V.m. § 14a Abs. 5 BetrVG.

Eine bestimmte Form für diese Vereinbarung ist gesetzlich nicht vorgesehen, so dass sie an sich auch mündlich getroffen werden kann. Aus Gründen der Rechtssicherheit und Beweisbarkeit sollte sie jedoch unbedingt schriftlich erfolgen.

3.4 Vorbereitung und Durchführung der Wahl

Die Vorbereitung und Durchführung der JAV-Wahlen gehören gemäß § 80 Abs. 1 Nr. 5 BetrVG zu den allgemeinen gesetzlichen Aufgaben des Betriebsrats.

3.4.1 Bestellung des Wahlvorstands

Dem für die Vorbereitung und Durchführung der JAV-Wahlen nach § 80 Abs. 1 Nr. 5 BetrVG verantwortlichen Betriebsrat obliegt zunächst die Bestellung des Wahlvorstands, da die Wahl der JAV stets von einem Wahlvorstand vorbereitet und durchgeführt werden muss (§ 38 Satz 1 WO i.V.m. § 1 Abs. 1 WO). Anderenfalls ist die JAV-Wahl nichtig. Unterlässt der Betriebsrat die Bestellung des Wahlvorstands, verstößt er gegen seine gesetzlichen Pflichten. Dies kann einen groben Verstoß i.S.v. § 23 Abs. 1 BetrVG darstellen, der u.U. zur Auflösung des Betriebsrats berechtigt.

Der im Amt befindliche Betriebsrat hat gemäß § 63 Abs. 2 Satz 1 BetrVG spätestens acht Wochen vor Ablauf der Amtszeit der JAV den Wahlvorstand und seinen Vorsitzenden zu bestellen. Diese Frist verkürzt sich im vereinfachten Wahlverfahren (s.u. 3.5) auf vier Wochen (§ 63 Abs. 4 Satz 2 Halbsatz 1 BetrVG). Die Bestellung des Wahlvorstands bereits zu jeweils früheren Zeitpunkten ist durchaus möglich und aus Planungsgründen auch zu empfehlen.

Bei der Bestellung des Wahlvorstands durch den amtierenden Betriebsrat hat die JAV nach § 67 Abs. 2 BetrVG ein Stimmrecht (s.u. 7.4). Sie selbst kann aber den Wahlvorstand für eine Neuwahl nicht einsetzen.

Die Größe des Wahlvorstands ist gesetzlich nicht ausdrücklich geregelt. Der Betriebsrat hat die Anzahl der Mitglieder des Wahlvorstands daher nach pflichtgemäßem Ermessen zu bestimmen, wobei der Wahlvorstand grundsätzlich aus dem Vorsitzenden, mindestens zwei weiteren Mitgliedern und stets aus einer ungeraden Zahl von Mitgliedern bestehen muss. Regelmäßig wird ein aus drei Mitgliedern bestehender Wahlvorstand ausreichen, sofern dadurch die ordnungsgemäße Durchführung der JAV-Wahl gewährleistet wird. Lediglich in besonderen Ausnahmefällen dürfte auch ein größerer Wahlvorstand erforderlich sein.

Der Betriebsrat kann sowohl jugendliche Arbeitnehmer und Auszubildende als auch sonstige Arbeitnehmer des Betriebs zu Mitgliedern des Wahlvorstands bestellen. Mindestens ein Mitglied des Wahlvorstands muss jedoch das passive Wahlrecht zum Betriebsrat haben, d.h. volljährig sein und dem Betrieb mindestens sechs Monate angehören (§ 38 Satz 2 WO i.V.m. § 8 BetrVG).

Jede im Betrieb vertretene Gewerkschaft kann zusätzlich einen dem Betrieb angehörigen Beauftragten als nicht stimmberechtigtes Mitglied in den Wahlvorstand entsenden, sofern ihr nicht ein stimmberechtigtes Wahlvorstandsmitglied angehört, § 63 Abs. 2 Satz 2 BetrVG i.V.m. § 16 Abs. 1 Satz 6 BetrVG. Das Entsenderecht der Gewerkschaft setzt nicht voraus, dass diese unter den zur JAV wahlberechtigten Personen vertreten ist. Vielmehr reicht es aus, dass ihr ein Arbeitnehmer des Betriebes als Mitglied angehört.

In Betrieben mit männlichen und weiblichen jugendlichen Arbeitnehmern und Auszubildenden sollen dem Wahlvorstand gemäß § 63 Abs. 2 Satz 2 BetrVG i.V.m. § 16 Abs. 1 Satz 5 BetrVG „Frauen und Männer" angehören.

Die Bestellung von Ersatzmitgliedern für die Mitglieder des Wahlvorstands durch den Betriebsrat ist zulässig.

Bestellt der Betriebsrat einen Wahlvorstand nicht oder nicht spätestens sechs Wochen vor Ablauf der Amtszeit der JAV, kann nach § 63 Abs. 3 BetrVG i.V.m. § 16 Abs. 3 Satz 1 BetrVG der Gesamtbetriebsrat oder, falls ein solcher nicht besteht, der Konzernbetriebsrat den Wahlvorstand bestellen. Alternativ dazu kann die Bestellung auf Antrag einer im Betrieb vertretenen Gewerkschaft oder von mindestens drei zum Betriebsrat wahlberechtigten Arbeitnehmern des Betriebs durch das Arbeitsgericht erfolgen (§ 63 Abs. 3 BetrVG i.V.m. § 16 Abs. 2 Satz 1 BetrVG). Der Antrag kann auch von jugendlichen Arbeitnehmern gestellt werden, § 63 Abs. 3 letzter Halbsatz BetrVG. Im vereinfachten Wahlverfahren (s.u. 3.5) verkürzt sich die Sechs-Wochen-Frist auf drei Wochen (§ 63 Abs. 4 Satz 2 Halbsatz 2 BetrVG).

3.4.2 Aufgaben des Wahlvorstands

Der Wahlvorstand hat nach seiner Bestellung unverzüglich die Wahl der JAV einzuleiten, das Wahlausschreiben zu erlassen, das Wahlverfahren sodann in seinem gesamten Verlauf zu überwachen, für die ordnungsgemäße Durchführung Sorge zu tragen und schließlich das Wahlergebnis festzustellen (vgl. § 63 Abs. 2 Satz 2 BetrVG i.V.m. § 18 Abs. 1 Satz 1 BetrVG). Vor der Einleitung der Wahl sollte sich der Wahlvorstand für eine gründliche Vorbereitung der Wahl – insbesondere der zu beachtenden zwingenden Formalien – ausreichend Zeit nehmen, um eine Anfechtbarkeit der Wahl zu vermeiden.

Kommt der Wahlvorstand seinen gesetzlichen Verpflichtungen nicht nach, so ersetzt ihn gemäß § 63 Abs. 2 Satz 2 BetrVG i.V.m. § 18 Abs. 1 Satz 2 BetrVG das Arbeitsgericht auf Antrag des Betriebsrats, von mindestens drei zur JAV wahlberechtigten Personen oder einer im Betrieb vertretenen Gewerkschaft.

3.4.2.1 Erstellung der Wählerliste

Der Wahlvorstand hat zunächst nach § 38 Satz 1 WO i.V.m. § 2 Abs. 1 WO die Wählerliste, d.h. die Liste der zur JAV wahlberechtigten Personen, zu erstellen. In die Wählerliste sind alle wahlberechtigten Personen

- getrennt nach Männern und Frauen

   sowie

- mit Familiennamen, Vornamen, Geburtsdatum und innerhalb der jeweiligen Geschlechter in alphabetischer Reihenfolge

einzutragen. Der Arbeitgeber hat dem Wahlvorstand alle für die Anfertigung der Wählerliste erforderlichen Auskünfte zu erteilen und die erforderlichen Unterlagen zur Verfügung zu stellen, § 38 Satz 1 WO i.V.m. § 2 Abs. 2 Satz 1 WO.

Ein Abdruck der Wählerliste, der die Geburtsdaten der Wahlberechtigten nicht enthalten soll, und ein Abdruck der WO sind vom Tage des Erlasses des Wahlausschreibens bis zum Abschluss der Stimmabgabe an geeigneter Stelle im Betrieb, zur Einsichtnahme auszulegen, § 38 Satz 1 WO i.V.m. § 2 Abs. 4 Satz 1 und 2 WO. Als „geeignete Stelle" in diesem Sinne kommt insbesondere das Geschäftszimmer des Wahlvorstands in Betracht. In größeren Betrieben sollten ein Abdruck der Wählerliste und der WO an mehreren Stellen ausgelegt werden, an denen die zur JAV wahlberechtigten Personen ohne weiteres die Möglichkeit haben, in diese Unterlagen Einblick zu nehmen.

Ergänzend dazu können der Abdruck der Wählerliste und die WO mittels der im Betrieb vorhandenen Informations- und Kommunikationstechnik bekannt gemacht werden (§ 38 Satz 1 WO i.V.m. § 2 Abs. 4 Satz 3 WO).

Die Bekanntmachung **ausschließlich in elektronischer Form** ist gemäß § 38 Satz 1 WO i.V.m. § 2 Abs. 4 Satz 4 WO nur zulässig, wenn alle Wahlberechtigten von der Bekanntmachung Kenntnis erlangen können und Vorkehrungen getroffen werden, dass Änderungen und Bekanntmachungen nur vom Wahlvorstand getroffen werden können. Von der letztgenannten Möglichkeit ist **dringend abzuraten**, weil der Wahlvorstand in dem Fall nach der Rechtsprechung des BAG (Beschluss vom 21.01.2009 – 7 ABR 65/07, AP Nr. 61 zu § 19 BetrVG) Vorkehrungen dafür treffen muss, dass andere Mitarbeiter des Arbeitgebers, wie z.B. die Systemadministratoren, nicht in der Lage sind, ohne Mitwirkung des Wahlvorstands das in elektronischer Form bekannt gegebene Wahlausschreiben zu verändern.

Zu beachten ist schließlich, dass der Wahlvorstand nach § 38 Satz 1 WO i.V.m. § 2 Abs. 5 WO dafür sorgen „soll", dass ausländische jugendliche Arbeitnehmer und Auszubildende, die der deutschen Sprache nicht mächtig sind, vor Einleitung der JAV-Wahl über das Wahlverfahren, die Aufstellung der Wähler- und Vorschlagslisten, den Wahlvorgang und die Stimmabgabe in geeigneter Weise unterrichtet werden. Obwohl es sich bei § 2 Abs. 5 WO lediglich um eine sog. „Soll-Vorschrift" handelt, stellt sie nach der Rechtsprechung des BAG dennoch eine wesentliche Vorschrift über das Wahlverfahren i.S. des § 19 Abs. 1 BetrVG dar, deren Missachtung zur Anfechtung der darauf beruhenden Wahl berechtige (BAG-Beschluss vom 13.10.2004 – 7 ABR 5/04, AP Nr. 1 zu § 2 WahlO BetrVG 2972).

3.4.2.2 Repräsentation des Minderheitsgeschlechts

Ist eine JAV zu wählen, die aus mindestens drei Mitgliedern besteht, muss nach § 62 Abs. 3 BetrVG das Geschlecht, das unter den in § 60 Abs. 1 BetrVG genannten Arbeitnehmern in der Minderheit ist, mindestens entsprechend seinem zahlenmäßigen Verhältnis in der JAV vertreten sein. Dies bedeutet, dass das Geschlecht in der Minderheit mindestens die Anzahl der Mandate erhält, die seinem zahlenmäßigen Anteil an den jugendlichen Arbeitnehmern und Auszubildenden entspricht. Das Geschlecht in der Minderheit kann darüber hinaus noch weitere, ggf. sogar sämtliche Mandate erhalten, da nur dieses, nicht aber das Geschlecht in der Mehrheit eine Mindestanzahl von Sitzen erhält.

Der Wahlvorstand hat deshalb zunächst die Anzahl der weiblichen und männlichen wahlberechtigten Personen genau zu ermitteln. Stichtag ist der Tag des Erlasses und des Aushangs des Wahlausschreibens, weil an diesem Tag die Wahl eingeleitet wird. Für das Wahlausschreiben hat der Wahlvorstand die Anzahl der Sitze für das Minderheitengeschlecht zu ermitteln und bekannt zu geben. Die Berechnung der Sitze für das Minderheitengeschlecht hat nach dem in **§ 5 WO**, der in § 38 Satz 1 WO für die JAV-Wahlen für entsprechend anwendbar erklärt wird, geregelten sog. d'Hondt'schen Höchstzahlverfahren zu erfolgen. Diese Vorschrift lautet wie folgt:

§ 5 Bestimmung der Mindestsitze für das Geschlecht in der Minderheit

(1) Der Wahlvorstand stellt fest, welches Geschlecht von seinem zahlenmäßigen Verhältnis im Betrieb in der Minderheit ist. Sodann errechnet der Wahlvorstand den Mindestanteil der Betriebsratssitze für das Geschlecht in der Minderheit (§ 15 Abs. 2 des Gesetzes) nach den Grundsätzen der Verhältniswahl. Zu diesem Zweck werden die Zahlen der am Tage des Erlasses des Wahlausschreibens im Betrieb beschäftigten Frauen und Männer in einer Reihe nebeneinander gestellt und beide durch 1, 2, 3, 4 usw. geteilt. Die ermittelten Teilzahlen sind nacheinander reihenweise unter den Zahlen der ersten Reihe aufzuführen, bis höhere Teilzahlen für die Zuweisung der zu verteilenden Sitze nicht mehr in Betracht kommen.

(2) Unter den so gefundenen Teilzahlen werden so viele Höchstzahlen ausgesondert und der Größe nach geordnet, wie Betriebsratsmitglieder zu wählen sind. Das Geschlecht in der Minderheit erhält so viele Mitgliedersitze zugeteilt, wie Höchstzahlen auf es entfallen. Wenn die niedrigste in Betracht kommende Höchstzahl auf beide Geschlechter zugleich entfällt, so entscheidet das Los darüber, welchem Geschlecht dieser Sitz zufällt.

Beispiel:

In einem Betrieb sind regelmäßig 273 jugendliche Arbeitnehmer und zu ihrer Berufsausbildung Beschäftigte, die das 25. Lebensjahr noch nicht vollendet haben, beschäftigt. Hierunter befinden sich 184 männliche und 89 weibliche Personen. Gemäß § 62 Abs. 1 BetrVG besteht die JAV aus sieben Mitgliedern. Die Verteilung auf die Gruppen ist nach § 5 WO wie folgt vorzunehmen:

184 männliche Personen			*89 weibliche Personen*		
: 1	*=*	*184*	*: 1*	*=*	*89*
: 2	*=*	*92*	*: 2*	*=*	*44,5*
: 3	*=*	*61,33*	*: 3*	*=*	*29,66*
: 4	*=*	*46*	*: 4*	*=*	*22,25*
: 5	*=*	*36,8*	*: 5*	*=*	*17,8*

Die sieben höchsten Teilzahlen sind: 184; 92; 89; 61,33; 46; 44,5; 36,8. Von diesen höchsten Teilzahlen entfallen fünf Höchstzahlen auf die männlichen und zwei Höchstzahlen auf die weiblichen Personen. Dementsprechend müssen in der JAV mindestens zwei weibliche Personen vertreten sein.

Eine bestimmte Mindestzahl von Vertretern des Minderheitsgeschlechts ist gesetzlich – im BetrVG oder in der WO – nicht vorgesehen.

Beispiel:

Würden sich im obigen Beispielsfall unter den 273 jugendlichen Arbeitnehmern und zu ihrer Berufsausbildung Beschäftigten, die das 25. Lebensjahr noch nicht vollendet haben, 252 männliche und 21 weibliche Personen befinden, wäre die Verteilung auf die Gruppen nach § 5 WO wie folgt vorzunehmen:

252 männliche Personen			21 weibliche Personen		
: 1	=	252	: 1	=	21
: 2	=	126	: 2	=	10,5
: 3	=	84	: 3	=	7
: 4	=	63			
: 5	=	54,4			
: 6	=	42			
: 7	=	36			

Die sieben höchsten Teilzahlen sind: 252; 126; 84; 63; 54,4; 42; 36. Alle sieben Höchstzahlen fallen auf die männlichen Personen. Dementsprechend muss in der JAV nicht zwingend ein weibliches Mitglied vorhanden sein.

Die **Verteilung der JAV-Sitze auf die Vorschlagslisten** im Falle der sog. Listenwahl ist geregelt in **§ 15 WO**, der in § 39 Abs. 2 Satz 2 WO für die JAV-Wahlen für entsprechend anwendbar erklärt wird. Diese Bestimmung lautet wie folgt:

§ 15 Verteilung der Betriebsratssitze auf die Vorschlagslisten

(1) Die Betriebsratssitze werden auf die Vorschlagslisten verteilt. Dazu werden die den einzelnen Vorschlagslisten zugefallenen Stimmenzahlen in einer Reihe nebeneinander gestellt und sämtlich durch 1, 2, 3, 4 usw. geteilt. Die ermittelten Teilzahlen sind nacheinander reihenweise unter den Zahlen der ersten Reihe aufzuführen, bis höhere Teilzahlen für die Zuweisung der zu verteilenden Sitze nicht mehr in Betracht kommen.

(2) Unter den so gefundenen Teilzahlen werden so viele Höchstzahlen ausgesondert und der Größe nach geordnet, wie Betriebsratsmitglieder zu wählen sind. Jede Vorschlagsliste erhält so viele Mitgliedersitze zugeteilt, wie Höchstzahlen auf sie entfallen. Entfällt die niedrigste in Betracht kommende Höchstzahl auf mehrere Vorschlagslisten zugleich, so entscheidet das Los darüber, welcher Vorschlagsliste dieser Sitz zufällt.

(3) Wenn eine Vorschlagsliste weniger Bewerberinnen oder Bewerber enthält, als Höchstzahlen auf sie entfallen, so gehen die überschüssigen Mitgliedersitze auf die folgenden Höchstzahlen der anderen Vorschlagslisten über.

(4) Die Reihenfolge der Bewerberinnen oder Bewerber innerhalb der einzelnen Vorschlagslisten bestimmt sich nach der Reihenfolge ihrer Benennung.

(5) Befindet sich unter den auf die Vorschlagslisten entfallenden Höchstzahlen nicht die erforderliche Mindestzahl von Angehörigen des Geschlechts in der Minderheit nach § 15 Abs. 2 des Gesetzes, so gilt Folgendes:

1. An die Stelle der auf der Vorschlagsliste mit der niedrigsten Höchstzahl benannten Person, die nicht dem Geschlecht in der Minderheit angehört, tritt die in derselben Vorschlagsliste in der Reihenfolge nach ihr benannte, nicht berücksichtigte Person des Geschlechts in der Minderheit.

2. Enthält diese Vorschlagsliste keine Person des Geschlechts in der Minderheit, so geht dieser Sitz auf die Vorschlagsliste mit der folgenden, noch nicht berücksichtigten Höchstzahl und mit Angehörigen des Geschlechts in der Minderheit über. Entfällt die folgende Höchstzahl auf mehrere Vorschlagslisten zugleich, so entscheidet das Los darüber, welcher Vorschlagsliste dieser Sitz zufällt.

3. Das Verfahren nach den Nummern 1 und 2 ist so lange fortzusetzen, bis der Mindestanteil der Sitze des Geschlechts in der Minderheit nach § 15 Abs. 2 des Gesetzes erreicht ist.

4. Bei der Verteilung der Sitze des Geschlechts in der Minderheit sind auf den einzelnen Vorschlagslisten nur die Angehörigen dieses Geschlechts in der Reihenfolge ihrer Benennung zu berücksichtigen.

5. Verfügt keine andere Vorschlagsliste über Angehörige des Geschlechts in der Minderheit, verbleibt der Sitz bei der Vorschlagsliste, die zuletzt ihren Sitz zu Gunsten des Geschlechts in der Minderheit nach Nummer 1 hätte abgeben müssen.

Diesen Verteilungsgrundsätzen sollte im Falle der sog. Listenwahl bei der Zusammenstellung der Vorschlagslisten unbedingt Rechnung getragen werden. Sollten nämlich die Vorschlagslisten das Minderheitsgeschlecht nicht ausreichend berücksichtigen, besteht die Gefahr, dass sie ihre Sitze in der JAV an konkurrierende Listen verlieren.

Beispiel:

In einem Betrieb sind 50 jugendliche Arbeitnehmer und 100 zu ihrer Berufsausbildung Beschäftigte, die das 25. Lebensjahr noch nicht vollendet haben, tätig. Von diesen insgesamt 150 Personen sind 100 männlich und 50 weiblich.

Nach § 62 Abs. 1 BetrVG ist eine aus fünf Mitgliedern bestehende JAV zu wählen.

Die Verteilung auf die Gruppen ist nach § 5 WO wie folgt vorzunehmen:

100 männliche Personen			*50 weibliche Personen*		
: 1	*=*	*100*	*: 1*	*=*	*50*
: 2	*=*	*50*	*: 2*	*=*	*25*
: 3	*=*	*33,3*	*: 3*	*=*	*16,7*
: 4	*=*	*25*	*: 4*	*=*	*12,5*
: 5	*=*	*20*	*: 5*	*=*	*10*

Die fünf höchsten Teilzahlen sind: 100; 50 (zweimal); 33,3 und 25 (zweimal). Auf die weiblichen Personen entfallen zwei Höchstzahlen, nämlich 50 und 25. Allerdings fällt die niedrigste noch zu berücksichtigende Höchstzahl (25) auf beide Geschlechter. In dem Fall entscheidet gemäß § 38 Satz 1 WO i.V.m. § 5 Abs. 2 Satz 3 WO das Los, welchem Geschlecht dieser Sitz zufällt.

Würde im Folgenden davon ausgegangen, dass das Los auf das weibliche Geschlecht gefallen ist, haben mindestens zwei weibliche Personen der JAV anzugehören.

Wären in dem Fall drei Listen mit folgenden Bewerbern eingereicht worden:

Liste 1	Liste 2	Liste 3
A (männlich)	E (männlich)	I (weiblich)
B (männlich)	F (männlich)	J (männlich)
C (männlich)	G (männlich)	K (weiblich)
D (weiblich)	H (männlich)	L (männlich)

und wären 70 Stimmen auf die Liste 1, 50 Stimmen auf die Liste 2 und 30 Stimmen auf die Liste 3 entfallen, so ergäbe sich die Verteilung der einzelnen Sitze auf die jeweiligen Listen nach dem in § 15 Abs. 1 bis 4 WO geregelten d'Hondt'schen Höchstzahlensystem zunächst wie folgt:

Liste 1	Liste 2	Liste 3
: 1 = 70	: 1 = 50	: 1 = 30
: 2 = 35	: 2 = 25	: 2 = 15
: 3 = 23,3	: 3 = 16,7	: 3 = 10
: 4 = 17,5	: 4 = 12,5	: 4 = 7,5

Danach entfallen auf die Liste 1 zwei Höchstzahlen (70 und 35), auf die Liste 2 ebenfalls zwei Höchstzahlen (50 und 25) sowie auf die Liste 3 eine Höchstzahl (30).

Die Reihenfolge der Bewerber richtet sich gemäß § 39 Abs. 2 Satz 2 WO i.V.m. § 15 Abs. 4 WO grundsätzlich nach der Reihenfolge ihrer Benennung.

Somit wären folgende Mitglieder in die JAV gewählt:
Liste 1:   A (männlich) und B (männlich)
Liste 2:   E (männlich) und F (männlich)
Liste 3:   I (weiblich)

Allerdings befindet sich unter diesen Personen nicht die erforderliche Mindestzahl von Angehörigen des Geschlechts in der Minderheit. Das weitere Verfahren richtet sich folglich nach § 15 Abs. 5 WO.

Es ist die Person auf der Liste mit der niedrigsten Höchstzahl zu ermitteln, die nicht dem Geschlecht der Minderheit angehört. An deren Stelle tritt die Person, die auf der Vorschlagsliste in der Reihenfolge nach ihr benannt ist und dem Geschlecht in der Minderheit angehört, § 15 Abs. 5 Nr. 1 WO.

Die niedrigste Höchstzahl (25) fällt auf die Liste 2. In dieser Liste sind jedoch nur männliche Bewerber enthalten. Nach § 39 Abs. 2 Satz 2 WO i.V.m. § 15 Abs. 5 Nr. 2 WO geht daher der Sitz auf die Vorschlagsliste über, die die folgende, noch nicht berücksichtigte Höchstzahl enthält und die über Angehörige des Geschlechts in der Minderheit verfügt. Dies ist die Liste 1 mit der folgenden, noch nicht berücksichtigten Höchstzahl von 23,3. Der Sitz des männlichen Bewerbers F von der Liste 2 geht somit auf die weibliche Bewerberin D von der Liste 1 über.

Fehlt mehr als nur ein Mindestsitz für das Geschlecht in der Minderheit, ist das eben beschriebene Verfahren so lange fortzuführen, bis der gesetzliche Mindestanteil an JAV-Sitzen des Geschlechts in der Minderheit erreicht ist, § 39 Abs. 2 Satz 2 WO i.V.m. § 15 Abs. 5 Nr. 3 WO.

Bei der Ermittlung der fehlenden Sitze für das Geschlecht in der Minderheit sind auf den einzelnen Vorschlagslisten nur die Angehörigen des Geschlechts in der Minderheit in der Reihenfolge ihrer Benennung zu berücksichtigen, § 39 Abs. 2 Satz 2 WO i.V.m. § 15 Abs. 5 Nr. 4 WO. Die weibliche Bewerberin D von der Liste 1 wäre deshalb auch dann zu berücksichtigen, wenn in der Liste 1 im Rang unter dieser Bewerberin eine weitere Bewerberin aufgenommen worden wäre.

Befindet sich dagegen auf keiner Vorschlagsliste mehr ein Angehöriger des Geschlechts in der Minderheit, so verbleiben gemäß § 39 Abs. 2 Satz 2 WO i.V.m. § 15 Abs. 5 Nr. 5 WO die Sitze bei den jeweiligen Vorschlagslisten mit den Angehörigen des anderen Geschlechts. Im Beispielsfall würde dies bedeuten, dass der Sitz bei dem männlichen Bewerber F aus der Liste 2 verbleiben würde.

3.4.2.3 Erlass und Aushang des Wahlausschreibens

Gemäß § 38 Satz 1 WO i.V.m. § 3 Abs. 1 Satz 1 WO hat der Wahlvorstand spätestens sechs Wochen vor dem ersten Tag der Stimmabgabe das Wahlausschreiben zu erlassen, das von dem Vorsitzenden und von mindestens einem weiteren stimmberechtigten Mitglied des Wahlvorstands unterschrieben ist. Bei der Berechnung der Frist ist darauf zu achten, dass der Tag des Erlasses des Wahlausschreibens nicht mitzählt. Die Frist wird durch Feiertage, die innerhalb der Frist liegen, nicht verlängert. Ist der letzte Tag des Fristablaufs ein Samstag, Sonntag oder gesetzlicher Feiertag, so läuft die Frist erst am nächsten Werktag ab (§ 41 WO i.V.m. § 193 BGB).

Das Wahlausschreiben muss nach § 38 Satz 1 WO i.V.m. § 3 Abs. 2 WO – zwingend – folgende Angaben enthalten:

1. das Datum seines Erlasses;

2. die Bestimmung des Ortes, an dem die Wählerliste und die WO ausliegen, sowie im Fall der Bekanntmachung in elektronischer Form (§ 2 Abs. 4 Satz 3 und 4 WO) wo und wie von der Wählerliste und der WO Kenntnis genommen werden kann;

3. dass nur Arbeitnehmerinnen und Arbeitnehmer wählen oder gewählt werden können, die in die Wählerliste eingetragen sind, dass darüber hinaus alle Arbeitnehmer des Betriebs gewählt werden können, die am Tag des Beginns der Amtszeit der JAV das 25. Lebensjahr noch nicht vollendet haben (§ 61 Abs. 2 Satz 1 BetrVG), und dass Einsprüche gegen die Wählerliste (§ 4 WO) nur vor Ablauf von zwei Wochen seit dem Erlass des Wahlausschreibens schriftlich beim Wahlvorstand eingelegt werden können; der letzte Tag der Frist ist anzugeben;

4. den Anteil der Geschlechter und den Hinweis, dass das Geschlecht in der Minderheit in der JAV mindestens entsprechend seinem zahlenmäßigen Verhältnis vertreten sein muss, wenn die JAV aus mindestens drei Mitgliedern besteht (§ 62 Abs. 3 BetrVG);

5. die Zahl der zu wählenden JAV-Mitglieder (§ 62 Abs. 1 BetrVG) sowie die auf das Geschlecht in der Minderheit entfallenden Mindestsitze in der JAV (§ 62 Abs. 3 BetrVG);

6. die Mindestzahl von jugendlichen Arbeitnehmern und zu ihrer Berufsausbildung Beschäftigten unter 25 Jahren, von denen ein Wahlvorschlag unterzeichnet sein muss (§ 63 Abs. 2 Satz 2 BetrVG i.V.m. § 14 Abs. 4 BetrVG);

7. dass der Wahlvorschlag einer im Betrieb vertretenen Gewerkschaft von zwei Beauftragten unterzeichnet sein muss (§ 63 Abs. 2 Satz 2 BetrVG i.V.m. § 14 Abs. 5 BetrVG);

8. dass Wahlvorschläge vor Ablauf von zwei Wochen seit dem Erlass des Wahlausschreibens beim Wahlvorstand in Form von Vorschlagslisten einzureichen sind, wenn mehr als drei JAV-Mitglieder zu wählen sind; der letzte Tag der Frist ist anzugeben;

9. dass die Stimmabgabe an die Wahlvorschläge gebunden ist und dass nur solche Wahlvorschläge berücksichtigt werden dürfen, die fristgerecht (Nr. 8) eingereicht sind;

10. die Bestimmung des Ortes, an dem die Wahlvorschläge bis zum Abschluss der Stimmabgabe aushängen;

11. Ort, Tag und Zeit der Stimmabgabe sowie der Betriebsteile und Kleinstbetriebe, für die schriftliche Stimmabgabe (§ 39 Abs. 4 WO i.V.m. § 24 Abs. 3 WO) beschlossen ist;

12. den Ort, an dem Einsprüche, Wahlvorschläge und sonstige Erklärungen gegenüber dem Wahlvorstand abzugeben sind (Betriebsadresse des Wahlvorstands);

13. Ort, Tag und Zeit der öffentlichen Stimmauszählung.

Mit dem Erlass des Wahlausschreibens ist die JAV-Wahl eingeleitet, § 38 Satz 1 WO i.V.m. § 3 Abs. 1 Satz 2 WO.

Ein Abdruck des Wahlausschreibens ist vom Tage seines Erlasses bis zum letzten Tag der Stimmabgabe an einer oder mehreren geeigneten Stellen auszuhängen und in gut lesbarem Zustand zu erhalten (§ 38 Satz 1 WO i.V.m. § 3 Abs. 4 Satz 1 WO). Ein Abdruck des Wahlausschreibens ist grundsätzlich in allen Betriebsstätten auszuhängen, in denen wahlberechtigte Personen beschäftigt sind. Anderenfalls ist die Wahl anfechtbar (vgl. BAG-Beschluss vom 21.01.2007 – 7 ABR 65/07, AP Nr. 61 zu § 19 BetrVG 1972).

Ergänzend dazu kann das Wahlausschreiben mittels der im Betrieb vorhandenen Informations- und Kommunikationstechnik bekannt gemacht werden (§ 38 Satz 1 WO i.V.m. § 3 Abs. 4 Satz 2 WO). Von der in § 38 Satz 1 WO i.V.m. § 3 Abs. 4 Satz 3 WO i.V.m. § 2 Abs. 4 Satz 4 WO vorgesehenen Möglichkeit der Bekanntmachung des Wahlausschreibens **ausschließlich in**

elektronischer Form kann aus den bereits oben (3.4.2.1) genannten Gründen nur **dringend abgeraten** werden.

3.4.2.4 Verfahren nach Einleitung der Wahl

Sind mehr als drei Mitglieder zur JAV zu wählen, hat die Wahl nach § 39 Abs. 1 Satz 1 WO auf Grund von Vorschlagslisten zu erfolgen. Diese müssen die nach § 63 Abs. 2 Satz 2 BetrVG i.V.m. § 14 Abs. 4 Satz 1 und 2 BetrVG erforderliche Anzahl von Stützunterschriften aufweisen (s.o. 3.3.3) und gemäß § 39 Abs. 1 Satz 2 WO i.V.m. § 6 Abs. 1 Satz 2 WO von den Wahlberechtigten vor Ablauf von zwei Wochen seit Erlass des Wahlausschreibens beim Wahlvorstand eingereicht werden. In den Vorschlagslisten sind Familienname, Vorname, Geburtsdatum, Art der Beschäftigung sowie der Ausbildungsberuf aufzuführen (§ 39 Abs. 1 Satz 3 WO i.V.m. § 6 Abs. 3 Satz 1 WO). Jede Vorschlagsliste soll mindestens doppelt so viele Bewerberinnen oder Bewerber aufweisen, wie JAV-Mitglieder zu wählen sind, § 39 Abs. 1 Satz 2 WO i.V.m. § 6 Abs. 2 WO.

Werden mehrere gültige Vorschlagslisten eingereicht, so erfolgt die Wahl als sog. Listenwahl, d.h. der Wähler kann seine Stimme nur für eine Vorschlagsliste abgeben (§ 39 Abs. 2 Satz 1 WO). Der Wähler hat keine Möglichkeit, die Liste durch Streichungen o.ä. zu verändern. Solche Änderungen machen den Stimmzettel ungültig. Die Vorschriften des § 11 Abs. 1 Satz 2, Abs. 3 und 4 WO sowie der §§ 12 bis 19 WO über das Wahlverfahren bei mehreren Vorschlagslisten hinsichtlich der Betriebsratswahlen gelten bei den JAV-Wahlen gemäß § 39 Abs. 2 Satz 2 WO entsprechend. § 11 Abs. 2 WO gilt nach § 39 Abs. 2 Satz 3 WO mit der Maßgabe entsprechend, dass auf den Stimmzetteln auch der Ausbildungsberuf der einzelnen Bewerberinnen oder Bewerber aufzuführen ist.

Ist nur eine gültige Vorschlagsliste eingereicht worden, so erfolgt die Wahl als sog. Mehrheits- bzw. Personenwahl, d.h. der Bewerber kann die Stimme nur für solche Personen abgeben, die in der Vorschlagsliste aufgeführt sind (§ 39 Abs. 3 Satz 1 WO). Gewählt werden einzelne Personen, die auf der Liste aufgeführt sind. Es dürfen nicht mehr Bewerber angekreuzt werden, als JAV-Mitglieder zu wählen sind. Für andere Personen, die nicht auf der Liste stehen, darf der Wähler seine Stimme nicht abgeben. Die Vorschriften des § 20 Abs. 3 WO sowie der §§ 21 bis 23 WO über das Wahlverfahren bei nur einer Vorschlagsliste hinsichtlich der Betriebsratswahlen gelten bei den JAV-Wahlen gemäß § 39 Abs. 3 Satz 2 WO entsprechend. § 20 Abs. 2 WO gilt nach § 39 Abs. 3 Satz 3 WO mit der Maßgabe entsprechend, dass auf den Stimmzetteln auch der Ausbildungsberuf der einzelnen Bewerber aufzuführen ist.

Spätestens eine Woche vor Beginn der Stimmabgabe hat der Wahlvorstand die als gültig anerkannten Vorschlagslisten bis zum Abschluss der Stimmabgabe in gleicher Weise bekannt zu machen wie das Wahlausschreiben (s.o. 3.4.2.3), § 39 Abs. 1 Satz 2 WO i.V.m. § 10 Abs. 2 WO.

Die schriftliche Stimmabgabe ist nach Maßgabe der §§ 24 bis 26 WO möglich, § 39 Abs. 4 WO.

3.5 Besonderheiten beim vereinfachten Wahlverfahren

Sofern die JAV im sog. vereinfachten Wahlverfahren zu wählen ist, nämlich

1. in Betrieben mit in der Regel fünf bis 50 jugendlichen Arbeitnehmern oder zu ihrer Berufsausbildung Beschäftigten i.S.v. § 60 Abs. 1 BetrVG gemäß § 63 Abs. 4 Satz 1 BetrVG i.V.m. § 14a BetrVG kraft Gesetzes (s.o. 3.3.4),

2. in Betrieben mit regelmäßig mehr als 50 und bis zu 100 jugendlichen Arbeitnehmern oder zu ihrer Berufsausbildung Beschäftigten i.S.v. § 60 Abs. 1 BetrVG, wenn der Wahlvorstand und der Arbeitgeber die Durchführung der JAV-Wahl im vereinfachten Wahlverfahren vereinbart haben, § 63 Abs. 5 BetrVG i.V.m. § 14a Abs. 5 BetrVG (s.o. 3.3.6),

sind gegenüber dem „normalen" Wahlverfahren folgende Abweichungen zu beachten:

- Die Frist des § 63 Abs. 2 Satz 1 BetrVG für die Bestellung des Wahlvorstands durch den Betriebsrat (acht Wochen vor Ablauf der Amtszeit der JAV) verkürzt sich beim vereinfachten Wahlverfahren gemäß § 63 Abs. 4 Satz 2 Halbsatz 1 BetrVG auf vier Wochen.

- Die Frist des § 63 Abs. 3 BetrVG (keine Bestellung des Wahlvorstands durch den Betriebsrat spätestens sechs Wochen vor Ablauf der Amtszeit der JAV) verkürzt sich beim vereinfachten Wahlverfahren gemäß § 63 Abs. 4 Satz 2 Halbsatz 2 BetrVG auf drei Wochen.
- Die Wahl erfolgt stets als Mehrheits- bzw. Personenwahl (§ 63 Abs. 2 Satz 2 BetrVG i.V.m. § 14 Abs. 2 Satz 2 BetrVG).
- Es gilt das sog. einstufige Verfahren des § 14a Abs. 3 BetrVG i.V.m. § 36 WO, nicht aber das sog. zweistufige Verfahren des § 14a Abs. 1 BetrVG i.V.m. §§ 28 ff. WO, da letzteres nur für Betriebe gilt, in denen bislang noch kein Betriebsrat besteht, während die Wahl der JAV stets voraussetzt, dass im Betrieb bereits ein Betriebsrat vorhanden ist. Die JAV wird daher beim vereinfachten Wahlverfahren auf nur einer Wahlversammlung in geheimer und unmittelbarer Wahl gewählt (§ 63 Abs. 4 Satz 1 BetrVG i.V.m. § 14a Abs. 3 Satz 1 BetrVG, § 40 Abs. 1 Satz 2 WO i.V.m. § 36 Abs. 1 Satz 2 WO).
- Wahlvorschläge können bis eine Woche vor der Wahlversammlung zur Wahl der JAV gemacht werden, § 63 Abs. 4 Satz 1 BetrVG i.V.m. § 14a Abs. 3 Satz 2 Halbsatz 1 BetrVG.
- Wahlberechtigten Personen i.S.v. § 60 Abs. 1 BetrVG, die an der Wahlversammlung zur Wahl der JAV nicht teilnehmen können, ist gemäß § 63 Abs. 4 Satz 1 BetrVG i.V.m. § 14a Abs. 4 BetrVG Gelegenheit zur schriftlichen Stimmabgabe zu geben. Einzelheiten hierzu siehe in § 36 WO, der gemäß § 36 Abs. 4 WO i.V.m. § 40 Abs. 1 Satz 2 bei der Wahl der JAV im einstufigen Verfahren (§ 14a Abs. 3 BetrVG) entsprechend gilt.
- Anders als im „normalen" Wahlverfahren hat der Wahlvorstand gemäß § 40 Abs. 1 Satz 2 WO i.V.m. § 36 Abs. 1 Satz 1 WO das Wahlausschreiben bereits unmittelbar im Anschluss an die Aufstellung der Wählerliste zu erlassen.

Im vereinfachten Wahlverfahren muss das Wahlausschreiben nach § 40 Abs. 1 Satz 2 WO i.V.m. § 36 Abs. 3 Satz 1 WO i.V.m. § 31 Abs. 1 Satz 3 WO – zwingend – folgende Angaben enthalten:

1. das Datum seines Erlasses;

2. die Bestimmung des Ortes, an dem die Wählerliste und die WO ausliegen, sowie im Fall der Bekanntmachung in elektronischer Form

(§ 2 Abs. 4 Satz 3 und 4 WO) wo und wie von der Wählerliste und der WO Kenntnis genommen werden kann;

3. dass nur Arbeitnehmerinnen und Arbeitnehmer wählen oder gewählt werden können, die in die Wählerliste eingetragen sind, dass darüber hinaus alle Arbeitnehmer des Betriebs gewählt werden können, die am Tag des Beginns der Amtszeit der JAV das 25. Lebensjahr noch nicht vollendet haben (§ 61 Abs. 2 Satz 1 BetrVG), und dass Einsprüche gegen die Wählerliste (§ 4 WO) nur vor Ablauf von drei Tagen seit dem Erlass des Wahlausschreibens schriftlich beim Wahlvorstand eingelegt werden können; der letzte Tag der Frist ist anzugeben;

4. den Anteil der Geschlechter und den Hinweis, dass das Geschlecht in der Minderheit in der JAV mindestens entsprechend seinem zahlenmäßigen Verhältnis vertreten sein muss, wenn die JAV aus mindestens drei Mitgliedern besteht (§ 62 Abs. 3 BetrVG);

5. die Zahl der zu wählenden JAV-Mitglieder (§ 62 Abs. 1 BetrVG) sowie die auf das Geschlecht in der Minderheit entfallenden Mindestsitze in der JAV (§ 62 Abs. 3 BetrVG);

6. die Mindestzahl von Wahlberechtigten, von denen ein Wahlvorschlag unterzeichnet werden muss (§ 63 Abs. 2 Satz 2 BetrVG i.V.m. § 14 Abs. 4 BetrVG);

7. dass der Wahlvorschlag einer im Betrieb vertretenen Gewerkschaft von zwei Beauftragten unterzeichnet sein muss (§ 63 Abs. 2 Satz 2 BetrVG i.V.m. § 14 Abs. 5 BetrVG);

8. dass Wahlvorschläge spätestens eine Woche vor dem Tag der Wahlversammlung zur Wahl der JAV beim Wahlvorstand einzureichen sind (§ 63 Abs. 4 Satz 1 BetrVG i.V.m. § 14a Abs. 3 Satz 2 BetrVG); der letzte Tag der Frist ist anzugeben;

9. dass die Stimmabgabe an die Wahlvorschläge gebunden ist und dass nur solche Wahlvorschläge berücksichtigt werden dürfen, die fristgerecht (Nr. 8) eingereicht sind;

10. die Bestimmung des Ortes, an dem die Wahlvorschläge bis zum Abschluss der Stimmabgabe aushängen;

11. Ort, Tag und Zeit der Wahlversammlung zur Wahl der JAV (Tag der Stimmabgabe – § 63 Abs. 4 Satz 1 BetrVG i.V.m. § 14a Abs. 1 Satz 3 und 4 BetrVG);

12. dass Wahlberechtigten, die an der Wahlversammlung zur Wahl der JAV nicht teilnehmen können, Gelegenheit zur nachträglichen schriftlichen Stimmabgabe gegeben wird (§ 63 Abs. 4 Satz 1 BetrVG i.V.m. § 14a Abs. 4 BetrVG); das Verlangen auf nachträgliche schriftliche Stimmabgabe muss spätestens drei Tage vor dem Tag der Wahlversammlung zur Wahl der JAV dem Wahlvorstand mitgeteilt werden;

13. Ort, Tag und Zeit der nachträglichen schriftlichen Stimmabgabe (§ 63 Abs. 4 Satz 1 BetrVG i.V.m. § 14a Abs. 4 BetrVG) sowie die Betriebsteile und Kleinstbetriebe, für die nachträgliche schriftliche Stimmabgabe entsprechend § 24 Abs. 3 WO i.V.m. § 39 Abs. 1 Satz 2 WO beschlossen ist;

14. den Ort, an dem Einsprüche, Wahlvorschläge und sonstige Erklärungen gegenüber dem Wahlvorstand abzugeben sind (Betriebsadresse des Wahlvorstands);

15. Ort, Tag und Zeit der öffentlichen Stimmauszählung.

Zu beachten ist ferner, dass bei der Wahl der JAV im vereinfachten Wahlverfahren gemäß § 40 Abs. 1 Satz 2 WO sowohl in den Wahlvorschlägen als auch auf den Stimmzetteln jeweils der Ausbildungsberuf der einzelnen Bewerberinnen und Bewerber aufzuführen ist.

Schließlich muss auch beim vereinfachten Wahlverfahren dem Wahlvorstand mindestens ein Arbeitnehmer angehören, der in den Betriebsrat wählbar ist, § 40 Abs. 1 Satz 3 WO i.V.m. § 38 Satz 2 WO i.V.m. § 8 BetrVG.

3.6 Stimmauszählung und Wahlniederschrift

Unverzüglich nach Abschluss der Wahl hat der Wahlvorstand öffentlich die Auszählung der Stimmen vorzunehmen, deren Ergebnis in einer Wahlniederschrift, die vom Vorsitzenden und einem weiteren stimmberechtigten Mitglied des Wahlvorstands zu unterzeichnen ist, festzustellen, die als JAV-Mitglieder gewählten Personen von ihrer Wahl unverzüglich schriftlich zu benachrichtigen und diese durch Aushang im Betrieb in gleicher Weise bekannt zu machen wie das Wahlausschreiben (Einzelheiten dazu siehe in §§ 16 bis 18 WO). Dem Arbeitgeber und den im Betrieb vertretenen Gewerkschaften ist eine Abschrift der Wahlniederschrift unverzüglich zu übersenden, § 39 Abs. 1 Satz 2 WO i.V.m. § 18 Satz 2 WO.

3.7 Einberufung der konstituierenden Sitzung der JAV

Vor Ablauf einer Woche nach dem Wahltag hat der Wahlvorstand die neu gewählten Mitglieder der JAV zu der nach § 26 Abs. 1 BetrVG i.V.m. § 65 Abs. 1 BetrVG vorgeschriebenen Wahl des Vorsitzenden und des Stellvertreters der JAV einzuladen, § 29 Abs. 1 Satz 1 BetrVG i.V.m. § 65 Abs. 2 Satz 1 letzter Halbsatz BetrVG.

Der Vorsitzende des Wahlvorstands leitet diese konstituierende Sitzung, bis die JAV aus ihrer Mitte einen Wahlleiter bestellt hat (§ 29 Abs. 1 Satz 2 BetrVG § 29 Abs. 1 Satz 1 BetrVG i.V.m. § 65 Abs. 2 Satz 1 letzter Halbsatz BetrVG).

Mit der Bestellung des Wahlleiters endet zugleich das Amt des Vorsitzenden des Wahlvorstands, während die Ämter der weiteren Mitglieder des Wahlvorstands bereits mit der Einberufung der JAV zu deren konstituierenden Sitzung enden.

3.8 Wahlschutz und Wahlkosten

Für den Wahlschutz und die Wahlkosten gilt gemäß § 63 Abs. 2 Satz 2 BetrVG die Vorschrift des § 20 BetrVG entsprechend. Danach trägt der Arbeitgeber die Kosten der Wahl (§ 20 Abs. 3 Satz 1 BetrVG). Versäumnis von Arbeitszeit, die zur Ausübung des Wahlrechts oder zur Betätigung im Wahlvorstand erforderlich ist, berechtigt den Arbeitgeber nicht zur Minderung des Arbeitsentgelts, § 20 Abs. 3 Satz 2 BetrVG.

Die Wahlvorstandsmitglieder und die Wahlbewerber für die JAV haben den gleichen Sonderkündigungsschutz wie die Wahlvorstandsmitglieder und die Wahlbewerber für die Betriebsratswahl nach § 15 Abs. 3 KSchG und § 103 Abs. 1 und 2 BetrVG.

Gemäß § 15 Abs. 3 Satz 1 KSchG ist die Kündigung eines Mitglieds des Wahlvorstands vom Zeitpunkt seiner Bestellung an, die Kündigung eines Wahlbewerbers vom Zeitpunkt der Aufstellung des Wahlvorschlags an, jeweils bis zur Bekanntgabe des Wahlergebnisses unzulässig, es sei denn, dass Tatsachen vorliegen, die den Arbeitgeber zur Kündigung aus wichtigem Grund berechtigen, und dass die nach § 103 Abs. 1 BetrVG erforderliche Zustimmung des Betriebsrats vorliegt oder durch eine gerichtliche Entscheidung ersetzt ist (§ 103 Abs. 2 BetrVG). Innerhalb von sechs Monaten nach Bekanntgabe des Wahlergebnisses ist die Kündigung unzulässig, es sei denn, dass Tatsachen vorliegen, die den Arbeitgeber zur Kündigung aus wichtigem Grund ohne Einhaltung einer Kündigungsfrist berechtigen; dies gilt nicht für Mitglieder des Wahlvorstands, wenn dieser durch gerichtliche Entscheidung durch einen anderen Wahlvorstand ersetzt worden ist, § 15 Abs. 3 Satz 2 KSchG. Im Falle einer fristlosen Kündigung während des sog. nachwirkenden Kündigungsschutzes von § 15 Abs. 3 Satz 2 Halbsatz 1 KSchG ist eine vorherige oder durch gerichtliche Entscheidung ersetzte Zustimmung des Betriebsrats nach § 103 Abs. 1 und 2 BetrVG nicht erforderlich. Vor der Kündigung muss allerdings der Betriebsrat – wie bei jeder anderen Kündigung auch – nach § 102 BetrVG ordnungsgemäß angehört worden sein. Lediglich bei der Stilllegung des Betriebes oder der Stilllegung von Betriebsabteilungen ist ausnahmsweise eine ordentliche Kündigung der durch § 15 Abs. 3 Satz 1 und 2 KSchG geschützten Personen unter den Voraussetzungen von § 15 Abs. 4 und 5 KSchG zulässig. Diese bedarf ebenfalls nicht der vorherigen oder durch gerichtliche Entscheidung ersetzten Zustimmung des Betriebsrats nach § 103 Abs. 1 und 2 BetrVG. Jedoch muss auch hier der Betriebsrat vor Ausspruch der Kündigung nach § 102 BetrVG ordnungsgemäß angehört worden sein.

Zu Gunsten der Mitglieder des Wahlvorstands und der Wahlbewerber zur JAV greift weiterhin der sog. Versetzungsschutz des § 103 Abs. 3 BetrVG ein.

Keine Anwendung findet dagegen die Pflicht zur Übernahme von Auszubildenden nach Beendigung des Arbeitsverhältnisses auf unbestimmte Zeit nach § 78a BetrVG (s.u. 11.3) auf Mitglieder des Wahlvorstands und Wahlbewerber zur JAV. Hat ein Wahlbewerber eine ausreichende Zahl von Stimmen für einen Sitz in der JAV erhalten, kommt ihm der Schutz des § 78a BetrVG allerdings bereits mit der Feststellung des Wahlergebnisses nach § 39 Abs. 1 Satz 2 WO i.V.m. § 16 WO und nicht erst mit dem Beginn der Amtszeit der JAV zugute.

3.9 Wahlanfechtung und Nichtigkeit der Wahl

Die Wahl der JAV kann gemäß § 63 Abs. 2 Satz 2 BetrVG i.V.m. § 19 BetrVG ebenso wie die Betriebsratswahl angefochten werden, wenn gegen wesentliche Vorschriften über das Wahlrecht, die Wählbarkeit oder das Wahlverfahren verstoßen worden ist.

Beispiele:

- *Verkennung des Betriebsbegriffs durch den Wahlvorstand;*
- *Zulassung von nicht wahlberechtigten Personen;*
- *Zulassung von nicht zur JAV wählbaren Personen als Wahlkandidaten;*
- *Wahl einer unrichtigen Zahl von JAV-Mitgliedern;*
- *Fehlen einer Wählerliste;*
- *unzulässige Beeinflussung der Wahl.*

Zur Anfechtung berechtigt sind nach § 63 Abs. 2 Satz 2 BetrVG i.V.m. § 19 Abs. 2 Satz 1 BetrVG

- drei jugendliche Arbeitnehmer oder zu ihrer Berufsausbildung Beschäftigte, die das 25. Lebensjahr noch nicht vollendet haben

  oder

- eine im Betrieb vertretene Gewerkschaft

oder

- der Arbeitgeber.

Die Anfechtung ist nur binnen einer Frist von zwei Wochen, vom Tag der Bekanntgabe des Wahlergebnisses an gerechnet, zulässig (§ 63 Abs. 2 Satz 2 BetrVG i.V.m. § 19 Abs. 2 Satz 2 BetrVG). Im Wahlanfechtungsverfahren ist der Betriebsrat Beteiligter.

Eine gerichtliche Anfechtung der JAV-Wahl ist nur dann erfolgreich, wenn gegen wesentliche Bestimmungen über das Wahlrecht, die Wählbarkeit oder das Wahlverfahren (wie insbesondere gegen die Vorschriften der §§ 61 bis 63 BetrVG) verstoßen worden ist **und** der Verstoß das Wahlergebnis ändern und beeinflussen konnte (vgl. § 19 Abs. 1 letzter Halbsatz BetrVG). Bei Berichtigung des Verstoßes im Laufe des Wahlverfahrens entfällt damit der Anfechtungsgrund, es sei denn, dass der Verstoß gleichwohl das Wahlergebnis beeinflussen konnte.

Ebenso wie die Betriebsratswahl kann die Wahl der JAV **nichtig** sein, wenn gegen allgemeine Grundsätze einer jeden Wahl in so hohem Maße verstoßen wurde, dass nicht einmal der Anschein einer dem Gesetz entsprechenden Wahl vorliegt.

Beispiele für die Nichtigkeit einer JAV-Wahl:

- *im Betrieb besteht kein Betriebsrat;*
- *der Betrieb unterliegt nicht dem Betriebsverfassungsgesetz;*
- *Wahl der JAV ohne Wahlvorstand;*
- *Wahl der JAV spontan durch Zuruf ohne schriftliche Wahlvorschläge;*
- *Einsetzung der JAV durch bloße Anerkennung durch den Arbeitgeber.*

Die bloße Verkennung des Betriebsbegriffs führt dagegen grundsätzlich nicht zur Nichtigkeit der JAV-Wahl, sondern nur zu ihrer Anfechtbarkeit. Gleiches gilt etwa bei Nichtvorliegen der Wählbarkeitsvoraussetzungen von einzelnen Mitgliedern der JAV sowie bei der Wahl einer JAV mit zu hoher oder zu niedriger Mitgliederzahl.

Die Nichtigkeit der JAV-Wahl kann auch nach Ablauf der Anfechtungsfrist des § 19 Abs. 2 Satz 2 BetrVG jederzeit geltend gemacht werden. Auf die Nichtigkeit kann sich jede Person berufen, die daran ein rechtliches Interesse hat.

Eine auf Abbruch einer eingeleiteten JAV-Wahl gerichtete einstweilige Verfügung kommt nur dann in Betracht, wenn die JAV-Wahl voraussichtlich nichtig ist. Die bloße Anfechtbarkeit genügt dafür nicht (vgl. BAG-Beschluss vom 27.07.2011 – 7 ABR 61/10, AP Nr. 2 zu § 16 BetrVG 1972).

3.10 „Kandidatenwerbung" für die JAV als wichtige praktische Aufgabe des Betriebsrats

Neben der Einleitung der JAV-Wahl hat der Betriebsrat in vielen Betrieben oftmals eine weitere wichtige praktische Aufgabe: Die Suche von geeigneten Wahlbewerbern. Nicht selten finden sich nicht sofort ausreichend Kandidaten für die Wahl. Betriebsrat und JAV sollten in dieser Situation ergebnisoffen klären, aus welchen Gründen sich nicht genügend wahlberechtigte Personen i.S.v. § 61 Abs. 2 Satz 1 BetrVG, insbesondere Auszubildende, für eine Kandidatur entscheiden. Dabei sind insbesondere folgende Fragen offen zu erörtern:

- War die bisherige Arbeit der JAV in der ablaufenden Amtsperiode geeignet oder eher nicht geeignet, das Interesse an der Mitarbeit zu wecken?
- War die Öffentlichkeitsarbeit der JAV für die Auszubildenden nachvollziehbar oder nicht?
- Kann die Selbstdarstellung von einer Kandidatur abschrecken?
- Beschränkt sich der Betriebsrat bei der Suche von Kandidaten für die JAV nur auf solche, die er allein aus seiner – subjektiven – Sicht hierfür geeignet hält?

Diese Überlegungen sollten Grundlage für die Beratung der JAV über die weitere Vorgehensweise sein, die unter folgenden Gesichtspunkten diskutiert werden kann:

- Sollten alle wählbaren Arbeitnehmer darauf angesprochen werden, ob Interesse an einer Kandidatur besteht?
- Kann eine Umfrage in Form einer Flugblattaktion weiter helfen?

Diese Fragen zeigen, dass ein abgestimmtes betriebliches Vorgehen durchaus sinnvoll sein kann. Betriebsrat und JAV sollten gemeinsam besprechen, wer das Vorgehen koordiniert und wer für die einzelnen Arbeitsschritte verantwortlich ist.

Eine ganz wesentliche Aufgabe der amtierenden JAV und des Betriebsrats dürfte es sein, etwaigen Wahlbewerbern für die künftige JAV zu verdeutlichen, dass kein Arbeitnehmer in der Ausübung des aktiven und passiven Wahlrechts beschränkt werden darf. Auch darf der Arbeitgeber die Wahl der JAV durch Zufügung oder Androhung von Nachteilen oder durch Gewährung bzw. Versprechen von Vorteilen nicht beeinflussen. In der Praxis bezieht sich dies nicht nur auf die Androhung konkreter Nachteile. Einwirkungsversuche des Arbeitgebers können unzulässig sein, wenn etwa gegenüber dem Arbeitnehmer erklärt wird, bei einer Nichtbeachtung seiner Hinweise könnten sich nachteilige Auswirkungen – etwa in Bezug auf die bisherige Zusammenarbeit und das Vertrauensverhältnis – ergeben.

4. Amtszeit der JAV und ihrer Mitglieder

Die regelmäßige Amtszeit der JAV beträgt nach § 64 Abs. 2 Satz 1 BetrVG 2 Jahre. Sie beginnt mit der Bekanntgabe des Wahlergebnisses oder, wenn zu diesem Zeitpunkt noch eine JAV besteht, mit dem Ablauf von deren Amtszeit (§ 64 Abs. 2 Satz 1 BetrVG). Sie endet spätestens am 30.11. des Jahres, in dem die regelmäßigen Wahlen stattfinden, § 64 Abs. 2 Satz 3 BetrVG. Hat die Amtszeit einer JAV zu Beginn des für die regelmäßigen Neuwahlen festgelegten Zeitraums noch nicht ein Jahr betragen, so erfolgt die Neuwahl erst im übernächsten Zeitraum (§ 64 Abs. 1 Satz 2 BetrVG i.V.m. § 13 Abs. 3 Satz 2 BetrVG). In dem Fall endet die Amtszeit spätestens am 30.11. dieses Jahres (§ 64 Abs. 2 Satz 4 BetrVG). Ist eine Neuwahl einzuleiten, weil die Gesamtzahl der Mitglieder der JAV nach Eintreten sämtlicher Ersatzmitglieder unter die gesetzlich vorgeschriebene Zahl gesunken ist, endet die Amtszeit mit der Bekanntgabe des Wahlergebnisses der neu gewählten JAV, § 64 Abs. 2 Satz 5 BetrVG.

Bei einem Rücktritt bleibt die JAV bis zur Bekanntgabe des Ergebnisses der Neuwahl im Amt. Zwar wird die für den Betriebsrat geltende Regelung des § 22 BetrVG in den §§ 60 ff. BetrVG auf die JAV nicht für entsprechend anwendbar erklärt. Dies ergibt sich jedoch aus der engen Anlehnung der Vorschriften über die Amtszeit der JAV an die des Betriebsrats.

Die Mitgliedschaft in der JAV endet gemäß § 65 Abs. 1 BetrVG i.V.m. § 24 Abs. 1 BetrVG in den gleichen Fällen wie die Mitgliedschaft im Betriebsrat. Danach endet die Mitgliedschaft in der JAV durch

- Ablauf der Amtszeit
- Niederlegung des Amtes als JAV-Mitglied
- Beendigung des Arbeits- bzw. Ausbildungsverhältnisses
- Verlust der Wählbarkeit
- Ausschluss aus der JAV oder Auflösung der JAV aufgrund rechtskräftiger gerichtlicher Entscheidung
- Rechtskräftige gerichtliche Entscheidung über die Feststellung der Nichtwählbarkeit

Sofern ein Mitglied der JAV im Laufe der Amtszeit das 25. Lebensjahr vollendet, bleibt es nach § 64 Abs. 3 BetrVG bis zum Ende der Amtszeit im Amt. Dagegen verliert es im Falle der Wahl in den Betriebsrat mit deren Annahme automatisch sein Amt in der JAV (§§ 65 Abs. 1, 24 Abs. 1 Nr. 4 BetrVG). Gleiches gilt, wenn das Mitglied der JAV Ersatzmitglied des Betriebsrats ist und wegen dauernder oder nur vorübergehender Verhinderung nachrückt. In beiden Fällen endet die Mitgliedschaft in der JAV endgültig.

5. Organisation und Geschäftsführung der JAV

5.1 Allgemeine Grundsätze

Durch die Vorschrift des § 65 Abs. 1 BetrVG werden zahlreiche Regelungen, welche die Organisation und die Geschäftsführung des Betriebsrats betreffen, für die JAV entsprechend für anwendbar erklärt. Im Einzelnen gilt dies insbesondere für

→ die Möglichkeit, wegen grober Pflichtverletzung ein Mitglied aus der JAV auszuschließen oder die Auflösung der JAV zu beantragen (§ 23 Abs. 1 BetrVG),

→ das Erlöschen der Mitgliedschaft in der JAV (§ 24 BetrVG),

→ das Nachrücken von Ersatzmitgliedern (§ 25 BetrVG),

→ die Wahl und die Befugnisse des Vorsitzenden und seines Stellvertreters (§ 26 Abs. 1 und 2 BetrVG),

→ die Beschlussfassung (§ 33 Abs. 1 und 2 BetrVG),

→ die Geschäftsordnung (§ 36 BetrVG),

→ die Grundsätze über die ehrenamtliche Tätigkeit und die Arbeitsbefreiung wegen Wahrnehmung von JAV-Aufgaben (§ 37 Abs. 1 und 2 BetrVG),

→ die Grundsätze über den Ausgleich für JAV-Tätigkeit außerhalb der Arbeitszeit (§ 37 Abs. 3 BetrVG),

→ die Grundsätze der wirtschaftlichen und beruflichen Absicherung (§ 37 Abs. 4 und 5 BetrVG),

→ die Ansprüche auf Teilnahme an Schulungs- und Bildungsmaßnahmen (§ 37 Abs. 6 und 7 BetrVG),

→ die Kostentragung durch den Arbeitgeber und das Umlageverbot (§ 40 f. BetrVG).

Weiterhin kann die JAV in Betrieben mit mehr als 100 jugendlichen Arbeitnehmern und Auszubildenden gemäß § 65 Abs. 1 BetrVG i.V.m. § 28 Abs. 1 Satz 1 und 2 BetrVG **Ausschüsse** bilden und ihnen bestimmte Aufgaben übertragen. Die Errichtung und Besetzung dieser Ausschüsse erfolgt durch einfachen Mehrheitsbeschluss der JAV. Bei der Bildung der Ausschüsse muss weder auf die verschiedenen Beschäftigungsarten noch auf die Geschlechtszugehörigkeit Rücksicht genommen werden. Eine bestimmte Größe der Ausschüsse ist gesetzlich nicht vorgesehen. Auch müssen der JAV-Vorsitzende bzw. dessen Stellvertreter nicht zwingend den Ausschüssen angehören. Allerdings können den Ausschüssen keine Aufgaben zur selbständigen Erledigung übertragen werden, weil die diesbezügliche Vorschrift des § 28 Abs. 2 BetrVG in der Bezugnahmeregelung des § 65 Abs. 1 BetrVG nicht genannt ist.

Die Errichtung eines Ausschusses für die laufende Geschäftsführung i.S.v. § 27 BetrVG ist nicht möglich, weil diese Bestimmung in § 65 Abs. 1 BetrVG nicht für entsprechend anwendbar erklärt wird. Aus demselben Grund kommt auch eine generelle Arbeitsbefreiung von JAV-Mitgliedern nach § 38 BetrVG nicht in Betracht.

5.2 Vorsitzender und Vertreter

5.2.1 Wahl

Auf der sog. konstituierenden Sitzung der JAV, die der Wahlvorstand gemäß § 29 Abs. 1 Satz 1 BetrVG i.V.m. § 65 Abs. 2 Satz 1 letzter Halbsatz BetrVG vor Ablauf einer Woche nach dem Wahltag einzuberufen hat (s.o. 3.7), hat die JAV, sofern diese aus mehreren Mitgliedern besteht, „aus ihrer Mitte" einen Vorsitzenden und einen Stellvertreter zu wählen, § 65 Abs. 1 BetrVG i.V.m. § 26 BetrVG. Die Wahl erfolgt durch einfachen Mehrheitsbeschluss der JAV (§ 65 Abs. 1 BetrVG i.V.m. § 33 Abs. 1 Satz 1 BetrVG).

5.2.2 Aufgaben

Der Vorsitzende der JAV oder im Falle seiner Verhinderung sein Vertreter vertreten die JAV **im Rahmen der von ihr gefassten Beschlüsse** gegenüber dem Betriebsrat § 65 Abs. 1 BetrVG i.V.m. § 26 Abs. 2 Satz 1 BetrVG. Dies bedeutet, dass der Vorsitzende der JAV für letztere nicht gleichsam eigenmächtig Entscheidungen treffen kann, sondern das Handeln der JAV – ebenso wie das des Betriebsrats – stets durch die Beschlüsse der JAV als Kollegialorgan bestimmt wird.

Der Vorsitzende der JAV oder im Falle seiner Verhinderung sein Vertreter sind daneben gemäß § 65 Abs. 1 BetrVG i.V.m. § 26 Abs. 2 Satz 2 BetrVG zur Entgegennahme von Erklärungen, die gegenüber der JAV abzugeben sind, berechtigt.

Zudem haben der Vorsitzende der JAV oder im Falle seiner Verhinderung sein Vertreter folgende weitere Aufgaben:

- Einberufung der weiteren Sitzungen der JAV (§ 65 Abs. 2 Satz 1 letzter Halbsatz BetrVG i.V.m. § 29 Abs. 2 Satz 1 BetrVG),

- vorherige Verständigung des Betriebsrats hierüber (§ 65 Abs. 2 Satz 1 erster Halbsatz),

- Festsetzung der Tagesordnungspunkte der JAV-Sitzungen (§ 65 Abs. 2 Satz 1 letzter Halbsatz BetrVG i.V.m. § 29 Abs. 2 Satz 2 BetrVG),

- rechtzeitige Ladung der teilnahmeberechtigten Personen unter Mitteilung der Tagesordnungspunkte (§ 65 Abs. 2 Satz 1 letzter Halbsatz BetrVG i.V.m. § 29 Abs. 2 Satz 3 BetrVG),

- Leitung der JAV-Sitzungen (§ 65 Abs. 2 Satz 1 letzter Halbsatz BetrVG i.V.m. § 29 Abs. 2 Satz 2 BetrVG),

- Unterzeichnung der Niederschriften der JAV-Sitzungen (§ 65 Abs. 1 BetrVG i.V.m. § 34 Abs. 1 Satz 2 BetrVG),

- Einberufung der JA-Versammlungen nach Maßgabe von § 71 BetrVG i.V.m. § 43 Abs. 2 Satz 1 und 2 BetrVG, §§ 44 bis 46 BetrVG und § 65 Abs. 2 Satz 2 BetrVG (Einzelheiten dazu s.u. 12.).

5.3 Sitzungen der JAV

Die JAV kann zur Erfüllung ihrer gesetzlichen Aufgaben nach eigenem Ermessen eigene Sitzungen abhalten (§ 65 Abs. 2 Satz 1 Halbsatz 1 BetrVG). Einer Zustimmung des Betriebsrats bedarf es hierfür nicht. Er ist aber vor der Sitzung zu verständigen, damit er sich darauf vorbereiten kann. Die vorherige Verständigung des Betriebsrats ist zwar keine Voraussetzung für die Rechtmäßigkeit der Sitzung. Die Missachtung des Erfordernisses der vorherigen Verständigung des Betriebsrats kann jedoch, insbesondere im Wiederholungsfall, eine grobe Verletzung gesetzlicher Pflichten i.S.d. § 23 Abs. 1 BetrVG (i.V.m. § 65 Abs. 1 BetrVG) darstellen und ggf. zur Auflösung der JAV bzw. zum Ausschluss des Vorsitzenden aus der JAV führen.

Für die Einberufung der Sitzungen gilt die für die Betriebsratssitzungen maßgebliche Bestimmung des § 29 BetrVG entsprechend (§ 65 Abs. 2 Satz 1 letzter Halbsatz BetrVG): Die Sitzungen sind vom Vorsitzenden der JAV, im Falle seiner Verhinderung von seinem Vertreter einzuberufen. Die Einberufung können ein Viertel der Mitglieder der JAV, der Arbeitgeber oder der Betriebsrat beantragen.

Der Vorsitzende der JAV bzw. im Verhinderungsfall sein Stellvertreter haben die Tagesordnung festzusetzen und die teilnahmeberechtigten Personen rechtzeitig zuvor unter Mitteilung der Tagesordnung zu laden.

Teilnahmeberechtigt an den Sitzungen der JAV sind:

- sämtliche Mitglieder der JAV,
- der Vorsitzende oder ein beauftragtes Mitglied des Betriebsrats (§ 65 Abs. 2 Satz 2 BetrVG),
- der Beauftragte einer im Betrieb vertretenen Gewerkschaft, sofern dies ein Viertel der Mitglieder der JAV beantragt (§ 65 Abs. 1 BetrVG i.V.m. § 31 BetrVG),
- der Arbeitgeber, sofern die Sitzung auf sein Verlangen anberaumt oder er zu ihr eingeladen worden ist (§ 65 Abs. 2 Satz 1 letzter Halbsatz BetrVG i.V.m. § 29 Abs. 4 Satz 1 BetrVG).

Über den Zeitpunkt der JAV-Sitzung entscheidet der Vorsitzende der JAV, im Falle seiner Verhinderung dessen Vertreter. Die Sitzung findet grundsätzlich während der Arbeitszeit statt. Die Einladung hat unter Mitteilung der Tagesordnung zu erfolgen (§ 65 Abs. 2 Satz 1 letzter Halbsatz BetrVG i.V.m. § 29 Abs. 2 Satz 3 BetrVG). Auch der Arbeitgeber ist über den Termin der Sitzung zuvor zu informieren (§ 65 Abs. 1 BetrVG i.V.m. § 30 Satz 3 BetrVG).

Muster eines Einladungsschreibens:

An die
Mitglieder der JAV,
die/den Betriebsratsvorsitzende/n

Einladung zur nächsten JAV-Sitzung am ...

Liebe Kolleginnen und Kollegen,

hiermit lade ich zur nächsten JAV-Sitzung

am ...   um ... Uhr   in ... *(genaue Bezeichnung des Ortes)* ein.

Tagesordnungspunkte:

TOP 1	Protokoll der letzten Sitzung
TOP 2	Entwurf der JAV für eine Betriebsvereinbarung zum Beurteilungssystem gemäß Anlage 1 Beratung und Beschlussfassung
TOP 3	Teilnahme des JAV-Mitglieds ... am JAV-Grundlagenseminar gemäß Inhaltsplan (siehe Anlage 2) bei ... in ... vom ... bis .... Beratung und Beschlussfassung
TOP 4	...
TOP 5	Verschiedenes

Sollte eine Teilnahme an dieser Sitzung wegen Verhinderung nicht möglich sein, so bitte ich um unverzügliche Mitteilung, damit ein Ersatzmitglied zu dieser Sitzung geladen werden kann.

Mit freundlichen Grüßen

....
(JAV-Vorsitzende/r)

Die Einladung ist rechtzeitig zu verschicken, d.h. so frühzeitig, dass sich die JAV-Mitglieder und der Betriebsratsvorsitzende auf die Sitzung vorbereiten können.

Kann ein Mitglied der JAV an der Sitzung nicht teilnehmen, so soll es dies unter Angabe der Gründe dem JAV-Vorsitzenden unverzüglich mitteilen (§ 65 Abs. 2 Satz 1 letzter Halbsatz BetrVG i.V.m. § 29 Abs. 2 Satz 5 BetrVG). Der Vorsitzende hat sodann für das verhinderte JAV-Mitglied das Ersatzmitglied zu laden, § 65 Abs. 2 Satz 1 letzter Halbsatz BetrVG i.V.m. § 29 Abs. 2 Satz 6 BetrVG. Welches Ersatzmitglied zu laden ist, richtet sich nach § 25 Abs. 2 BetrVG i.V.m. § 65 Abs. 1 BetrVG. Erfolgte die Wahl der JAV nach den Grundsätzen der Verhältniswahl (s.o. 3.3.2), sind die Ersatzmitglieder der Reihe nach aus den nichtgewählten Bewerbern derjenigen Vorschlagslisten zu entnehmen, denen die verhinderten JAV-Mitglieder angehören (§ 25 Abs. 2 Satz 1 BetrVG i.V.m. § 65 Abs. 1 BetrVG). Ist eine Vorschlagsliste erschöpft, so sind die Ersatzmitglieder derjenigen Vorschlagsliste zu entnehmen, auf die nach den Grundsätzen der Verhältniswahl der nächste Sitz entfallen würde, § 25 Abs. 2 Satz 2 BetrVG i.V.m. § 65 Abs. 1 BetrVG. Erfolgte die Wahl nach den Grundsätzen der Mehrheitswahl (s.o. 3.3.1), ist für ein verhindertes JAV-Mitglied das Ersatzmitglied zu laden, das unter den nicht gewählten Bewerbern die höchste Stimmenzahl erreicht hat, § 25 Abs. 2 Satz 2 BetrVG i.V.m. § 65 Abs. 1 BetrVG. Wichtig ist in diesem Zusammenhang, dass in beiden Fällen die **Repräsentation des Minderheitsgeschlechts** nach Maßgabe von § 15 Abs. 2 BetrVG (s.o. 3.4.2.2) zu beachten ist.

Die Nichtbeachtung der Pflicht, ein Ersatzmitglied zu laden, führt nicht zur Unwirksamkeit von JAV-Beschlüssen, kann jedoch insbesondere im Wiederholungsfall, eine grobe Verletzung gesetzlicher Pflichten i.S.d. § 23 Abs. 1 BetrVG (i.V.m. § 65 Abs. 1 BetrVG) darstellen und damit ggf. einen Antrag auf Auflösung der JAV bzw. auf Ausschluss des Vorsitzenden aus der JAV rechtfertigen.

Eine „zeitweilige Verhinderung" von Mitgliedern der JAV i.S.d. § 25 Abs. 1 Satz 2 BetrVG i.V.m. § 65 Abs. 1 BetrVG muss stets auf Gründen tatsächlicher oder rechtlicher Art beruhen. Ein JAV-Mitglied ist nicht berechtigt, sich aus beliebigen Gründen für verhindert zu erklären. Tatsächlich verhindert ist ein JAV-Mitglied, wenn es krankheits-, urlaubs- oder arbeitsbedingt ortsabwesend ist und deshalb an der JAV-Sitzung nicht teilnehmen kann. Rechtlich verhindert ist ein JAV-Mitglied, wenn es von der Maßnahme individuell und unmittelbar betroffen ist (vgl. BAG-Beschluss vom 24.04.2013 – 7 ABR 82/11, NZA 2013, 857), etwa im Falle der Kündigung oder Versetzung des JAV-Mitglieds. Umfasst eine JAV-Sitzung mehrere Tagesordnungspunkte, ist das JAV-Mitglied nur hinsichtlich dieses Tagesordnungspunktes „rechtlich verhindert".

Das Ersatzmitglied ist vollwertiges JAV-Mitglied ab dem Tag, an dem ein ordentliches JAV-Mitglied verhindert ist, ohne dass es hierfür einer Unterrichtung von ihm durch die JAV bedarf. Während der Vertretungszeit hat das Ersatzmitglied den vollen Kündigungsschutz wie jedes andere Ersatzmitglied. Nach Beendigung des Vertretungsfalls hat das Ersatzmitglied den nachwirkenden Kündigungsschutz des § 15 Abs. 1 Satz 2 KSchG, der unabhängig von der Dauer der Vertretung ein Jahr beträgt (s.u. 11.1.3).

Der Vorsitzende der JAV leitet die Sitzung (§ 65 Abs. 2 Satz 1 letzter Halbsatz BetrVG i.V.m. § 29 Abs. 2 Satz 2 BetrVG). Er erteilt das Rederecht und ruft zu den Abstimmungen auf. Die Dauer der Sitzung richtet sich nach der Erforderlichkeit, d.h. wie viele Themen es zu beraten gibt und wie lange die Beratungen dauern.

Über jede JAV-Sitzung ist eine Niederschrift zu erstellen, die mindestens den Wortlaut der Beschlüsse und die Stimmenmehrheit, mit der sie gefasst sind, enthält (§ 65 Abs. 1 BetrVG i.V.m. § 34 Abs. 1 Satz 1 BetrVG). Die Angabe, wie jedes JAV-Mitglied gestimmt hat, ist möglich, aber gesetzlich nicht vorgeschrieben. Aufgenommen werden können zudem die unterschiedlichen Standpunkte bei Diskussionen. Der Verlauf der Sitzung sollte jedoch nicht zu detailliert dargestellt werden. Das weitere Vorgehen ist zu dokumentieren, damit Arbeitsaufträge eindeutig verteilt werden können und fehlende JAV-Mitglieder Informationen über die weitere Planung erhalten. Dies können beispielsweise Termine für Betriebsbegehungen oder ein gemeinsamer Termin mit der Ausbildungsleitung zu Fragen der Übernahme sein.

Die Niederschrift ist vom Vorsitzenden der JAV und einem weiteren Mitglied der JAV, regelmäßig dem Protokollführer, zu unterschreiben, § 65 Abs. 1 BetrVG i.V.m. § 34 Abs. 2 Satz 2 BetrVG. Der Niederschrift ist gemäß § 65 Abs. 1 BetrVG i.V.m. § 34 Abs. 2 Satz 3 BetrVG eine Anwesenheitsliste beizufügen, in die sich jeder Teilnehmer eigenhändig einzutragen hat.

Zur – vorübergehenden – Möglichkeit der Durchführung sog. virtueller JAV-Sitzungen nach der Sonderregelung des § 129 Abs. 1 BetrVG aus Anlass der COVID-19-Pandemie s.u. 15.

Checkliste: Protokoll der JAV-Sitzung

Vor der Sitzung
- Klärung: Wer führt das Protokoll?
  (sofern kein Schriftführer gewählt ist)
- Ist die Einladung rechtzeitig und ordnungsgemäß mit Tagesordnung erfolgt?
- Ist die Anwesenheitsliste vorbereitet?

Während der Sitzung
- Beginn und Ende der Sitzung, auch Unterbrechungen, notieren
- Anwesenheitsliste von Teilnehmern eigenhändig unterschreiben lassen; Welche JAV-Mitglieder sind nicht erschienen? Wer ist entschuldigt, wer fehlt unentschuldigt?
- Ein vorzeitiges Verlassen einzelner Teilnehmer ist im Protokoll mit Uhrzeit festzuhalten
- Besucher, z.B. der Ausbilder als Arbeitgeber-Vertreter, sind mit Zeitraum der Teilnahme zu notieren und in die Anwesenheitsliste einzutragen
- Protokollierung der wesentlichen Punkte

  in der Regel: jeweiliger Tagesordnungspunkt (TOP), der Wortlaut des Beschlusses, Abstimmungsergebnis;

  Ausnahme: bei weitgehenden Diskussionen – etwa die Positionierung der JAV zu Fragen der Übernahme – sollte der Verlauf der Diskussion anhand zentraler Argumente dokumentiert werden

In der JAV-Sitzung ist zu klären:
- Die Feststellung der Beschlussfähigkeit
- ggf. die Genehmigung des letzten Protokolls

Nach der Sitzung
- Niederschrift des Protokolls bzw. Vervollständigung der während der Sitzung begonnenen Niederschrift

  Wichtig: Nicht zu lange warten, sinnvoll ist es, das Protokoll spätestens innerhalb von drei Tagen nach der Sitzung zu erstellen
- Das Protokoll muss mit den Unterschriften des JAV-Vorsitzenden und des Protokollführers versehen sein

5.4 Beschlüsse der JAV

Die JAV trifft – ebenso wie der Betriebsrat – ihre Entscheidungen als Kollegialorgan stets durch Beschluss. Dies ist die allein zulässige Form der Willensbildung der JAV. Eine „Übertragung" dieser Entscheidungskompetenz auf den Vorsitzenden und / oder auf seinen Vertreter durch die JAV ist rechtlich nicht möglich.

Die für den Betriebsrat geltenden Regelungen des § 33 Abs. 1 und 2 BetrVG über die Beschlussfassung finden gemäß § 65 Abs. 1 BetrVG auf die JAV entsprechende Anwendung.

Zu unterscheiden ist zwischen der Beschlussfähigkeit und der Beschlussfassung.

5.4.1 Beschlussfähigkeit

Die JAV ist nur beschlussfähig, d.h. sie kann nur dann wirksam Beschlüsse fassen, wenn mindestens die Hälfte der JAV-Mitglieder an der Beschlussfassung teilnimmt, wobei eine Stellvertretung durch Ersatzmitglieder – im Falle der Verhinderung von einzelnen ordentlichen JAV-Mitgliedern i.S.v. § 25 Abs. 1 BetrVG i.V.m. § 65 Abs. 1 BetrVG (s.o. 5.3) – möglich ist, § 33 Abs. 2 BetrVG i.V.m. § 65 Abs. 1 BetrVG.

Die Beschlussfähigkeit muss bei **jeder Abstimmung** der JAV bestehen. Dass die JAV zu Beginn der Sitzung beschlussfähig gewesen ist, ist weder erforderlich noch ausreichend. Die Beschlussfähigkeit kann daher auch noch im Laufe der Sitzung durch Hinzuziehung von zunächst abwesenden JAV-Mitgliedern oder Ersatzmitgliedern herbeigeführt werden. Umgekehrt kann die Beschlussunfähigkeit im Laufe der Sitzung dadurch bewirkt werden, dass (anwesende) JAV-Mitglieder nicht an der Beschlussfassung teilnehmen und dadurch die für die Beschlussfähigkeit der JAV erforderliche Teilnehmerzahl nicht erreicht wird.

5.4.2 Beschlussfassung

Die Beschlüsse der JAV werden gemäß § 33 Abs. 1 Satz 1 BetrVG i.V.m. § 65 Abs. 1 BetrVG grundsätzlich mit der Mehrheit der Stimmen der anwesenden Mitglieder gefasst. Stimmberechtigt sind nur die Mitglieder der JAV bzw. im Falle der Verhinderung von einzelnen ordentlichen JAV-Mitgliedern die jeweiligen Ersatzmitglieder, nicht aber Betriebsratsmitglieder, Vertreter der Gewerkschaften oder der Arbeitgeber. Bei Stimmengleichheit ist ein Antrag abgelehnt, § 33 Abs. 1 Satz 2 BetrVG. Enthaltungen zählen faktisch als Nein-Stimmen, weil auch die Stimmenthaltung eine Teilnahme an der Beschlussfassung darstellt und für die Annahme eines Beschlusses erforderlich ist, dass die Mehrheit der teilnehmenden Mitglieder der JAV dem Beschluss zustimmt.

Für die Annahme eines Beschlusses genügt grundsätzlich die sog. **einfache Mehrheit**, d.h. die Mehrheit der anwesenden Mitglieder muss dem Beschluss zustimmen.

Beispiel:

Von einer aus 11 Mitgliedern bestehenden JAV nehmen 9 JAV-Mitglieder an einer Beschlussfassung teil. 5 Mitglieder stimmen für den Antrag, 2 dagegen und 2 enthalten sich der Stimme. Der Antrag ist nach § 33 Abs. 1 Satz 1 BetrVG i.V.m. § 65 Abs. 1 BetrVG mit 5 : 4 (2 + 2) angenommen.

Würden in diesem Beispiel nur 8 JAV-Mitglieder an einer Beschlussfassung teilnehmen und stimmten 4 Mitglieder für den Antrag, 2 dagegen und 2 enthielten sich der Stimme, wäre der Antrag nach § 33 Abs. 1 Satz 2 BetrVG i.V.m. § 65 Abs. 1 mit 4 : 4 (2 + 2) abgelehnt.

Ausnahmen vom Erfordernis der einfachen Stimmenmehrheit gelten gemäß § 33 Abs. 1 Satz 1 BetrVG i.V.m. § 65 BetrVG nur, soweit im BetrVG etwas anderes bestimmt ist. Hierbei handelt es sich um folgende Fälle:

- Antrag auf Aussetzung eines Beschlusses des Betriebsrats gemäß § 66 Abs. 1 BetrVG,
- Verabschiedung einer Geschäftsordnung gemäß § 65 Abs. 1 BetrVG i.V.m. § 36 BetrVG,
- Rücktritt der JAV (§ 64 Abs. 1 Satz 2 BetrVG i.V.m. § 13 Abs. 2 Nr. 3 BetrVG),
- Beauftragung der G-JAV, eine Angelegenheit für die JAV mit dem GBR zu behandeln (§ 73 Abs. 2 BetrVG i.V.m. § 50 Abs. 2 Satz 1 BetrVG).

In den vorgenannten Fällen sind die Beschlüsse von der JAV mit der Mehrheit ihrer Mitglieder, d.h. mit **absoluter Mehrheit**, zu fassen.

Beispiel:

Von einer aus 9 Mitgliedern bestehenden JAV nehmen 7 JAV-Mitglieder an der Beschlussfassung über einen Antrag auf Aussetzung eines Betriebsratsbeschlusses nach § 66 Abs. 1 BetrVG teil. 4 Mitglieder stimmen für den Antrag, ein Mitglied stimmt dagegen und 2 Mitglieder enthalten sich der Stimme. Der Antrag ist (trotz „einfacher Mehrheit") abgelehnt, weil er nicht mit der Mehrheit der JAV-Mitglieder (hier: mindestens 5 von 9) angenommen wurde.

Würden in dem Beispiel 8 JAV-Mitglieder an der Beschlussfassung teilnehmen und stimmten 5 Mitglieder für den Antrag und 3 dagegen, wäre der Antrag angenommen.

5.5 Geschäftsordnung

Die JAV kann gemäß § 65 Abs. 1 BetrVG i.V.m. § 36 BetrVG mit den Stimmen der Mehrheit ihrer Mitglieder eine Geschäftsordnung beschließen. Diese enthält Bestimmungen über die Ordnung der internen Geschäftsführung, insbesondere Regelungen über die Sitzungen der JAV.

Inhalte einer Geschäftsordnung können u.a. sein:

- Festlegung regelmäßiger Sitzungen zu bestimmten Zeiten,
- Einladungsfrist zu den Sitzungen,
- Ausübung des Rederechts (Redeordnung, Rederecht),
- Leitung und Durchführung der Abstimmungen,
- Festlegung der Voraussetzungen für eine geheime oder namentliche Abstimmung,
- Bestellung eines JAV-Mitglieds als Schriftführer der JAV,
- Einzelheiten der Sitzungsniederschrift,
- Bestimmung von weiteren stellvertretenden Vorsitzenden und ihrer Reihenfolge, wenn sowohl der JAV-Vorsitzende als auch dessen Stellvertreter zugleich verhindert sind.

Von zwingenden betriebsverfassungsrechtlichen Vorschriften, wie insbesondere über die Beschlussfassung und Beschlussfähigkeit (§ 33 Abs. 1 und 2 BetrVG i.V.m. § 65 Abs. 1 BetrVG), kann in der Geschäftsordnung dagegen nicht abgewichen werden.

Der Erlass einer Geschäftsordnung bedarf nach § 65 Abs. 1 BetrVG i.V.m. § 36 BetrVG der **Schriftform**. Dies bedeutet, dass sie entweder vom Vorsitzenden der JAV unterzeichnet oder der Beschluss über sie in der – nach § 34 Abs. 1 Satz 2 BetrVG i.V.m. § 65 Abs. 1 BetrVG ordnungsgemäß unterzeichneten – Sitzungsniederschrift aufgenommen worden ist.

5.6 Sprechstunden

Die JAV kann in Betrieben, in denen in der Regel mehr als 50 jugendliche Arbeitnehmer und Auszubildende unter 25 Jahren beschäftigt sind, eigene Sprechstunden während der Arbeitszeit einrichten, § 69 Satz 1 BetrVG. Die Einrichtung erfolgt durch einfachen Mehrheitsbeschluss der JAV. Sie entscheidet hierüber nach eigenem Ermessen. Eine Pflicht zur Einrichtung von Sprechstunden besteht nicht.

Die Sprechstunden der JAV finden grundsätzlich während der Arbeitszeit statt. Die Zeit und der Ort der Sprechstunden können nicht von der JAV selbst festgelegt werden. Sie sind gemäß § 69 Satz 2 BetrVG zwischen dem Betriebsrat und dem Arbeitgeber zu vereinbaren. Zu den diesbezüglichen Besprechungen ist die JAV nach § 68 BetrVG vom Betriebsrat beizuziehen. Bei den Beschlüssen des Betriebsrats über die Festlegung von Zeit und Ort der Sprechstunden hat die JAV ein Stimmrecht nach § 67 Abs. 2 BetrVG (s.u. 7.4). Die zeitliche Festlegung der Sprechstunden hat unter Berücksichtigung der betrieblichen Notwendigkeiten zu erfolgen. Zwingende Gründe, die einen Vorrang des Betriebsablaufs vor der Amtstätigkeit der JAV rechtfertigen, sind etwa im Einzelhandel der umsatzstärkste Tag der Woche, an dem jeder Mitarbeiter benötigt wird, sowie im Krankenhaus der Wochentag, an dem die meisten Operationen durchgeführt werden.

Können sich der Betriebsrat und der Arbeitgeber auf die Zeit und den Ort der Sprechstunden nicht einigen, so entscheidet hierüber die Einigungsstelle verbindlich, § 69 Satz 3 BetrVG i.V.m. § 39 Abs. 1 Satz 3 und 4 BetrVG.

Die Kosten für die Durchführung der Sprechstunden hat der Arbeitgeber zu tragen. Er muss die für die Durchführung der Sprechstunden erforderlichen Räume und sachlichen Mittel, wie z.B. Schreibmaterial, Tische und Stühle zur Verfügung stellen (§ 65 Abs. 1 BetrVG i.V.m. § 40 BetrVG).

An den Sprechstunden kann nach § 69 Satz 4 BetrVG der Betriebsratsvorsitzende oder ein vom Betriebsrat beauftragtes Betriebsratsmitglied beratend teilnehmen. Die JAV muss die Anwesenheit des Betriebsratsvorsitzenden oder eines vom Betriebsrat beauftragten Betriebsratsmitglieds bei den Sprechstunden dulden, da den jugendlichen Arbeitnehmern und Auszubildenden eine sachkundige Beratung ermöglicht und zugleich dem Betriebsrat die Gelegenheit gegeben werden soll, sich einen Einblick in die Anliegen dieser Mitarbeiter zu verschaffen.

Sofern die JAV eigene Sprechstunden anbietet, sind die jugendlichen Arbeitnehmer und Auszubildenden allerdings nicht verpflichtet, sich mit ihren Anliegen allein an die JAV zu wenden. Vielmehr können sie auch – stattdessen – die Sprechstunden des Betriebsrats besuchen.

Versäumnisse von Arbeitszeit, die zum Besuch der Sprechstunden erforderlich sind, berechtigen den Arbeitgeber nicht zur Minderung des Arbeitsentgelts der jugendlichen Arbeitnehmer oder der zu ihrer Berufsausbildung Beschäftigten, die das 25. Lebensjahr noch nicht vollendet haben (§ 69 Satz 3 BetrVG i.V.m. § 39 Abs. 3 BetrVG). Zu beachten ist allerdings, dass die jugendlichen Arbeitnehmer und die Auszubildenden, welche die JAV-Sprechstunden besuchen wollen, verpflichtet sind, sich zuvor bei ihrem Vorgesetzten oder Ausbilder abzumelden und sich nach der Rückkehr zurückzumelden. Die Verletzung dieser Verpflichtungen berechtigt den Arbeitgeber zur Abmahnung, im Wiederholungsfalle u.U. sogar zur Kündigung.

Sinkt die Zahl der im Betrieb beschäftigten jugendlichen Arbeitnehmer oder Auszubildenden unter 25 Jahren nicht nur vorübergehend auf unter 51, so können eingerichtete Sprechstunden der JAV nicht aufrechterhalten werden, sofern hierüber nicht zwischen Arbeitgeber, Betriebsrat und JAV – auf freiwilliger Basis – Einverständnis erzielt wird.

5.7 Streitigkeiten

Über Streitigkeiten hinsichtlich der Organisation und der Geschäftsführung der JAV entscheidet das zuständige Arbeitsgericht im Beschlussverfahren nach § 2a Abs. 1 Nr. 1 ArbGG i.V.m. §§ 80 ff. BetrVG. Ist z.B. die Teilnahme eines JAV-Mitglieds an einer Schulungs- und Bildungsveranstaltung i.S.v. § 65 Abs. 1 BetrVG i.V.m. § 37 Abs. 6 BetrVG (s.u. 10.3) streitig, sind sowohl die JAV als auch der Betriebsrat antrags- und beteiligtenbefugt. Wird ein minderjähriges Mitglied der JAV am Verfahren beteiligt, ist hierfür nicht die Zustimmung seiner gesetzlichen Vertreter erforderlich.

Entgeltansprüche von Mitgliedern der JAV sowie Ansprüche auf Freizeitausgleich gemäß § 65 Abs. 1 BetrVG i.V.m. § 37 Abs. 2 BetrVG (s.u. 10.1) sind gemäß § 2 Abs. 1 Nr. 3 Buchstabe a), Abs. 5 ArbGG i.V.m. §§ 46 ff. ArbGG im arbeitsgerichtlichen Urteilsverfahren geltend zu machen.

6. Aufgaben der JAV

6.1 Ermittlung und Verteilung der wahrzunehmenden Aufgaben

Der JAV obliegt regelmäßig die Wahrnehmung einer Vielzahl von Aufgaben. Zu diesem Zweck ist es erforderlich, dass die JAV zunächst diese Aufgaben ermittelt, sodann eine Arbeitsplanung vornimmt und dabei festlegt, wer sich um welche Angelegenheiten kümmert bzw. wer für diese Angelegenheiten verantwortlich ist.

Zunächst sollte sich die JAV – gemeinsam mit dem Betriebsrat – anhand folgender Checkliste einen Überblick über die betriebliche Ausbildungssituation verschaffen:

Checkliste zur Ausbildungssituation im Betrieb

Auszubildende/Ausbildungsberufe

- Anzahl der derzeit beschäftigten Auszubildenden
- Anzahl der im Betrieb vorhandenen Ausbildungsplätze
- vorhandene Ausbildungsberufe im Betrieb
- Ausbildungsberufe verteilt auf Ausbildungsjahre und Geschlechter

Ausbilder

- Zuständigkeit der Personen für die Ausbildung auf Seiten des Betriebs
- Anzahl der Ausbilder
- Verteilung der Ausbilder auf die einzelnen Ausbildungsberufe
- Ausreichende Anzahl von Ausbildern
- Fehlen von Ausbildern in einzelnen Abteilungen bzw. Bereichen
- Ausreichende Zeitkapazitäten der Ausbilder für die Auszubildenden
- Möglichkeiten der Ausbilder zur Weiterbildung
- Nutzung dieser Möglichkeiten durch die Ausbilder

Ausbildungsablauf

- Bestehen von Ausbildungsplänen für jeden Auszubildenden
- Einhaltung dieser Ausbildungspläne
- Ermittlung der Gründe bei Nichteinhalten dieser Ausbildungspläne
- Bestehen von Versetzungsplänen für die Auszubildenden

Beurteilung, Dokumentation und Förderung der Ausbildung

- Bestehen von Beurteilungsbögen (Vorliegen einer Betriebsvereinbarung)
- Tatsächliche Vornahme von regelmäßigen Beurteilungen
- Meinung der Auszubildenden über das bestehende Beurteilungssystem
- Regelmäßige Führung von Ausbildungsnachweisen („Berichtsheften")
- Aussagekraft dieser Ausbildungsnachweise
- Durchführung von innerbetrieblichem Unterricht
- Qualität dieses innerbetrieblichen Unterrichts

Übernahme

- Derzeitige Situation der Übernahme von Auszubildenden
- Erfolgte Übernahme von Auszubildenden während der vergangenen 5 Jahre
- Übernahmeperspektive in den kommenden 5 Jahren
- Künftige Arbeitsplatzkapazitäten durch Ruhestand, Altersteilzeit, Elternzeit o.ä.

Betriebsvereinbarungen / Tarifverträge

- Ermittlung der bestehenden Betriebsvereinbarungen und Tarifverträge
- Geltung dieser Betriebsvereinbarungen und Tarifverträge für Auszubildende
- Tatsächliche Einhaltung dieser Betriebsvereinbarungen und Tarifverträge

Um sich einen Kenntnisstand über die aktuellen Entwicklungen in der betrieblichen Berufsausbildung verschaffen zu können, sollte die JAV mit den bisherigen JAV-Mitgliedern Kontakt aufnehmen und sich bei diesen über die bisherige JAV-Arbeit informieren bzw. bei diesen die Unterlagen der JAV-Arbeit anfordern. Zudem kann die JAV vom Betriebsrat gemäß § 70 Abs. 2 Satz 2 BetrVG verlangen, dass dieser ihr die zur Durchführung ihrer Aufgaben erforderlichen Unterlagen, insbesondere Ausbildungspläne, Personalplanungsunterlagen, Betriebsvereinbarungen und Tarifverträge zur Verfügung stellt.

Daneben sind der JAV auch Arbeitsmittel zur Verfügung zu stellen, die sie zur ordnungsgemäßen Wahrnehmung ihrer Tätigkeiten benötigt, wie z.b. ein Büroraum, ein abschließbarer Schrank, Papier, Stifte, Aktenordner, Stempel, ein PC (zumindest dessen Mitbenutzung), ein Sitzungszimmer sowie ein Telefonanschluss, über den die JAV erreichbar ist (bei häufigem Wechsel des Ausbildungsortes, etwa beim Einsatz auf verschiedenen Geschäftsstellen, kann auch ein Handy erforderlich sein, damit eine Erreichbarkeit gewährleistet ist).

6.2 Gesetzliche Aufgaben der JAV

Da es sich bei der JAV nach allgemeiner Ansicht nicht um ein selbständiges und gleichberechtigt neben dem Betriebsrat stehendes Organ der Betriebsverfassung, sondern lediglich um ein sog. „Hilfsorgan" des Betriebsrats handelt, beschränken sich die Aufgaben der JAV, die dieser in § 70 Abs. 1 BetrVG gesetzlich zugewiesen worden sind, allein auf überwachende und beratende Tätigkeiten. Sie beziehen sich auf alle sozialen, personellen und wirtschaftlichen Fragen, die jugendliche Arbeitnehmer und Auszubildende bis zu ihrem 25. Lebensjahr unmittelbar oder mittelbar betreffen. Die Wahrnehmung und Erfüllung der allgemeinen Aufgaben haben allein durch den Betriebsrat zu erfolgen. Aus eigener Kompetenz kann die JAV daher gegenüber dem Arbeitgeber keine (erzwingbaren) Mitbestimmungsrechte wahrnehmen. Ebenso wenig kann sie mit dem Arbeitgeber Betriebsvereinbarungen abschließen. Allerdings räumt ihr das BetrVG besondere Kompetenzen ein, die ihr die Wahrnehmung ihrer Aufgaben gegenüber dem Betriebsrat ermöglichen.

6.2.1 Antragsrechte

Die Vorschriften des § 70 Abs. 1 Nr. 1. Nr. 1a und Nr. 4 BetrVG gewähren der JAV ein sog. allgemeines Initiativrecht. Diese Bestimmungen räumen der JAV gegenüber dem Betriebsrat folgende Kompetenzen ein:

- Maßnahmen, die den in § 60 Abs. 1 BetrVG genannten Arbeitnehmern dienen, insbesondere in Fragen der Berufsausbildung und der Übernahme der zu ihrer Berufsausbildung Beschäftigten in ein Arbeitsverhältnis, beim Betriebsrat zu beantragen. Hierzu gehören alle Angelegenheiten, die in die Zuständigkeit des Betriebsrats fallen, ohne dass die Angelegenheit ausschließlich oder überwiegend jugendliche Arbeitnehmer oder Auszubildende unter 25 Jahren betreffen muss. Es muss sich jedoch stets um Angelegenheiten mit Betriebsbezug handeln, so dass z.B. Angelegenheiten des Berufsschulunterrichts nicht Gegenstand des Initiativrechts sein können. In Betracht kommen insbesondere Fragen der betrieblichen Berufsausbildung (z.B. die Gestaltung des Ausbildungsplans, die Verbesserung der Ausbildungsmethoden, die bessere Ausstattung von Ausbildungsmitteln und die Änderung des Ausbildungssystems für Auszubildende), der Arbeitszeit sowie besondere Sozialleistungen oder -einrichtungen (etwa die Einrichtung einer Jugendbibliothek, die Bildung einer betrieblichen Sportgruppe oder betriebliche Zuschüsse zur Nutzung von öffentlichen Verkehrsmitteln).

- Maßnahmen zur Durchsetzung der tatsächlichen Gleichstellung der in § 60 Abs. 1 BetrVG genannten Arbeitnehmer entsprechend § 80 Abs. 1 Nr. 2a und 2b beim Betriebsrat zu beantragen.

- Die Integration ausländischer, in § 60 Abs. 1 BetrVG genannter Arbeitnehmer im Betrieb zu fördern und entsprechende Maßnahmen beim Betriebsrat zu beantragen.

6.2.2 Überwachungsrechte

Gemäß § 70 Abs. 1 Nr. 2 BetrVG hat die JAV darüber zu wachen, dass die zu Gunsten der in § 60 Abs. 1 BetrVG genannten Arbeitnehmer geltenden Gesetze, Verordnungen, Unfallverhütungsvorschriften, Tarifverträge und Betriebsvereinbarungen durchgeführt werden. Hierbei dürfte es sich um eine der Kernaufgaben der JAV handeln.

Zu den „Gesetzen" i.S. dieser Vorschrift gehören insbesondere das BBiG und das JArbSchG, daneben alle Regelungen, die für jugendliche Arbeitnehmer und Auszubildende unter 25 Jahren von Bedeutung sind.

6.2.2.1 Betriebsverfassungsgesetz

Zunächst ist das Betriebsverfassungsgesetz (BetrVG) zu nennen. Auch jugendliche Arbeitnehmer und Auszubildende haben Ansprüche aus dem BetrVG. Dazu gehören u.a. das Recht auf Teilnahme an der Jugend- und Auszubildendenversammlung (§ 71 BetrVG) sowie das Recht auf Einsichtnahme in die Personalakte (§ 83 BetrVG).

6.2.2.2 Berufsbildungsgesetz

Eine besondere Bedeutung für die Auszubildenden hat das Berufsbildungsgesetz (BBiG). Es stellt die gesetzliche Grundlage für die Berufsausbildung des Ausbildungsbetriebes dar. Das BBiG ist im Jahre 1969 in Kraft getreten und im Jahre 2005 novelliert worden. Das Gesetz schafft eine umfassende und bundeseinheitliche Grundlage für die berufliche Bildung. Es regelt Rechte und Pflichten der Auszubildenden und ist deshalb ein wichtiges Instrument für die JAV und den Betriebsrat, die Berufsausbildung betrieblich zu gestalten.

Die berufliche Ausbildung erfolgt danach auf der Grundlage des sog. „dualen Systems", nämlich getrennt in den Lernorten

- Schule

  und

- Betrieb.

Neben der betrieblichen Ausbildung zählt deshalb der Besuch der Berufsschule zu einem wichtigen Bestandteil der Berufsausbildung. In Fragen der Unterrichtsinhalte und der Ausstattung der Berufsschulen haben der Betriebsrat und die JAV jedoch keine Beteiligungsrechte.

Auszubildender ist, wer zu einem Berufsausbildungsverhältnis eingestellt wird und wem im Rahmen einer geregelten Berufsausbildung die Fertigkeiten und Kenntnisse vermittelt werden, die zur Erreichung des Ausbildungszieles erforderlich sind. Ziel des Berufsausbildungsverhältnisses ist nicht die Erbringung einer Arbeitsleistung, sondern die Vermittlung der erforderlichen Fertigkeiten und Kenntnisse. Ausgebildet werden kann nur im anerkannten Ausbildungsberuf, der im Verzeichnis des Bundesinstituts für Berufsbildung geführt wird. Der Ausbildungsvertrag wird zwischen Auszubildenden und Ausbildenden geschlossen.

Ausbildender ist, wer jemanden zur Berufsausbildung einstellt (§ 10 Abs. 1 BBiG). Hierbei kann es sich entweder um natürliche oder um juristische Personen handeln.

Der **Ausbilder** ist dafür zuständig, dem Auszubildenden diejenigen Fertigkeiten und Kenntnisse zu vermitteln, die zur Erreichung des Ausbildungszieles erforderlich sind.

Der JAV obliegt gemäß § 70 Abs. 1 Nr. 2 BetrVG insbesondere die Überwachung der Einhaltung folgender Bestimmungen des BBiG:

- § 14 Abs. 3 BBiG – Auszubildenden dürfen nur Aufgaben übertragen werden, die dem Ausbildungszweck dienen und ihren körperlichen Kräften angemessen sind. Danach dürfen etwa reine Routinetätigkeiten, die der Ausbildung nicht dienlich sind, wie etwa das tagelange Kopieren von Unterlagen, nicht Gegenstand der Tätigkeit eines Auszubildenden sein.

- § 14 Abs. 1 Nr. 1 BBiG – Der Ausbildende hat dafür zu sorgen, dass dem Auszubildenden die berufliche Handlungsfähigkeit vermittelt wird, die zum Erreichen des Ausbildungsziels erforderlich ist, und die Berufsausbildung in einer durch ihren Zweck gebotenen Form planmäßig, zeitlich und sachlich so durchzuführen, dass das Ausbildungsziel in der vorgesehenen Ausbildungszeit erreicht werden kann.

- § 14 Abs. 1 Nr. 3 BBiG – Dem Auszubildenden sind vom Ausbildenden die Ausbildungsmittel, insbesondere Werkzeuge, Werkstoffe und Fachliteratur, die zur Berufsausbildung und zum Ablegen von Zwischen- und Abschlussprüfungen, auch soweit diese nach Beendigung des Berufsausbildungsverhältnisses stattfinden, erforderlich sind, kostenlos zur Verfügung zu stellen.

- § 14 Abs. 1 Nr. 4 BBiG – Der Auszubildende ist vom Ausbildenden zum Besuch der Berufsschule sowie zum Führen von Ausbildungsnachweisen anzuhalten, soweit solche im Rahmen der Berufsausbildung verlangt werden. Die Ausbildungsnachweise hat der Ausbildende ferner durchzusehen.
- § 14 Abs. 1 Nr. 5 BBiG – Der Ausbildende hat dafür zu sorgen, dass der Auszubildende charakterlich gefördert sowie sittlich und körperlich nicht gefährdet wird.
- § 14 Abs. 2 BBiG – Ausbildende haben Auszubildende zum Führen der Ausbildungsnachweise nach § 13 Satz 2 Nr. 7 BBiG anzuhalten und diese regelmäßig durchzusehen. Den Auszubildenden ist Gelegenheit zu geben, den Ausbildungsnachweis am Arbeitsplatz zu führen.
- § 15 BBiG – Der Auszubildende ist vom Ausbildenden für die Teilnahme am Berufsschulunterricht und an Prüfungen freizustellen. Gleiches gilt, wenn Ausbildungsmaßnahmen außerhalb der Ausbildungsstätte durchzuführen sind.
- § 18 f. BBiG – Bemessung, Fälligkeit und Fortzahlung der Ausbildungsvergütung.
- § 16 BBiG – Erteilung eines schriftlichen Zeugnisses bei Beendigung des Ausbildungsverhältnisses, das Angaben über Art, Dauer und Ziel der Berufsausbildung sowie über die erworbenen beruflichen Fertigkeiten, Kenntnisse und Fähigkeiten des Auszubildenden zu enthalten hat und in dem auf Verlangen des Auszubildenden auch das Verhalten und die Leistung von diesem zu bewerten sind.

Für Krankenhäuser gibt es eine Sonderregelung. Anstelle des BBiG gilt das Gesetz über die Berufe in der Krankenpflege (KrPflG). Es regelt auch die Ausbildung in den Krankenpflegeberufen.

6.2.2.3 Jugendarbeitsschutzgesetz

Das Jugendarbeitsschutzgesetz (JArbSchG) regelt die Beschäftigung von jugendlichen Arbeitnehmern. Es gilt für alle Personen, die das 18. Lebensjahr noch nicht vollendet haben. Die Arbeitszeit darf für Jugendliche grundsätzlich täglich nicht mehr als 8 Stunden und pro Woche nicht mehr als 5

Tage betragen (§ 8 JArbSchG bzw. § 15 JArbSchG). Auch Ruhepausen von mindestens 30 Minuten bei über 4,5 bis 6 Stunden bzw. von mindestens 60 Minuten bei mehr als 6 Stunden Arbeitszeit sind nach § 11 JArbSchG einzuhalten. Zwischen Arbeitsende und Arbeitsbeginn müssen mindestens 12 Stunden liegen (§ 13 JArbSchG).

6.2.2.4 Teilzeit- und Befristungsgesetz

Auch das Teilzeit- und Befristungsgesetz (TzBfG) ist für die JAV wichtig. Denn im TzBfG ist geregelt, unter welchen Voraussetzungen befristete Arbeitsverträge abgeschlossen werden können. Da immer mehr Auszubildende befristet übernommen werden, obliegt der JAV gemäß § 70 Abs. 1 Nr. 2 BetrVG auch die Überwachung der Einhaltung dieses Gesetzes durch den Arbeitgeber.

6.2.2.5 Verordnungen

Verordnungen fallen ebenfalls unter den der JAV gemäß § 70 Abs. 1 Nr. 2 BetrVG obliegenden Überwachungsauftrag. Bei Büroarbeiten ist der Anhang 6 zur Arbeitsstättenverordnung von besonderer Bedeutung, da sie die Gestaltung von Bildschirmarbeitsplätzen regelt. Danach müssen u.a. Bildschirmarbeitsplätze so eingerichtet und betrieben werden, dass die Sicherheit und der Schutz der Gesundheit der Beschäftigten gewährleistet sind. Der Arbeitgeber hat dafür zu sorgen, dass die Tätigkeiten der Beschäftigten an Bildschirmgeräten insbesondere durch andere Tätigkeiten oder regelmäßige Erholungszeiten unterbrochen werden. Die Bildschirmgeräte und die Software müssen entsprechend den Kenntnissen und Erfahrungen der Beschäftigten im Hinblick auf die jeweilige Arbeitsaufgabe angepasst werden können. Diese Vorgaben gelten in gleicher Weise für die Ausstattung der Ausbildungsplätze.

6.2.2.6 Tarifverträge

Tarifverträge werden im Allgemeinen für einzelne Branchen zwischen Gewerkschaften und Arbeitgeberverbänden abgeschlossen. Die Mantel- oder Rahmentarifverträge regeln Arbeitsbedingungen wie etwa die Dauer der

Wochenarbeitszeit, während die Entgelttarifverträge auch die Ausbildungsvergütungen zum Gegenstand haben. Auf die Arbeits- bzw. Berufsausbildungsverhältnisse finden sie Anwendung, wenn entweder beide Vertragsparteien tarifgebunden sind (vgl. § 3 Abs. 1, § 4 Abs. 1 Satz 1 TVG), oder die Tarifverträge für allgemeinverbindlich i.S.v. § 5 TVG erklärt worden sind, oder die Geltung der Tarifverträge zwischen den Parteien im Arbeits- oder Berufsausbildungsvertrag vereinbart worden ist.

6.2.2.7 Betriebsvereinbarungen

Betriebsvereinbarungen werden für den jeweiligen Betrieb zwischen Arbeitgeber und Betriebsrat geschlossen. Regelungsgegenstände von Betriebsvereinbarungen sind u.a. Fragen der betrieblichen Ordnung (§ 87 Abs. 1 Nr. 1 BetrVG), Arbeitszeitfragen (§ 87 Abs. 1 Nr. 2 und 3 BetrVG), die Einführung und Anwendung von technischen Überwachungseinrichtungen (§ 87 Abs. 1 Nr. 6 BetrVG) sowie Fragen der betrieblichen Lohngestaltung (§ 87 Abs. 1 Nr. 10 BetrVG). Sie wirken auf die von ihrem Geltungsbereich erfassten Arbeits- bzw. Ausbildungsverhältnisse gemäß § 77 Abs. 4 Satz 1 BetrVG unmittelbar und zwingend („normativ").

6.2.2.7 Wahrnehmung der Überwachungsrechte

Stellt die JAV Verstöße gegen die eben genannten Vorschriften fest, hat sie beim Betriebsrat auf die Beseitigung dieser Verstöße hinzuwirken. Unabhängig davon kann sie auch von sich aus ohne konkrete Verdachtsmomente von ihrer Überwachungskompetenz Gebrauch machen und stichprobenartig die Einhaltung und Durchführung der in § 70 Abs. 1 Nr. 2 BetrVG genannten Bestimmungen überprüfen. Zu diesem Zweck können ihre Mitglieder auch – **nach vorheriger Zustimmung des Betriebsrats** und unter Einhaltung ihrer Abmeldepflichten beim Arbeitgeber vor der Wahrnehmung von JAV-Tätigkeiten – die Arbeitsplätze der jugendlichen Arbeitnehmer und der zu ihrer Berufsausbildung Beschäftigten unter 25 Jahren aufsuchen (vgl. BAG-Beschluss vom 21.01.1982 – 6 ABR 17/79, AP Nr. 1 zu § 70 BetrVG 1972).

Zur Möglichkeit der Durchführung von Fragebogenaktionen durch die JAV s.u. 9.6.

6.2.3 Anregungsrechte

Die JAV hat weiterhin gemäß § 70 Abs. 1 Nr. 3 Satz 1 BetrVG Anregungen von jugendlichen Arbeitnehmern und Auszubildenden unter 25 Jahren, insbesondere in Fragen der Berufsbildung, entgegenzunehmen und, falls sie berechtigt erscheinen, beim Betriebsrat auf eine Erledigung hinzuwirken.

Der Begriff der „Anregungen" ist weit zu verstehen. Sie umfassen neben Ideen und Verbesserungsvorschlägen auch Beschwerden. Diese müssen sich nicht nur auf Angelegenheiten beschränken, die nur jugendliche Arbeitnehmer oder Auszubildende betreffen.

Das Recht, sich nach § 80 Abs. 1 Nr. 3 BetrVG unmittelbar an den Betriebsrat zu wenden, wird den jugendlichen Arbeitnehmern und Auszubildenden unter 25 Jahren durch das Anregungsrecht des § 70 Abs. 1 Nr. 3 Satz 1 BetrVG nicht genommen.

Die JAV hat die Anregungen entgegenzunehmen und sich mit ihnen auf einer Sitzung zu befassen. Über die weitere Behandlung dieser Anregungen entscheidet die JAV nach billigem Ermessen. Hält sie die jeweilige Anregung für nicht berechtigt, so hat sie dies durch einen entsprechenden Beschluss festzustellen und den betreffenden jugendlichen Arbeitnehmer oder Auszubildenden hierüber zu unterrichten, § 70 Abs. 1 Nr. 3 Satz 2 BetrVG. Hält sie die Anregung für berechtigt, hat sie diese dem Betriebsrat mit ihrer Stellungnahme zur Erledigung zuzuleiten. In ihrer Stellungnahme sollte die JAV die Ergebnisse ihrer Beratungen – überzeugend – darstellen, um damit dem Betriebsrat deren Verwendung im Rahmen seiner eigenen Beratungen zu ermöglichen. Der Betriebsrat entscheidet sodann, ob er die Anregung für berechtigt hält und er sie dem Arbeitgeber unterbreitet (§ 80 Abs. 1 Nr. 3 BetrVG). Über den Stand und das Ergebnis der Verhandlungen hat die JAV den betreffenden jugendlichen Arbeitnehmer oder Auszubildenden gemäß § 70 Abs. 1 Nr. 3 Satz 2 BetrVG zu informieren. Die Unterrichtung kann der Betriebsrat nach § 80 Abs. 1 Nr. 3 BetrVG auch von sich aus vornehmen.

Zur „eigenen" Verhandlung über die jeweiligen Anregungen mit dem Arbeitgeber ist die JAV nicht berechtigt, da es sich bei ihr nicht um ein selbständiges betriebsverfassungsrechtliches Organ neben dem Betriebsrat handelt. Das Recht, mit dem Arbeitgeber zu verhandeln, steht gesetzlich allein dem Betriebsrat zu, der allerdings die JAV bei den Verhandlungen nach § 68 BetrVG zu beteiligen hat.

7. Rechte der JAV gegenüber dem Betriebsrat

7.1 Unterrichtungsrechte

Zur Durchführung ihrer Aufgaben ist die JAV durch den Betriebsrat rechtzeitig und umfassend zu unterrichten, § 70 Abs. 2 Satz 1 BetrVG. Zur Unterrichtung der JAV ist allein der Betriebsrat, nicht aber der Arbeitgeber verpflichtet. Die Unterrichtung erstreckt sich auf alle Angelegenheiten, die in den Zuständigkeitsbereich der JAV fallen. Die Unterrichtung muss der Betriebsrat von sich aus vornehmen. Geheimhaltungsbedürftige Betriebs- oder Geschäftsgeheimnisse darf der Betriebsrat nicht an die JAV weitergeben, da seine Geheimhaltungspflicht ihr gegenüber in § 79 Abs. 1 Satz 4 BetrVG nicht aufgehoben worden ist.

Die JAV kann nach § 70 Abs. 2 Satz 3 BetrVG verlangen, dass ihr der Betriebsrat die zur Durchführung ihrer Aufgaben erforderlichen Unterlagen zur Verfügung stellt. Erforderlich sind alle Unterlagen, welche die JAV im Rahmen ihrer Zuständigkeit benötigt. Hierzu gehören insbesondere Gesetzestexte, Unfallverhütungsvorschriften, Ausbildungspläne und Berichte der zuständigen Behörden, die die jugendlichen Arbeitnehmer und Auszubildenden betreffen. Der Anspruch ist auf **Überlassung** der Unterlagen gerichtet, eine bloße Vorlage zur Einsicht reicht nicht aus.

7.2 Beratungsrechte

Der Betriebsrat soll Angelegenheiten, die besonders die jugendlichen Arbeitnehmer oder die zu ihrer Berufsausbildung Beschäftigten unter 25 Jahren betreffen, der JAV zur Beratung zuleiten (§ 67 Abs. 3 Satz 2 BetrVG). Die Vorberatung dient dem Zweck, dass sich die JAV-Mitglieder in der Betriebsratssitzung sachkundig äußern und ggf. Anträge stellen können.

Die JAV kann beim Betriebsrat beantragen, Angelegenheiten, die besonders jugendliche Arbeitnehmer und Auszubildende betreffen und über die sie bereits selbst beraten hat, auf die Tagesordnung der nächsten Betriebsratssitzung zu setzen, § 67 Abs. 3 Satz 2 BetrVG. Diese Regelung gibt der JAV besondere Handlungsmöglichkeiten.

Beispiele für Maßnahmen, die von der Jugend- und Auszubildendenvertretung beantragt werden können, sind:

- die Schaffung eines strukturierten Ausbildungsplanes,
- Änderungen des Ausbildungsplanes für bestimmte Abteilungen,
- eine verbesserte Sachmittelausstattung, z.B. ein PC je Auszubildender in der Ausbildungsabteilung,
- mehr Vorbereitungszeit der Auszubildenden vor der Abschlussprüfung,
- die Schaffung eines Pausenraumes in der Ausbildungsabteilung,
- die Übernahme der Auszubildenden,
- betriebliche Zuschüsse zur Nutzung öffentlicher Nahverkehrsmittel.

Voraussetzung ist jedoch, dass die Jugend- und Auszubildendenvertretung in einer Sitzung darüber beraten und beschlossen hat. Der Beschluss ist Grundlage für den Antrag an den Betriebsratsvorsitzenden. Gleichzeitig soll die JAV das Thema eingehend erörtern, um mit dem Betriebsrat sachkundig beraten zu können. Auch mögliche Argumente für eine Zustimmung des Betriebsrates sollen in einer vorbereitenden JAV-Sitzung gesammelt werden. Das Ergebnis der Erörterung sollte dem Betriebsratsvorsitzenden gemeinsam mit dem Antrag in Kopie zugestellt werden.

Der Betriebsrat hat die Pflicht, die Maßnahme auf die Tagesordnung der nächsten Sitzung zu setzen. Gemeinsam mit der JAV ist über die Maßnahme zu beraten und das weitere Vorgehen zu beschließen. Die Einladung zur Sitzung muss den Jugend- und Auszubildendenvertretern rechtzeitig zugehen.

Die Beratung über die Maßnahmen kann vom Betriebsrat auch vertagt oder an einen Ausschuss zur Beschlussfassung verwiesen werden.

7.3 Teilnahme an Betriebsratssitzungen

Die JAV kann gemäß § 67 Abs. 1 Satz 1 BetrVG zu allen Sitzungen des Betriebsrats einen Vertreter entsenden. Der Betriebsratsvorsitzende hat die JAV nach § 29 Abs. 2 Satz 4 BetrVG rechtzeitig und unter Mitteilung der Tagesordnung zu laden. Das zu entsendende Mitglied wird von der JAV durch einfachen Mehrheitsbeschluss bestimmt. Das entsandte Mitglied der JAV ist berechtigt, in der Betriebsratssitzung beratend mitzuwirken. Ein Stimmrecht bei den Beschlüssen des Betriebsrats hat es jedoch nicht.

Unterbleibt die Ladung eines Mitglieds der JAV zur Betriebsratssitzung, stellt dies zwar eine Verletzung von gesetzlichen Pflichten i.S. des § 23 Abs. 1 Satz 1 BetrVG dar, jedoch ist ein ohne Anwesenheit eines JAV-Vertreters gefasster Beschluss des Betriebsrats nicht unwirksam, da der JAV-Vertreter im Rahmen von § 67 Abs. 1 Satz 1 BetrVG nur beratende Stimme und deshalb keinen unmittelbaren Einfluss auf das Abstimmungsergebnis hat.

Werden dagegen Angelegenheiten behandelt, die **besonders** die jugendlichen Arbeitnehmer und die Auszubildenden unter 25 Jahren betreffen, so hat gemäß § 67 Abs. 1 Satz 2 BetrVG die **gesamte JAV** zu diesen Tagesordnungspunkten ein **Teilnahmerecht** (sog. besonderes Teilnahmerecht).

Der Begriff der „besonderen" Betroffenheit i.S.v. § 67 Abs. 1 Satz 2 BetrVG setzt nicht voraus, dass sich die Angelegenheit quantitativ überwiegend auf jugendliche Arbeitnehmer und Auszubildende unter 25 Jahren bezieht. Es reicht bereits aus, dass es sich um eine Angelegenheit handelt, die für jugendliche Arbeitnehmer und Auszubildende unter 25 Jahren von **spezieller Bedeutung** ist. Eine besondere Betroffenheit i.S.v. § 67 Abs. 1 Satz 2 BetrVG liegt etwa vor bei Vorschriften, die gerade dem Zweck der jugendlichen Arbeitnehmer und Auszubildenden unter 25 Jahren dienen (z.B. BBiG, JArbSchG), bei Angelegenheiten, die zwar alle Arbeitnehmer betreffen, die aber wegen ihrer altersspezifischen Bedeutung für die jugendlichen Arbeitnehmer und die Auszubildenden unter 25 Jahren von besonderem Interesse sind (z.B. Betriebssport, Berücksichtigung der Berufsschulferien bei der Festlegung des Urlaubsplans), sowie bei personellen Einzelmaßnahmen i.S. der §§ 99 ff. BetrVG hinsichtlich jugendlicher Arbeitnehmer oder Auszubildenden unter 25 Jahren.

Hat die gesamte JAV nach § 67 Abs. 1 Satz 2 BetrVG ein Teilnahmerecht, so sind alle Mitglieder der JAV vom Vorsitzenden des Betriebsrats unter Mitteilung der Tagesordnung rechtzeitig zu den jeweiligen Tagesordnungspunkten der Betriebsratssitzung zu laden, § 29 Abs. 2 Satz 4 BetrVG. Das Recht zur Teilnahme schließt das Recht ein, während der Betriebsratssitzung auch das Wort zu ergreifen.

Für die JAV ist es wichtig an Betriebsratssitzungen teilzunehmen, weil

- Angelegenheiten, die Auszubildende betreffen könnten, beraten und diskutiert werden,
- die JAV ihre Meinung einbringen kann,
- die JAV besser über innerbetriebliche Probleme informiert ist,
- besserer Kontakt zwischen Betriebsrat und JAV besteht.

7.4 Stimmrecht

Die JAV-Mitglieder haben nach § 67 Abs. 2 BetrVG ein **Stimmrecht**, soweit die zu fassenden Beschlüsse des Betriebsrats **überwiegend** jugendliche Arbeitnehmer oder Auszubildende unter 25 Jahren betreffen. Das besondere Teilnahmerecht der gesamten JAV nach § 67 Abs. 1 Satz 2 BetrVG reicht hierfür allein noch nicht aus. Der Beschluss muss zudem zahlenmäßig mehr jugendliche Arbeitnehmer oder Auszubildende unter 25 Jahren betreffen als andere Arbeitnehmer. Dies kann beispielsweise der Fall sein

- bei Fragen zur Übernahme der Auszubildenden

  oder

- bei Ausarbeitung einer Betriebsvereinbarung zu einem Beurteilungssystem für die Auszubildenden.

Bei personellen Einzelmaßnahmen hinsichtlich jugendlicher Arbeitnehmer oder Auszubildender unter 25 Jahren ist das Stimmrecht stets gegeben.

Durch Ausübung ihres Stimmrechts können die Mitglieder der JAV ggf. Betriebsratsbeschlüsse auch gleichsam „kippen".

Beispiel:

Der Betriebsrat besteht aus 21 Mitgliedern. Die JAV besteht aus 5 Mitgliedern. 11 Mitglieder des Betriebsrats sind während einer Sitzung anwesend. Der Betriebsrat ist somit beschlussfähig (§ 33 Abs. 2 BetrVG).

In der Sitzung soll über ein Beurteilungssystem für Auszubildende abgestimmt werden. Wegen der überwiegenden Betroffenheit der in § 60 Abs. 1 BetrVG genannten Arbeitnehmer haben sämtliche Mitglieder der JAV ein Stimmrecht nach § 67 Abs. 2 BetrVG. Deren Stimmen werden gemäß § 33 Abs. 2 BetrVG bei der Feststellung der Stimmenmehrheit mitgezählt.

7 Mitglieder des Betriebsrats stimmen für den Antrag, 4 dagegen. Die 5 Mitglieder der JAV stimmen ebenfalls dagegen. Der Antrag ist damit wegen fehlender Mehrheit abgelehnt.

Hat der Betriebsrat die Mitglieder an der Beschlussfassung nicht beteiligt, obwohl sie nach § 67 Abs. 2 BetrVG ein Stimmrecht gehabt hätten, führt dies zur Unwirksamkeit des Beschlusses, sofern nach den jeweiligen Stimmenverhältnissen die Möglichkeit bestand, dass der Beschluss bei Teilnahme der JAV anders ausgefallen wäre, und nicht nur einem Antrag der JAV entsprochen worden ist.

An den Sitzungen der **Betriebsausschüsse** besteht – obwohl nicht ausdrücklich gesetzlich geregelt – ein Teilnahme- und Stimmrecht der JAV unter den gleichen Voraussetzungen wie bei den Betriebsratssitzungen. Dies gilt sowohl für das allgemeine als auch für das besondere Teilnahmerecht. Im letzteren Fall können aber nur so viele Vertreter der JAV entsandt werden, dass das zahlenmäßige Verhältnis zwischen den Betriebsratsmitgliedern und den JAV-Mitgliedern im Ausschuss dem im Betriebsrat entspricht. Unter den Voraussetzungen des § 67 Abs. 2 BetrVG steht der JAV in den Ausschüssen des Betriebsrats ein volles Stimmrecht zu, wobei aber auch hier das eben genannte zahlenmäßige Verhältnis zwischen Betriebsratsmitgliedern und Mitgliedern der JAV gewahrt sein muss.

7.5 Aussetzung von Betriebsratsbeschlüssen

Die JAV hat nach §§ 35 Abs. 1, 66 Abs. 1 BetrVG die Möglichkeit, beim Betriebsrat die zeitweise Aussetzung von Betriebsratsbeschlüssen zu beantragen. Voraussetzung hierfür ist jedoch stets, dass die Mehrheit der JAV den jeweiligen Beschluss des Betriebsrats als eine erhebliche Beeinträchtigung wichtiger Interessen der durch sie vertretenen Arbeitnehmer erachtet. Hierbei muss es sich um Bereiche handeln, bei denen die JAV auch ein Teilnahme- und Stimmrecht in den Betriebsratssitzungen hat. Berechtigt ist der Antrag der JAV insbesondere dann, wenn entgegen § 67 Abs. 2 BetrVG keine Jugend- und Auszubildendenvertreter eingeladen wurden.

Der Aussetzungsantrag muss in einer Sitzung der JAV durch ordnungsgemäßen Beschluss gefasst werden, welcher der Mehrheit aller Mitglieder der JAV bedarf. Der Betriebsratsvorsitzende ist hiervon umgehend zu unterrichten. Der Antrag an den Betriebsrat sollte die maßgeblichen Gründe der JAV für die Aussetzung enthalten, damit der Betriebsrat seine Entscheidung überdenken kann. Aufgrund dieses Antrags ist der Beschluss vom Betriebsrat für eine Woche auszusetzen. Während dieser Frist soll eine Verständigung zwischen der JAV und dem Betriebsrat, ggf. mit Hilfe der im Betrieb vertretenen Gewerkschaften, versucht werden (§§ 35 Abs. 1, 66 Abs. 1 BetrVG).

Kommt es zu keiner Einigung, hat der Betriebsrat nach Ablauf der Wochenfrist erneut in einer Sitzung über die Angelegenheit zu beraten. Bestätigt der Betriebsrat den Beschluss inhaltlich, ist das Aussetzungsverfahren beendet. Der Antrag auf Aussetzung kann nicht wiederholt werden. Gleiches gilt, wenn der erste Beschluss nur unerheblich geändert wird, §§ 35 Abs. 2, 66 Abs. 2 BetrVG.

Da die JAV mit einem Aussetzungsantrag gewissermaßen auf „Konfrontationskurs" zum Betriebsrat geht, sollte sie vor einer diesbezüglichen Beschlussfassung sorgfältig überlegen, ob sie von dieser Möglichkeit Gebrauch macht. Sofern jedoch eklatante Verstöße des Betriebsratsgremiums gegen Ansprüche der JAV oder Interessen der jugendlichen Arbeitnehmer und Auszubildenden festzustellen sind, kann die JAV diese Maßnahme auch als erforderliches – und legitimes – Mittel einsetzen. Der Betriebsrat sollte einer solchen Entwicklung durch rechtzeitige und umfassende Unterrichtung der JAV vorbeugen.

7.6 Teilnahme an Besprechungen zwischen Arbeitgeber und Betriebsrat

Der Betriebsrat hat die JAV gemäß § 68 BetrVG zu solchen Besprechungen zwischen Arbeitgeber und Betriebsrat beizuziehen, in denen Angelegenheiten behandelt werden, welche die jugendlichen Arbeitnehmer und Auszubildenden unter 25 Jahren besonders betreffen. Die JAV hat insoweit einen **gesetzlichen Anspruch** darauf, zu solchen Besprechungen hinzugezogen zu werden. Die Hinzuziehung der JAV obliegt dem Betriebsratsvorsitzenden. Eine mehrfache Verletzung der Hinzuziehungspflicht durch den Betriebsrat kann einen groben Verstoß i.S.v. § 23 Abs. 1 BetrVG darstellen und zur Auflösung des Betriebsrats bzw. zum Ausschluss des Vorsitzenden aus dem Betriebsrat führen.

Das Teilnahmerecht bezieht sich zum einen auf die monatlichen Besprechungen nach § 74 Abs. 1 Satz 1 BetrVG, zum anderen auf alle offiziellen Besprechungen zwischen Arbeitgeber und Betriebsrat. Es besteht nicht für die ganze Besprechung, sondern nur für den Teil, in dem Angelegenheiten behandelt werden, welche die jugendlichen Arbeitnehmer und Auszubildenden unter 25 Jahren besonders betreffen. Das Teilnahmerecht haben alle Mitglieder der JAV. Das Recht der Teilnahme schließt die Befugnis ein, während der Besprechung das Wort zu ergreifen.

Das Teilnahmerecht der gesamten JAV gilt entsprechend für Besprechungen zwischen Ausschüssen des Betriebsrats und dem Arbeitgeber, soweit dort Angelegenheiten behandelt werden, welche die jugendlichen Arbeitnehmer und die Auszubildenden unter 25 Jahren besonders betreffen.

7.7 Streitigkeiten zwischen JAV und Betriebsrat

Da sowohl der Betriebsrat als auch die JAV für die Angelegenheiten der jugendlichen Arbeitnehmer und Auszubildenden zuständig sind, verpflichtet das Betriebsverfassungsgesetz beide Gremien zum gemeinsamen Handeln. Die Zusammenarbeit von Betriebsrat und JAV ist der Schlüssel einer erfolgreichen Interessenvertretung für diese Arbeitnehmergruppe.

Der Betriebsrat hat die JAV regelmäßig über die betriebliche Situation zu informieren und an Gesprächen mit dem Arbeitgeber zu beteiligen, wenn dies erforderlich ist. Die Jugend- und Auszubildendenvertretung wiederum hat den Betriebsrat in die Arbeit einzubeziehen. Je mehr Betriebsrat und JAV gemeinsame Ziele verfolgen, umso erfolgreicher wird die JAV-Arbeit sein.

Streitigkeiten sollten in regelmäßigen und offenen Gesprächen miteinander geklärt werden, um dadurch einvernehmliche Lösungen zu finden.

8. Zusammenarbeit von JAV und Betriebsrat

8.1 Generelle Grundsätze

Da sowohl die JAV als auch der Betriebsrat für die Angelegenheiten der jugendlichen Arbeitnehmer und Auszubildenden zuständig sind, ist ein gemeinsames Handeln beider Gremien unerlässlich. Je mehr gemeinsame Ziele die JAV und der Betriebsrat verfolgen, umso erfolgreicher wird auch die Arbeit der JAV zum Wohle der jugendlichen Arbeitnehmer und Auszubildenden sein. Neben der gesetzlichen Verpflichtung ist es auch für den Betriebsrat von besonderer Bedeutung, mit der JAV eine konstruktive Zusammenarbeit zu praktizieren. Bezogen auf den Altersunterschied haben die Jugend- und Auszubildendenvertreter regelmäßig bessere Möglichkeiten, auf die jugendlichen Arbeitnehmer und Auszubildenden zuzugehen, als oftmals „ältere" Betriebsratsmitglieder.

8.2 Gemeinsame Arbeitsplanung

Eine gute Arbeitsplanung ist entscheidend für die Zusammenarbeit von JAV und Betriebsrat. Vereinfacht können sich JAV und Betriebsrat zunächst von drei Fragen leiten lassen:

1. Wie ist die Situation?

2. Was ist unser Ziel?

3. Wie können die Forderungen durchgesetzt werden?

Nach diesem Schema sollte die JAV gemeinsam mit dem Betriebsrat vorgehen, der eine besondere Verantwortung hat. Denn seine Erfahrungen und rechtlichen Kenntnisse gehen in der Regel weit über die der JAV hinaus.

Geht es um die Qualität der Ausbildung können Betriebsrat und JAV dabei nach folgendem Frageschema vorgehen:

Schritt 1: Wie ist die derzeitige Situation?

Zunächst hat eine Bestandsaufnahme zu erfolgen, wie die Qualität der Ausbildung im Betrieb derzeit einzuschätzen ist:
- Wie sieht die Planung des Ausbildungsablaufes aus?
- Liegt ein aktueller Ausbildungsplan vor?
- Was sagt die Geschäftsführung verbindlich zu den aktuellen Planungen?
- Wie schätzen die Auszubildenden die Qualität der Ausbildung ein? Sehen sie Verbesserungsmöglichkeiten?

Schritt 2: Was sind die Ziele von JAV und Betriebsrat?

In dieser Phase haben JAV und Betriebsrat zu überlegen, ob und wie sie die derzeitige Situation verändern wollen. Wichtig ist dabei auch die Sichtweise der Auszubildenden. Der Ausbildungsplan hat eine besondere Bedeutung für die nach § 14 Abs. 1 BBiG vorgeschriebene zeitliche und sachliche Gliederung der Ausbildung. Fragen, die von der betrieblichen Situation abhängig sind, können sein:
- Wie soll sich der Ausbildungsplan gestalten? Entspricht der Ausbildungsplan den Vorgaben der Ausbildungsordnung?
- Ist die Ausbildung abwechslungsreich?
- Werden die Ausbildungsziele erreicht?
- Haben die Ausbilder ausreichend Zeit, das Wissen zu vermitteln?
- Sind ausreichend Ausbildungsmittel vorhanden?

Diese Fragen können JAV und Betriebsrat dazu dienen, eigene Forderungen zu entwickeln.

Schritt 3: Wie können die Forderungen durchgesetzt werden?

Erst in dieser Phase beginnt die rechtliche Prüfung. Dies hat den Vorteil, dass Betriebsrat und JAV zunächst überlegen, was an Veränderungen im Ausbildungsablauf angegangen werden soll. Wenn bereits im Vorfeld die Frage aufkommt, ob dies rechtlich durchsetzbar ist, blockieren sich JAV und Betriebsrat meist in der Entwicklung von Ideen und eigenen Vorstellungen.

Die erarbeiteten Ziele müssen jedoch im 3. Schritt auf ihre tatsächliche und rechtliche Durchsetzbarkeit überprüft werden. Dabei sind folgende Fragen wichtig:

- Welche Gesetze unterstützen die Position von JAV und Betriebsrat?
- Enthalten Betriebsvereinbarungen Regelungen zur Ausbildung?
- Gibt es tarifliche Regelungen?
- Unterstützen die Auszubildenden JAV und Betriebsrat mit ihren Forderungen?
- Wie können JAV und Betriebsrat ihre Argumentation aufbauen?

Inwiefern bringt die Verbesserung der Ausbildung Vorteile für den Arbeitgeber? Welche Argumente fallen den Jugend- und Auszubildendenvertretern ein? Wie wird sich der Arbeitgeber verhalten? Wie reagieren JAV und Betriebsrat auf Gegenargumente?

Diese Diskussionen können nicht allein von der JAV geführt werden. Der Betriebsrat hat deshalb die wichtige Aufgabe, die JAV bei den Verhandlungen – und deren Vorbereitung – zu unterstützen.

Die rechtliche Situation ist für die JAV bei Fragen der Ausbildungsqualität von Vorteil: Der Betriebsrat kann über sein Mitbestimmungsrecht nach § 98 Abs. 1 BetrVG durchsetzen, dass ein verbindlicher und auf die betriebliche Situation angepasster Ausbildungsplan erstellt wird.

9. Handlungsmöglichkeiten von JAV und Betriebsrat im Bereich der betrieblichen Ausbildung

In vielen Branchen haben in den vergangenen Jahren z.T. ganz erhebliche Neuordnungen der Berufsbilder stattgefunden. Ausbildungsordnungen wurden geändert, Ausbildungsberufe neu gegliedert. JAV und Betriebsrat haben darauf zu achten, dass vor diesem Hintergrund eine qualifizierte und den Anforderungen entsprechende Ausbildung sichergestellt ist. Dabei hat auch die Vermittlung von Schlüsselqualifikationen wie sozialer Kompetenzen in Form von Teamfähigkeit und Konfliktfähigkeit zu erfolgen.

9.1 Informationen als wichtige Voraussetzungen für eine erfolgreiche JAV- und Betriebsratsarbeit

Informationen sind eine wichtige Voraussetzung für die Arbeit von JAV und Betriebsrat. Der Arbeitgeber ist nach § 80 Abs. 2 BetrVG zur rechtzeitigen und umfassenden Information des Betriebsrates verpflichtet. Eine umfassende Information muss nicht nur den Umfang der geplanten Maßnahmen und die zu erwartenden Auswirkungen auf die Mitarbeiter enthalten, sondern auch die Gründe für die Planungen.

JAV und Betriebsrat haben deshalb zunächst zu prüfen:

- Entspricht die personelle und sachliche Ausstattung des Ausbildungsbereiches den Anforderungen?
- Sind die betrieblichen Ausbilder auf die Neuordnung der zu erlernenden Berufe vorbereitet worden?
- Sind die Ausbildungspläne auf dem neuesten Stand?
- Werden technisch-organisatorische Änderungen im Produktions- bzw. Verwaltungsbereich in der Ausbildung vermittelt?
- Gibt es eine Verbindung zwischen Personalplanung und Organisation der Ausbildung?

Der Arbeitgeber hat den Betriebsrat anhand von Unterlagen rechtzeitig und umfassend über die Personalplanung zu unterrichten. Dazu zählen nach § 92 BetrVG insbesondere Informationen über den gegenwärtigen und künftigen Personalbedarf sowie über die sich daraus ergebenden personellen Maßnahmen und Planungen der Berufsbildung. Der Arbeitgeber hat mit dem Betriebsrat auch über die Vermeidung von Härten zu beraten. Auch die Belange der Auszubildenden sind zu berücksichtigen.

Kernstück der Personalplanung ist die **Personalbedarfsplanung**. Diese kann nur aus den Unternehmenszielen abgeleitet werden und steht deshalb in engem Zusammenhang mit der Produktions-, der Absatz- und der Investitionsplanung. Diese Informationen sind deshalb auch für den Betriebsrat von Bedeutung. Die Höhe der geplanten Produktion kann großen Einfluss auf die erforderliche Anzahl der Beschäftigten haben. Sofern neue Herstellungsverfahren oder Arbeitsmethoden eingeführt werden, kann sich Qualifikationsbedarf für die Beschäftigten ergeben.

Die Personalplanung soll den Personalbedarf aus Sicht des Arbeitgebers aufzeigen. Dem Bedarf des Betriebes entsprechend sollte das Ziel dabei sein, dass die benötigten Arbeitskräfte

- in der erforderlichen Anzahl,
- zum richtigen Zeitpunkt,
- am richtigen Ort und
- mit der erforderlichen Qualifikation

zur Verfügung stehen.

Es wird unterschieden zwischen quantitativer und qualitativer Personalplanung: Quantitative Personalplanung ist die

- Vorausberechnung des künftigen Personalbedarfs

    und

- der quantitative – d.h. mengenmäßige – Einsatz des Personals.

Qualitative Personalplanung dagegen erfasst

- die Ermittlung des zukünftigen Qualifikationsbedarfs,
- die Anforderungen an die Qualifikation des Personals und
- die Personalentwicklung.

Für die Übernahme von Auszubildenden haben Informationen über die Personalplanung eine besondere Bedeutung: Eine Ermittlung des Bedarfs an Personal und die rechtzeitige Beratung mit dem Betriebsrat, kann dazu dienen, die Übernahme von Auszubildenden in ein unbefristetes – oder zumindest in ein befristetes – Arbeitsverhältnis zu ermöglichen.

Wichtige Informationen für JAV und Betriebsrat ergeben sich aus der Ermittlung des Berufsbildungsbedarfs. Der Arbeitgeber hat auf Verlangen des Betriebsrats nach § 96 Abs. 1 BetrVG den Berufsbildungsbedarf zu ermitteln und mit ihm Fragen der Berufsbildung der Arbeitnehmer des Betriebs zu beraten. Dazu zählt auch der zukünftige Bedarf an Auszubildenden aus Sicht des Unternehmens.

Der Berufsbildungsbedarf ist keine objektive Größe. Bei Volumen und Inhalt der Schulungen bestehen häufig unterschiedliche Vorstellungen zwischen Arbeitgeber und Betriebsrat. Zunächst geht es darum,

- die Vorstellungen des Arbeitgebers in einem transparenten Verfahren zu ermitteln,
- dem Betriebsrat die eigenen Vorstellungen darzulegen und zu begründen,
- mit dem Betriebsrat zu erörtern, so dass auch die Vorschläge des Gremiums aufgenommen werden können.

Die Feststellung des betrieblichen Berufsbildungsbedarfs ist jedoch nur möglich, wenn die zukünftige unternehmerische Planung bekannt ist. Deshalb hat zunächst der Arbeitgeber die Pflicht, über die Unternehmens- und Personalplanung zu informieren. Die Qualifikationsanforderungen an die einzelnen Beschäftigten können aus Unternehmensplanung und Personalplanung abgeleitet werden. Dabei sind die Informationspflichten des Unternehmens zu beachten.

Zur Planung zukünftiger Veränderungen ergeben sich folgende Fragen:
- Was soll der Betrieb in einem, drei und fünf Jahren tun?
- Welche Risiken sind mit Umsetzung der Ziele für den Betrieb von außen und innen zu erwarten? Die können z.b. die Änderung von Gesetzen oder Marktveränderungen sein.
- Welche strategischen Ziele existieren?
- Soll sich die Palette der Dienstleistungen bzw. Produkte verändern? Wie sind die Erwartungen an die Absatzmärkte?
- Wie sieht die Investitionsplanung aus?
- Soll es neue IT-Technik geben? Ergeben sich Veränderungen der Arbeitsabläufe oder Arbeitsplätze?

Eine umfassende Information muss nicht nur den Umfang der geplanten Maßnahmen und die zu erwartenden Auswirkungen auf die Mitarbeiter enthalten, sondern auch die Gründe für die Planungen. Damit der Berufsbildungsbedarf ermittelt werden kann, muss eine Bestandsaufnahme erfolgen. Das setzt voraus, dass die von den Arbeitnehmern zu erfüllende Arbeitsaufgabe bekannt ist. Diese Informationen können sich aus Stellenbeschreibungen ergeben. Folgende Grundsätze sind bei Erstellung der Stellenbeschreibungen zu beachten:

Die **Stellenbeschreibung** sollte

- umfassend sein: Alle wesentlichen Tätigkeitsinhalte sind zu erfassen.
- einheitlich abgefasst sein: Vorteilhaft ist ein standardisiertes Frageraster, das sämtliche Informationen über die Tätigkeiten nach gleichen Kriterien erhebt.
- sachlich sein: Die Stellenbeschreibung soll Aufgaben und Anforderungen lediglich beschreiben und nicht bereits bewerten.
- eindeutig und verständlich sein: Die Beschäftigten müssen in der Lage sein, den Inhalt nachzuvollziehen. Bei Erstellung ist auf Verständlichkeit, präzise Formulierungen und einfache Handhabung zu achten.

Aus der Stellenbeschreibung sollte auf alle Fälle ersichtlich sein,

- welche konkreten Aufgaben der Arbeitnehmer zu erfüllen hat, d.h. die Beschreibung der Tätigkeiten mit prozentualer Verteilung;
- über welche erforderlichen Fachkenntnisse der Arbeitnehmer verfügen muss;
- welche funktionale und disziplinarische Stellung der Arbeitnehmer in der betrieblichen Organisation hat.

Ermittlung des Berufsbildungsbedarfs in einzelnen Schritten

Qualifikationsanforderungen können sich ergeben aus

- dem fachlichen Wissen, also Fachkenntnissen oder spezifischen IT-Kenntnissen

und

- den methodischen Kompetenzen, etwa Zeitmanagement, Umgang mit PC oder Moderation.

Dabei ist eine Auflistung der Anforderungen festzulegen. Die Ziele sind auf Abteilung und Kostenstelle herunterzubrechen, um den Soll-Berufsbildungsbedarf ermitteln zu können. Dies setzt jedoch voraus, dass das aktuelle Qualifikationsniveau der Beschäftigten bekannt ist.

Die Ermittlung des Berufsbildungsbedarfs nach § 96 Abs. 1 BetrVG kann in folgenden Schritten erfolgen:

Handlungsschritt 1: Ist-Analyse – Ermittlung der Tätigkeiten

- Liegen Tätigkeitsbeschreibungen der Mitarbeiter vor?
- Hat der Betriebsrat einen Überblick über die Aufgabenbeschreibungen der einzelnen Stellen?
- Sind dem Betriebsrat die Unternehmensplanung und die Personalplanung bekannt?

Handlungsschritt 2: Qualifikationsanforderungen

Ableitung anhand von Unternehmensplanung und Personalplanung:

- Der Arbeitgeber lässt die Qualifikationsanforderungen feststellen, die zur Erreichung der Unternehmensziele erforderlich sind.
- Es ist eine Auflistung der Anforderungen festzulegen, deren Ziele auf Abteilung und Kostenstellen herunterzubrechen sind: So kann der Soll-Berufsbildungsbedarf ermittelt werden.

Handlungsschritt 3: Ist-Stand der Qualifikation feststellen

Abgeleitet aus der Auflistung der Anforderungen:

- Wie ist der derzeitige Qualifikationsstand?
- Die Ermittlung erfolgt für die betroffenen Arbeitsbereiche.

Handlungsschritt 4: Berufsbildungsbedarf ermitteln

Orientiert an der Auflistung der Anforderungen:

- Erstellung des Qualifikationsprofils des jeweiligen Arbeitsbereiches,
- Abgleich Ist-Stand mit Soll,
- aus der Differenz ergibt sich Berufsbildungsbedarf.

Aus dem Berufsbildungsbedarf und der Personalplanung ist auch der Bedarf an Ausbildungsplätzen zu ermitteln, so dass sich hieraus wichtige Informationen für JAV und Betriebsrat ergeben.

9.2 Auswahl der Auszubildenden

Bei der Auswahl der Auszubildenden können Ausbildungsrichtlinien von großer Bedeutung sein. Unter dem Begriff „Auswahlrichtlinien„ sind Regeln bei personellen Einzelmaßnahmen zu verstehen. Auswahlrichtlinien sind üblicherweise abstrakt und generell formuliert und legen fest, welche

Voraussetzungen bei Einstellungen, Versetzungen, Eingruppierungen oder Umgruppierungen vorliegen müssen oder nicht vorliegen dürfen.

Je nach Umfang können Auswahlrichtlinien personelle Einzelmaßnahmen mehr oder weniger vorherbestimmen. Auch die Vereinbarung eines bloßen Negativkatalogs, in dem festgelegt wird, welche Voraussetzungen bei der Durchführung der Maßnahme nicht vorliegen dürfen oder außer Betracht zu bleiben haben, stellt eine Auswahlrichtlinie dar. Für Auszubildende kann dies sowohl zu Beginn der Ausbildung bei der Einstellung als auch bei Kriterien zur Übernahme nach der Ausbildung von ganz erheblicher Bedeutung sein.

Ein automatisiertes Personalinformationssystem kann ebenfalls eine Auswahlrichtlinie darstellen, wenn es auf der Grundlage eines entsprechenden Programms selbständig die für eine zu treffende Personalentscheidung eingegebenen Kriterien und Gesichtspunkte (z.B. Fähigkeits- und Eignungsprofil) auswertet und auf diese Weise für einen bestimmten Arbeitsplatz den am besten geeigneten Arbeitnehmer „automatisch" ermittelt.

Bei der inhaltlichen Ausgestaltung der Richtlinien haben Betriebsrat und JAV auf die Grundsätze nach § 75 BetrVG zu achten, insbesondere auf den Gleichbehandlungsgrundsatz. Verstößt eine Auswahlrichtlinie gegen höherrangiges Recht, so ist sie auch dann unwirksam, wenn der Betriebsrat zugestimmt hat. Auch sollten JAV und Betriebsrat berücksichtigen, dass Auszubildende und vor allem Bewerber auf Ausbildungsstellen den Anforderungen entsprechend ihrem Alter gerecht werden können.

9.2.1 Auswahlrichtlinien beim Einstellungsverfahren

Findet bei Einstellung neuer Auszubildender ein entsprechendes Einstellungsverfahren statt, kann es sich um eine nach § 95 BetrVG mitbestimmungspflichtige Auswahlrichtlinie handeln. Regelungsinhalt können dabei die Gewichtung der Schulnoten, Tests und der Ablauf der Vorstellungsgespräche sein.

Eine Betriebsvereinbarung zu Auswahlrichtlinien kann folgende Eckpunkte enthalten, wenn die Vereinbarung eine Regelung zur Einstellung von Auszubildenden umfassen soll: An erster Stelle ist der Informationsanspruch des Betriebsrates zu nennen. Die Auszubildendenberufe und die Zahl der einzustellenden Auszubildenden sind rechtzeitig mit JAV und Betriebsrat zu beraten (z.B. „Mindestens 15 Monate vor geplanter Einstellung").

Bei den **Auswahlkriterien** kann im Rahmen der Auswahlrichtlinie eine prozentuale Verteilung der jeweiligen Ausbildungsberufe auf Bewerber mit

- Hauptschulabschluss
- Realschulabschluss oder
- Abitur

erfolgen. Auch sollten Bewerber mit Berufsgrundschuljahr oder Vorkenntnissen aus einer Berufsfachschule berücksichtigt werden. In manchen Betrieben wird beispielsweise berücksichtigt, dass

- die Eltern bereits im Betrieb tätig sind

    oder

- bereits ein Praktikum im Betrieb geleistet wurde.

Auch dies kann zwischen den Betriebsparteien in einer Auswahlrichtlinie geregelt werden.

Die Entscheidungskriterien können auf einem Punktesystem basieren. Diese Festlegung der Verteilung kann sich beziehen auf

- Zeugnisnoten, wobei zu klären ist, welche Fächer zu berücksichtigen sind,
- betriebliche Tests, deren Inhalte zwischen Arbeitgeber und Betriebsrat/JAV zu vereinbaren sind sowie
- die Bewerbungsgespräche.

Die Teilnahmemöglichkeit von Betriebsrat und JAV an den Bewerbungsgesprächen sollte in die Betriebsvereinbarung aufgenommen werden.

9.2.2 Assessment-Center bei Auswahl oder Übernahme von Auszubildenden

Ein Assessment-Center (AC) fällt unter den Begriff der Auswahlrichtlinie. Auch für Auszubildende – sei es bei der Auswahl von Bewerbern für Ausbildungsplätze, sei es bei der Übernahme von Auszubildenden nach der Ausbildung – kann diese Methode der Bewerberauswahl eingesetzt werden. Das Auswahlverfahren findet mindestens an einem Tag statt, häufig auch an zwei Tagen.

Der Begriff „Assessment-Center" wird zur Bezeichnung sehr unterschiedlicher Auswahlverfahren verwendet. Der englische Begriff „to assess" bedeutet „beurteilen". Ausgehend von der geschichtlichen Entwicklung wurde das AC-Verfahren im Auftrag von Militärpsychologen zur Auswahl von Offiziersanwärtern entwickelt. Seit den 50er Jahren findet das Verfahren in der Wirtschaft Anwendung für Führungskräfte.

Ein Assessment-Center zielt nicht in erster Linie auf die Prüfung des fachlichen Wissens ab, sondern soll der Ermittlung von Verhaltens- und Persönlichkeitsmerkmalen dienen. Die zu beurteilenden Personen müssen sich nicht nur einer Situation wie etwa dem klassischen Bewerber-Interview stellen. Vielmehr werden sie in mehreren Situationen über einen längeren Zeitraum beobachtet und bewertet. Der Ausbildungsbetrieb möchte so Hinweise auf Schlüsselkompetenzen erhalten. Neben fachlichen Kenntnissen hat die Bedeutung von Schlüsselkompetenzen in den letzten Jahren zugenommen. Unter Schlüsselkompetenzen werden funktionsübergreifende, längerfristig sinnvoll einsetzbare Fähigkeiten, Kenntnisse und Haltungen verstanden. Es handelt sich um die persönlichen Voraussetzungen des Auszubildenden, um Wissen in Nutzen zu transformieren und bestimmte Leistungen zu erbringen. In neuen Ausbildungsberufen werden vor allem gefordert:

- Team- und Kommunikationsfähigkeit als Basis von Wissensaustausch und Zusammenarbeit,
- Prozessorientierung im Sinne einer ganzheitlichen Sichtweise,
- Kundenorientierung.

Es geht um erlernbare und erwerbbare Fähigkeiten zur Problemlösung in komplexen Situationen des beruflichen Handlungsfeldes.

Schlüsselkompetenzen stehen aber nicht im Gegensatz zu fachlichen Qualifikationen. Sie sind vielmehr häufig Voraussetzung für den beruflichen Weg. Kommunikationsfähigkeit ist eine wichtige Grundlage für die fachliche Zusammenarbeit, um etwa in heterogenen Gruppen – z.b. in Projekten mit Vertretern unterschiedlicher Abteilungen – Probleme fachkompetent lösen zu können.

Diese Kompetenzen sind sehr eng mit der Persönlichkeitsentwicklung des Auszubildenden verbunden. Sie lassen sich nicht wie fachliche Inhalte vermitteln, sondern müssen aktiv in realen Handlungsbezügen erworben werden. So wird in überarbeiteten Berufsbildern und Ausbildungsordnungen beispielsweise mehr Wert auf die Kundenberatung und den direkten Kontakt zum Kunden gelegt.

Inhalte eines AC können sein:

- Strukturierte Interviews, meist zu Beginn des AC,
- Gruppendiskussionen,
- Rollenspiele (Kundengespräche, Kollegengespräche),
- Präsentationsaufgaben, einzeln oder als Gruppenaufgabe,
- Fragebögen (Persönlichkeits- und Leistungstests) und Intelligenztests.

Für die Bewerber findet das Durchlaufen dieses Auswahlverfahrens in besonderen **Stress-Situationen** statt. Fast alle Bestandteile des AC sind unter Zeitvorgaben zu erfüllen, dabei sind insbesondere die Leistungstests so konzipiert, dass kaum alle Aufgaben erfüllt werden können.

Verschiedene Beobachter – meist Vertreter von Personalabteilung und Ausbilder – beurteilen und bewerten das Verhalten der Kandidaten. Die Kandidaten werden in verschiedenen Situationen beobachtet. In der Postkorb-Übung müssen beispielsweise die Bewerber als Einzelübung in die Rolle eines Mitarbeiters schlüpfen, um Aktennotizen bearbeiten, Briefe beantworten oder Kurzmitteilungen weiterleiten zu können. Während diese Aufgaben erledigt werden, wird der Kandidat beispielsweise durch Telefonanrufe gestört. Es soll dabei geprüft werden, wie Prioritäten gesetzt werden und auf Stress reagiert wird. Kritiker verweisen auf die fehlende Praxisnähe dieser Übungen, weil die Betroffenen unnötigen Belastungen ausgesetzt seien.

Während Gruppendiskussionen zwischen den Bewerbern soll das Verhalten des Einzelnen im Team beobachtet werden. Wird auf Argumente der anderen eingegangen, wer schlüpft in eine Führungsrolle? Die Konkurrenzsituation dieses Ansatzes setzt Bewerber enorm unter Druck. Rollenspiele simulieren Situationen im Betrieb. Ein Rollenspieler stellt beispielsweise einen Kunden dar, mit dem ein Verkaufsgespräch zu führen ist oder eine Problemlösung vereinbart werden soll.

Bei psychologischen Tests wird sehr weit in die Persönlichkeit des einzelnen eingegriffen. Das Unternehmen kann so leicht Informationen über die Intimsphäre des Bewerbers erhalten.

Selbst „heimliche Übungen" finden in einigen Betrieben statt. Dabei wird das Verhalten während der Mittagspause oder beim Small-Talk während einer Unterbrechung beobachtet. Dies soll der Vertiefung der Erkenntnisse über den Bewerber dienen, kann aber nur als unfaires – im Hinblick auf das allgemeine Persönlichkeitsrecht der betroffenen Personen auch rechtlich mehr als bedenkliches – Vorgehen angesehen werden.

Entscheidend für den Erfolg eines AC ist aus Unternehmenssicht das Zusammenspiel der in den verschiedenen Tests bewerteten sozialen Kompetenzen mit den Anforderungen an den Beruf. Das AC-Ergebnis soll hier eine Prognose ermöglichen.

Verfechter stellen das Assessment-Center als wissenschaftlich-objektives Auswahlverfahren dar. Begründet wird dies mit der klaren Definition von Bewertungskriterien. Vergessen wird bei dieser Argumentation der Faktor „Mensch".

Jeder Bewerber kann auch einen „schlechten Tag erwischen" oder wird mit einer Übung konfrontiert, die ihm bereits bekannt ist oder zufällig besonders liegt. Auch bei den Beobachtern können fernab von Beurteilungsmerkmalen persönliche Befindlichkeiten eine Rolle spielen. Ein Teilnehmer wirkt vielleicht sympathischer oder erinnert an einen Bekannten. Völlige Objektivität kann es bei einem Auswahlverfahren nicht geben.

Nach § 94 Abs. 2 BetrVG und § 95 BetrVG hat der Betriebsrat bei den Bedingungen des Auswahlverfahrens ein Mitbestimmungsrecht. Ohne Vereinbarung mit dem Betriebsrat kann der Arbeitgeber dieses Auswahlverfahren nicht einsetzen. Rechtlich kann ein Assessment-Center jedoch nicht verhindert werden. Das Unternehmen kann die Einführung im Rahmen eines Einigungsstellenverfahrens erzwingen.

Da dieses Auswahlverfahren sehr weit in den persönlichen Bereich des einzelnen Bewerbers eingreift, sollte es Ziel von JAV und Betriebsrat sein, ein Assessment-Center für Auszubildende zur Übernahme zu verhindern. Lässt sich die Einführung eines Assessment-Centers nicht vermeiden, sollten Betriebsrat und JAV den Entwurf einer Betriebsvereinbarung erarbeiten.

Eckpunkte einer Regelung sollten sein:

(1) Qualifizierung

Verbindliche Schulungen für die Beobachter sollten vorgesehen sein, damit eine Einweisung erfolgt, was unter Beobachtung und Bewertung einzelner Übungen zu verstehen ist und wie beobachten und bewerten voneinander abgegrenzt werden. Nur kompetente, speziell ausgebildete Rollenspieler und Moderatoren – in der Regel externe – sollten zugelassen werden.

(2) Übungen

Es ist zu regeln, welche Übungen durchgeführt werden und welchen Inhalt sie haben. Übungen, die Bewerber besonders unter Druck setzen, sollten ausgeschlossen sein. Ein Beispiel für diese unzulässigen Übungen ist eine Postkorb-Übung mit permanenten Störungen durch eingehende Telefonate. Auch Übungen, bei denen sich die Kandidaten gegenseitig bewerten, sind äußerst problematisch.

(3) Bewertungsbögen

Ein Mitbestimmungsrecht des Betriebsrates besteht bei Bewertungsbögen, mit denen Beobachter anhand eines Punktesystems Bewerber einschätzen. Diese können nur nach Abstimmung mit dem Betriebsrat – unter Einbezug der JAV – eingesetzt werden.

(4) Teilnahmerecht von Betriebsrat und JAV

Betriebsrat und JAV sollten sich ein Teilnahmerecht als Beobachter sichern.

9.3 Überwachung der Berufsausbildungsverträge

Die Parteien des Berufsausbildungsverhältnisses haben gemäß § 10 Abs. 1 BBiG einen Berufsausbildungsvertrag zu schließen. Unverzüglich nach Abschluss des Berufsausbildungsvertrags, spätestens vor Beginn der Berufsausbildung hat der Ausbildende die wesentlichen Inhalte des Vertrags schriftlich niederzulegen, wobei eine Niederschrift in elektronischer Form nicht zulässig ist (§ 11 Abs. 1 Satz 1 BBiG). Die Niederschrift ist von dem Ausbildenden, dem Auszubildenden und dessen gesetzlichen Vertretern zu unterzeichnen, § 11 Abs. 2 BBiG. Der Ausbildende hat dem Auszubildenden und seinen gesetzlichen Vertretern eine Ausfertigung der unterzeichneten Niederschrift unverzüglich auszuhändigen (§ 11 Abs. 3 BBiG).

Der Betriebsrat und die JAV haben darüber zu wachen, dass die Regelungen in den Berufsausbildungsverträgen nicht gegen zwingende gesetzliche Vorschriften, insbesondere nicht gegen die des Berufsbildungsgesetzes, verstoßen.

9.3.1 Mindestinhalte der Berufsausbildungsverträge

Die Vertragsniederschrift muss gemäß § 11 Abs. 1 Satz 2 BBiG mindestens folgende Angaben enthalten:

(1) Art, sachliche und zeitliche Gliederung sowie Ziel der Berufsausbildung, insbesondere die Berufstätigkeit, für die ausgebildet werden soll

Art und Ziel der Ausbildung ergeben sich aus der Ausbildungsordnung. Diese enthält nicht nur eine inhaltliche Beschreibung der Ausbildung, sondern auch den konkreten Namen des zu erlernenden Ausbildungsberufes.

Die Ausbildung muss zeitlich gegliedert sein, damit eine geordnete Ausbildung möglich ist, denn der Betrieb hat die Ausbildung nach § 14 Abs. 1 Nr. 1 BBiG „planmäßig, zeitlich und sachlich gegliedert so durchzuführen, dass das Ausbildungsziel in der vorgesehenen Ausbildungszeit erreicht werden kann".

Die sachliche Gliederung muss sämtliche im Ausbildungsrahmenplan aufgeführten Kenntnisse und Fertigkeiten enthalten, die zu vermitteln sind.

Die zu vermittelnden Inhalte können dabei zusammengefasst und so gegliedert werden, dass Ausbildungseinheiten entstehen, die bestimmten Unternehmensfunktionen – wie etwa Buchhaltung oder Verkauf – oder bestimmten Abteilungen des Ausbildungsbetriebes – z.b. Kundenberatung, Marketing, Produktion oder Einkauf – zugeordnet werden.

(2)   Beginn und Dauer der Berufsausbildung

Beginn und Dauer der Berufsausbildung müssen sich aus dem Vertrag ergeben (§ 11 Abs. 1 Satz 2 Nr. 2 BBiG). Der Beginn ist ein bestimmter Kalendertag. Die Dauer der Berufsausbildung ergibt sich aus der Ausbildungsordnung und ist in die Niederschrift aufzunehmen.

Eine **Verkürzung** der Ausbildungsdauer sieht das BBiG in § 7 vor. Gemäß § 7 Abs. 1 Satz 1 BBiG können die Landesregierungen nach Anhörung des Landesausschusses für Berufsbildung durch Rechtsverordnung bestimmen, dass der Besuch eines Bildungsganges berufsbildender Schulen oder die Berufsausbildung in einer sonstigen Einrichtung ganz oder teilweise auf die Ausbildungsdauer angerechnet wird. Die Ermächtigung kann durch Rechtsverordnung auf oberste Landesbehörden weiter übertragen werden, § 7 Abs. 1 Satz 2 BBiG. Außerdem kann eine Anrechnung beruflicher Vorbildung auf die Ausbildungsdauer nach § 7 Abs. 2 Satz 1 BBiG aufgrund einer Einzelfallentscheidung der zuständigen Stelle erfolgen, wofür es allerdings eines gemeinsamen Antrags des Auszubildenden und des Ausbildenden bedarf, der sich auf Teile des höchstzulässigen Anrechnungszeitraums beschränken kann (§ 7 Abs. 3 BBiG). Der Anrechnungszeitraum muss gemäß § 7 Abs. 4 BBiG in ganzen Monaten durch sechs teilbar sein. Sofern Vorkenntnisse anerkannt werden, beispielsweise der Besuch einer berufsvorbereitenden Schule, ist dies in der Vertragsniederschrift zu dokumentieren.

Auf gemeinsamen Antrag der Auszubildenden und der Ausbildenden hat die zuständige Stelle die Ausbildungsdauer zu kürzen, wenn zu erwarten ist, dass das Ausbildungsziel in der gekürzten Dauer erreicht wird (§ 8 Abs. 1 BBiG), etwa wegen guter Leistungen in Betrieb und Berufsschule. Wird die Ausbildungsdauer zu einem späteren Zeitpunkt aufgrund eines Antrages bei der zuständigen Stelle – z.B. Industrie- und Handelskammer (IHK) oder Handwerkskammer – verkürzt, ist ein Nachtrag zum Ausbildungsvertrag zu erstellen.

In Ausnahmefällen kann die zuständige Stelle gemäß § 8 Abs. 2 Satz 1 BBiG auf Antrag Auszubildender die Ausbildungsdauer verlängern, wenn die Verlängerung (z.b. wegen längerer Krankheit des Auszubildenden oder schwerer Mängel der Ausbildung) erforderlich ist, um das Ausbildungsziel zu erreichen. Vor der Entscheidung über die Verlängerung sind die Ausbildenden zu hören, § 8 Abs. 2 Satz 2 BBiG. Die Entscheidung über die Verlängerung liegt im pflichtgemäßen Ermessen der zuständigen Stelle, wobei auch die Leistungsfähigkeit und -willigkeit des Auszubildenden zu berücksichtigen sind (VG Gießen-Urteil vom 27.05.2009 – 8 K 1726/08 Gi, DB 2009, 1714, wonach ein Anspruch auf Verlängerung der Ausbildungszeit gemäß § 8 Abs. 2 BBiG ausscheidet, wenn der Auszubildende innerhalb eines dreijährigen Ausbildungsverhältnisses aufgrund von Erkrankungen nur etwa zwei Monate Ausbildung absolvieren konnte).

(3) Ausbildungsmaßnahmen außerhalb der Ausbildungsstätte

Die Ausbildungsstätte bezeichnet die Einrichtung, in der die Ausbildung stattfinden soll. Dieser Ort ist auch in den Ausbildungsvertrag aufzunehmen. Je nach Struktur des Betriebs kann sich die Ausbildungsstätte auch an mehreren Orten befinden. Dies ist regelmäßig bei Montagefirmen, Gartenbauunternehmen oder Bauunternehmen der Fall.

Können in einer Ausbildungsstätte die erforderlichen Kenntnisse nicht in vollem Umfang vermittelt werden, ist der Ausbildungsbetrieb auch geeignet, wenn diese Kenntnisse durch andere Maßnahmen vermittelt werden (§ 27 Abs. 2 BBiG). Dies kann die Unterstützung durch einen anderen Ausbildungsbetrieb sein. Aber auch überbetriebliche Maßnahmen in einer Bildungseinrichtung gehören dazu. Dies muss sich aus dem Ausbildungsvertrag ergeben (vgl. § 11 Abs. 1 Satz 2 Nr. 3 BBiG).

(4) Dauer der regelmäßigen täglichen Ausbildungszeit

Die Dauer der regelmäßigen täglichen Ausbildungszeit kann nur im Rahmen der gesetzlichen Arbeitszeitregelungen vereinbart werden. Die regelmäßige tägliche Ausbildungszeit ergibt sich bei Jugendlichen aus dem Jugendarbeitsschutzgesetz (JArbSchG). Die höchstzulässige Arbeitszeit beläuft sich nach § 8 Abs. 1 JArbSchG grundsätzlich auf 8 Stunden täglich.

Bei erwachsenen Auszubildenden richtet sich die Höchstarbeitszeit nach dem Arbeitszeitgesetz. Dieses regelt in § 3 die Höchstdauer der täglichen Arbeitszeit an Werktagen. Unter Werktag sind die Tage Montag bis Samstag zu verstehen. Die werktägliche Höchstarbeitszeit beträgt grundsätzlich 8 Stunden. Eine Ausdehnung der werktäglichen Arbeitszeit auf bis zu 10 Stunden ist möglich, wenn die Arbeitszeit in einem Ausgleichszeitraum von 6 Kalendermonaten oder 24 Wochen ungleichmäßig in der Weise verteilt wird, dass im Durchschnitt eine Arbeitszeit von 8 Stunden werktäglich nicht überschritten wird.

Zu beachten sind jedoch tarifvertragliche Regelungen, die auch für Auszubildende Bestimmungen zur Höchstarbeitszeit enthalten können. Es ist nur die Vereinbarung einer geringeren, davon abweichenden täglichen Arbeitszeit möglich. Aus der Ausbildungsordnung ist in der Regel keine tägliche Mindestausbildungszeit ersichtlich.

Die Berufsausbildung kann gemäß § 7a Abs. 1 Satz 1 BBiG auch in **Teilzeit** durchgeführt werden. Voraussetzung hierfür ist nach der gesetzgeberischen Begründung jedoch die Zustimmung des Ausbildungsbetriebs. Im Berufsausbildungsvertrag ist für die gesamte Arbeitszeit oder für einen bestimmten Zeitraum der Berufsausbildung die Verkürzung der täglichen oder der wöchentlichen Arbeitszeit zu vereinbaren (§ 7a Abs. 1 Satz 2 BBiG). Die Kürzung der täglichen oder der wöchentlichen Arbeitszeit darf nicht mehr als 50 Prozent betragen, § 7a Abs. 1 Satz 3 BBiG. Die Dauer der Teilzeitberufsausbildung verlängert sich entsprechend, höchstens jedoch bis zum Eineinhalbfachen der Dauer, die in der Ausbildungsordnung für die betreffende Berufsausbildung in Vollzeit festgelegt ist (§ 7a Abs. 2 Satz 1 BBiG). Die Dauer der Teilzeitberufsausbildung ist auf ganze Monate abzurunden, § 7a Abs. 2 Satz 2 BBiG. Daneben besteht, wie sich aus § 7a Abs. 2 Satz 3 BBiG ergibt, die Möglichkeit der Verlängerung der Ausbildungsdauer nach § 8 Abs. 2 BBiG, s.o. (2). Der Antrag auf Eintragung des Berufsausbildungsvertrages nach § 36 BBiG in das Verzeichnis der Berufsausbildungsverhältnisse für Teilzeitberufsausbildung kann gemäß § 7a Abs. 4 BBiG mit einem Antrag auf Verkürzung der Ausbildungsdauer nach § 8 Abs. 1 BBiG – s.o. (2) – verbunden werden.

Zur Anrechnung des Berufsschulunterrichts auf die Ausbildungszeit s.u. 9.4.5.2.

(5) Dauer der Probezeit

Sinn und Zweck der Probezeit ist, dass Ausbilder und Auszubildender Erfahrungen sammeln können: Der Auszubildende hat die Möglichkeit, den Betrieb kennen zu lernen und zu sehen, ob die Ausbildung für ihn das Richtige ist. Der Ausbildende will prüfen, ob der Auszubildende für den zu erlernenden Beruf geeignet ist und sich in das betriebliche Geschehen einarbeiten kann.

Nach § 20 Satz 2 BBiG muss die Probezeit mindestens einen Monat und darf höchstens vier Monate betragen. Die Vereinbarung einer Probezeit gemäß § 20 Satz 1 BBiG als solche unterliegt als zwingendes Recht keiner Inhaltskontrolle am Maßstab der §§ 307 ff. BGB (BAG-Urteil vom 12.02.2015 – 6 AZR 831/13, AP Nr. 1 zu § 20 BBiG). Die Dauer der Probezeit ist zwar bei der Vereinbarung durch Allgemeine Geschäftsbedingungen als normausfüllende Klausel der Inhaltskontrolle nach §§ 307 ff. BGB zu unterziehen. Innerhalb dieses zeitlichen Rahmens ist die Dauer der Probezeit jedoch frei verhandelbar (BAG-Urteil vom 12.02.2015 – 6 AZR 831/13, AP Nr. 1 zu § 20 BBiG). Für den Fall der **Unterbrechung** der Ausbildung während der Probezeit **um mehr als ein Drittel**, etwa wegen längerer Krankheit des Auszubildenden, kann wirksam vereinbart werden, dass sich die Probezeit um den Zeitraum der Unterbrechung verlängert. Eine solche Regelung ist weder gemäß § 25 BBiG nichtig noch handelt es sich um eine unangemessene Benachteiligung i.S.v. § 307 Abs. 1 Satz 1, Abs. 2 BGB. Eine vertraglich vorgesehene Verlängerung der Probezeit im Ausbildungsverhältnis steht auch nicht in einem unüberbrückbaren Widerspruch zur Regelung der Wartezeit in § 1 Abs. 1 KSchG. Diese kündigungsschutzrechtliche Norm findet nach § 10 Abs. 2 BBiG auf den Berufsausbildungsvertrag keine Anwendung, weil der Gesetzgeber die Voraussetzungen einer wirksamen Kündigung des Ausbildungsverhältnisses in § 22 BBiG speziell geregelt hat (BAG-Urteil vom 09.06.2016 – 6 AZR 396/15, AP Nr. 3 zu § 20 BBiG). Grundsätzlich kommt es nicht darauf an, aus welchen Gründen die Ausbildung ausgefallen ist und aus wessen Sphäre sie stammen. Nach dem Grundsatz von Treu und Glauben kann sich der Ausbildende aber nicht auf die vertragliche Verlängerung der Probezeit berufen, wenn er die Unterbrechung selbst vertragswidrig herbeigeführt hat (BAG-Urteil vom 09.06.2016 – 6 AZR 396/15, AP Nr. 3 zu § 20 BBiG). Keine Unterbrechungen der Ausbildung sind im Übrigen die Teilnahme am Blockunterricht bei der Berufsschule sowie die Teilnahme des Auszubildenden an überbetrieblichen Ausbildungsmaßnahmen (*Ehrich*, in: *Grobys/Panzer-Heemeier,*

Stichwortkommentar zum Arbeitsrecht, 3. Aufl. 2017, Ausbildung [31] Rn. 28).

Die Dauer eines vorausgegangenen **Praktikums** ist – unabhängig von dessen Inhalt und Zielsetzung – **nicht auf** die **Probezeit** im folgenden Berufsausbildungsverhältnis **anzurechnen** (BAG-Urteil vom 19.11.2015 – 6 AZR 844/14, AP Nr. 2 zu § 20 BBiG). Ebenso wenig ist die in einem vorhergehenden Arbeitsverhältnis zurückgelegte Zeit auf die Probezeit im Berufsausbildungsverhältnis anzurechnen (BAG-Urteil vom 16.12.2004 – 6 AZR 127/04, AP Nr. 13 zu § 15 BBiG).

Die erneute Vereinbarung einer Probezeit bei Begründung eines rechtlich neuen Berufsausbildungsverhältnisses ist unzulässig, wenn zu einem vorherigen Ausbildungsverhältnis ein derart enger sachlicher Zusammenhang besteht, dass es sich sachlich um ein Berufsausbildungsverhältnis handelt. Ob ein enger sachlicher Zusammenhang vorliegt, ist anhand der Umstände des Einzelfalls festzustellen. Zu berücksichtigen sind dabei neben der absoluten Dauer der Unterbrechung zwischen den Ausbildungsverhältnissen auch mögliche Besonderheiten des Ausbildungsverhältnisses oder der betreffenden Branche. Insbesondere hängt es vom Anlass der Unterbrechung und der Neubegründung des Ausbildungsverhältnisses ab, ob ein sachlicher Zusammenhang gegeben ist. Zu berücksichtigen ist auch, ob die Beendigung des vorherigen Ausbildungsverhältnisses auf Veranlassung des Ausbilders oder des Auszubildenden erfolgt ist (BAG-Urteil vom 12.02.2015 – 6 AZR 831/13, AP Nr. 1 zu § 20 BBiG, wonach eine erhebliche zeitliche Unterbrechung gegeben sei, wenn das zweite Berufsausbildungsverhältnis erst mehr als acht Monate nach der Beendigung des ersten Ausbildungsverhältnisses beginne).

Während der Probezeit ist eine Kündigung durch den Ausbildenden oder den Auszubildenden jederzeit ohne Grund und Kündigungsfrist möglich (§ 22 Abs. 1 BBiG). Sollten tarifliche Regelungen bestehen, haben diese insoweit Vorrang. Nach Ablauf der Probezeit kann das Berufsausbildungsverhältnis grundsätzlich nur noch fristlos aus wichtigem Grund, nicht mehr – von den Fällen des § 22 Abs. 2 Nr. 2 BBiG abgesehen – ordentlich gekündigt werden (vgl. § 22 Abs. 2 bis 4 BBiG). Deshalb ist die Probezeit in der Vertragsniederschrift genau zu fixieren.

(6)   Zahlung und Höhe der Vergütung

Die Zahlung und die Höhe der Vergütung, die der Auszubildende monatlich erhalten soll, sind gemäß § 11 Abs. 1 Satz 2 Nr. 6 BBiG in der Vertragsniederschrift mit einem genauen Euro-Betrag anzugeben. § 17 Abs. 1 BBiG sieht vor, dass dem Auszubildenden eine „angemessene" Vergütung zu gewähren ist, die mit fortschreitender Berufsausbildung, mindestens jährlich, ansteigt.

Zwar finden die Vorschriften des Mindestlohngesetzes auf die Vergütung von zu ihrer Berufsausbildung Beschäftigten keine Anwendung (§ 22 Abs. 3 MiLoG). Das Kriterium der „Angemessenheit" der Ausbildungsvergütung i.S.v. § 17 Abs. 1 Satz 1 BBiG wurde jedoch durch das am 1. Januar 2020 in Kraft getretene Gesetz zur Stärkung und Modernisierung der beruflichen Bildung vom 12. Dezember 2019 (BGBl. I, S. 2522 ff.) in Gestalt der in § 17 BBiG neu aufgenommenen Absätze 2 bis 7 wie folgt präzisiert:

Gemäß § 17 Abs. 2 BBiG ist die Angemessenheit der Vergütung ausgeschlossen, wenn sie folgende Mindestvergütung unterschreitet:

1. im ersten Jahr einer Berufsausbildung

   a)   515 Euro, wenn die Berufsausbildung im Zeitraum vom 1. Januar 2020 bis zum 31. Dezember 2020 begonnen wird,

   b)   550 Euro, wenn die Berufsausbildung im Zeitraum vom 1. Januar 2021 bis zum 31. Dezember 2021 begonnen wird,

   c)   585 Euro, wenn die Berufsausbildung im Zeitraum vom 1. Januar 2022 bis zum 31. Dezember 2022 begonnen wird,

   d)   620 Euro, wenn die Berufsausbildung im Zeitraum vom 1. Januar 2023 bis zum 31. Dezember 2023 begonnen wird,

2. im zweiten Jahr einer Berufsausbildung den Betrag nach Nr. 1 für das jeweilige Jahr, in dem die Berufsausbildung begonnen worden ist, zzgl. 18 Prozent,

3. im dritten Jahr einer Berufsausbildung den Betrag nach Nr. 1 für das jeweilige Jahr, in dem die Berufsausbildung begonnen worden ist, zzgl. 35 Prozent und

4. im vierten Jahr einer Berufsausbildung den Betrag nach Nr. 1 für das jeweilige Jahr, in dem die Berufsausbildung begonnen worden ist, zzgl. 40 Prozent.

Die Höhe der Mindestvergütung nach § 17 Abs. 2 Satz 1 BBiG wird gemäß § 17 Abs. 2 Satz 2 BBiG zum 1. Januar eines jeden Jahres, erstmals zum 1. Januar 2024, fortgeschrieben. Die Fortschreibung entspricht nach § 17 Abs. 2 Satz 3 dem rechnerischen Mittel der nach § 88 Abs. 1 Satz 1 Nr. 1 Buchstabe g BBiG erhobenen Ausbildungsvergütungen im Vergleich der beiden dem Jahr der Bekanntgabe vorausgegangenen Kalenderjahre. Dabei ist der sich ergebende Betrag bis unter 0,50 Euro abzurunden sowie von 0,50 Euro an aufzurunden, § 17 Abs. 2 Satz 4 BBiG. Das Bundesministerium für Bildung und Forschung gibt jeweils spätestens bis zum 1. November eines jeden Kalenderjahres die Höhe der Mindestvergütung nach § 17 Abs. 2 Satz 1 Nr. 1 bis 4 BBiG, die für das folgende Kalenderjahr maßgebend ist, im Bundesgesetzblatt bekannt (§ 17 Abs. 2 Satz 5 BBiG). Die nach den Sätzen 2 bis 5 von § 17 Abs. 2 BBiG fortgeschriebene Höhe der Mindestvergütung für das erste Jahr einer Berufsausbildung gilt nach § 17 Abs. 2 Satz 6 BBiG für Berufsausbildungen, die im Jahr der Fortschreibung begonnen werden. Die Aufschläge nach Satz 1 Nr. 2 bis 4 von § 17 Abs. 2 BBiG für das zweite bis vierte Jahr einer Berufsausbildung sind auf der Grundlage dieses Betrages zu berechnen, § 17 Abs. 2 Satz 7 BBiG.

Angemessen ist gemäß § 17 Abs. 3 Satz 1 BBiG auch eine für den Ausbildenden nach § 3 Abs. 1 TVG geltende tarifvertragliche Vergütungsregelung, durch die die in § 17 Abs. 2 BBiG genannte jeweilige Mindestvergütung unterschritten wird. Nach Ablauf eines Tarifvertrags i.S.v. § 17 Abs. 3 Satz 1 BBiG gilt dessen Vergütungsregelung für bereits begründete Ausbildungsverhältnisse weiterhin als angemessen, bis sie durch einen neuen oder ablösenden Tarifvertrag ersetzt wird, § 17 Abs. 3 Satz 2 BBiG.

Die Angemessenheit der vereinbarten Vergütung ist auch dann, wenn sie die Mindestvergütung nach § 17 Abs. 2 BBiG nicht unterschreitet, in der Regel ausgeschlossen, wenn sie die Höhe der in einem Tarifvertrag geregelten Vergütung, in dessen Geltungsbereich das Ausbildungsverhältnis fällt, an den der Ausbildende aber nicht gebunden ist, um mehr als 20 Prozent unterschreitet (§ 17 Abs. 4 BBiG). Eine Unterschreitung des Tarifniveaus um mehr als 20 % kann ausnahmsweise dann gerechtfertigt sein, wenn die Ausbildungsvergütung zu 100 % durch Spenden Dritter finanziert wird und der Ausbildende den Zweck verfolgt, die Jugendarbeitslosigkeit zu bekämpfen und auch Jugendlichen eine qualifizierte Ausbildung zu vermitteln, die sie ohne Förderung nicht erlangen könnten. Dies setzt allerdings voraus, dass bei Abschluss des Berufsausbildungsvertrags ein besonderer Unterstützungs- und Förderbedarf in der Person des jeweiligen Auszubildenden begründet ist (BAG-Urteil vom 16.05.2017 – 9 AZR 377/16, AP Nr. 15 zu § 17 BBiG).

Bei einer Teilzeitberufsausbildung (s.o. (4)) kann eine nach den Absätzen 2 bis 4 von § 17 BBiG zu gewährende Vergütung unterschritten werden, § 17 Abs. 5 Satz 1 BBiG. Die Angemessenheit der Vergütung ist jedoch nach § 17 Abs. 5 Satz 2 BBiG ausgeschlossen, wenn die prozentuale Kürzung der Vergütung höher ist als die prozentuale Kürzung der täglichen oder der wöchentlichen Arbeitszeit.

Sachleistungen können gemäß § 17 Abs. 6 BBiG in Höhe der nach § 17 Abs. 1 Satz 1 Nr. 4 SGB IV festgesetzten Sachbezugswerte angerechnet werden, jedoch nicht über 75 Prozent der Bruttovergütung hinaus.

Eine über die vereinbarte regelmäßige tägliche Arbeitszeit hinausgehende Beschäftigung ist nach § 17 Abs. 7 BBiG besonders zu vergüten oder durch die Gewährung entsprechender Freizeit auszugleichen.

Die Ausbildungsvergütung bemisst sich gemäß § 18 Abs. 1 Satz 1 BBiG nach Monaten. Bei der Berechnung der Ausbildungsvergütung für einzelne Tage wird der Monat zu 30 Tagen gerechnet, § 18 Abs. 1 Satz 2 BBiG.

Dem Auszubildenden ist die Ausbildungsvergütung für den laufenden Kalendermonat nach § 18 Abs. 2 BBiG grundsätzlich spätestens am letzten Arbeitstag des Monats zu zahlen. Etwas anderes gilt ausnahmsweise beim Urlaubsentgelt. Dieses ist dem Auszubildenden gemäß § 11 Abs. 2 BBiG bereits vor Antritt des Urlaubs auszuzahlen.

Gilt für Ausbildende nicht nach § 3 Abs. 1 TVG eine tarifvertragliche Vergütungsregelung, sind sie verpflichtet, den bei ihnen beschäftigten Auszubildenden spätestens zu dem in § 18 Abs. 2 BBiG genannten Zeitpunkt eine Vergütung mindestens in der bei Beginn der Berufsausbildung geltenden Höhe der Mindestvergütung nach § 17 Abs. 2 Satz 1 BBiG zu zahlen, § 18 Abs. 3 Satz 1 BBiG. Bei einer Teilzeitberufsausbildung (s.o. (4)) gilt dies mit der Maßgabe, dass die Vergütungshöhe mindestens dem prozentualen Anteil an der Arbeitszeit entsprechen muss (§ 18 Abs. 3 Satz 2 BBiG).

§ 19 Abs. 1 BBiG sieht vor, dass Auszubildenden die Ausbildungsvergütung auch zu zahlen ist

1. für Zeiten der Freistellung i.S.v. § 15 BBiG (s.u. 9.4.5.2)

2. bis zur Dauer von sechs Wochen, wenn sie

    a) sich für die Berufsausbildung bereithalten, diese aber ausfällt oder

    b) aus einem sonstigen, in ihrer Person liegenden Grund unverschuldet verhindert sind, ihre Pflichten aus dem Berufsausbildungsverhältnis zu erfüllen.

Können Auszubildende während der Zeit, für welche die Vergütung fortzuzahlen ist, aus berechtigtem Grund Sachleistungen nicht abnehmen, so sind diese gemäß § 19 Abs. 2 BBiG nach den Sachbezugswerten i.S.v. § 17 Abs. 6 BBiG abzugelten.

(7) Urlaubsanspruch

Die Dauer des Urlaubs ist für die Gesamtdauer der Ausbildung und zwar für jedes Ausbildungsjahr in der Vertragsniederschrift anzugeben (§ 11 Abs. 1 Satz 2 Nr. 7 BBiG). Tarifliche Regelungen sind im Ausbildungsvertrag zu berücksichtigen. Sollten diese nicht bestehen, gelten die gesetzlichen Vorgaben des Bundesurlaubs- und des Jugendarbeitsschutzgesetzes.

(8) Voraussetzungen, unter denen der Berufsausbildungsvertrag gekündigt werden kann

Die Voraussetzungen, unter denen der Berufsausbildungsvertrag gekündigt werden kann, sind nach § 11 Abs. 1 Satz 2 Nr. 8 BBiG nochmals im Berufsausbildungsvertrag aufzuführen, auch wenn die Regelungen des § 22 BBiG eingreifen, von denen vertraglich nicht zum Nachteil der Auszubildenden abgewichen werden darf.

(9) Hinweis in allgemeiner Form auf die Tarifverträge und Betriebsvereinbarungen, die auf das Berufsausbildungsverhältnis anwendbar sind

Auf Tarifverträge und Betriebsvereinbarungen, die auf das Berufsausbildungsverhältnis Anwendung finden, muss in der Niederschrift hingewiesen werden, wobei dieser Hinweis auch in allgemeiner Form gehalten werden kann (§ 11 Abs. 1 Satz 2 Nr. 9 BBiG). Der Auszubildende soll über seine Rechte aus Tarifverträgen und Betriebsvereinbarungen Bescheid wissen, damit er seine Ansprüche ggf. geltend machen kann.

9.3.2 Nichtige Vereinbarungen

Die eben genannten Regelungen sind Mindestangaben, die in jeder Niederschrift zum Berufsausbildungsverhältnis enthalten sein müssen. Darüber hinaus gehende Regelungen sind deshalb möglich. Allerdings sind bestimmte Ergänzungen unzulässig.

Werden im Ausbildungsvertrag oder in einer Ergänzung Vereinbarungen getroffen über

- die Verpflichtung des Auszubildenden, für die Berufsausbildung eine Entschädigung zu zahlen,
- mögliche Vertragsstrafen (etwa Zahlung eines bestimmten Betrages bei verspätetem Erscheinen in der Berufsschule),
- den Ausschluss oder die Beschränkung von Schadensersatzansprüchen, die Festsetzung der Höhe eines Schadensersatzes in Pauschbeträgen,

sind diese nach § 12 Abs. 2 BBiG nichtig.

Das Verbot dieser Vereinbarung gilt nicht nur für den Auszubildenden, sondern auch für seine gesetzlichen Vertreter. Auch „Umgehungsgeschäfte" sind unzulässig, z.B. unentgeltliche Fliesenlegerarbeiten oder der Abschluss eines Kaufvertrages als Gegenleistung für einen Ausbildungsplatz. Der Begriff der „Entschädigung" für Ausbildungskosten i.S. des § 12 Abs. 2 Nr. 1 BBiG ist weit auszulegen. Es ist dem Ausbildungsbetrieb untersagt, dem Auszubildenden Kosten aufzuerlegen, die der Ausbildende im Rahmen der Ausbildung zu tragen hat. Zu letzteren gehören zum einen die betrieblichen Personal- und Sachkosten, zum anderen die Kosten für Ausbildungsmaßnahmen und Ausbildungsveranstaltungen außerhalb der Ausbildungsstätte, sofern sie Teil der Ausbildung sind.

9.4 Überwachung der Berufsausbildung und Einfluss auf deren Ausgestaltung durch Betriebsrat und JAV

Da sowohl der Betriebsrat als auch die JAV für die Angelegenheiten jugendlicher Arbeitnehmer und Auszubildender bis zum 25. Lebensjahr zuständig sind, verpflichtet das Betriebsverfassungsgesetz beide Gremien zum gemeinsamen Handeln.

Bei der Umsetzung des Berufsausbildungsgesetzes im Betrieb haben beide Gremien die wichtigen Aufgaben, zum einen die Einhaltung des Gesetzes zu überwachen und zum anderen die konkrete Ausgestaltung durch Betriebsvereinbarungen, die freilich allein zwischen dem Arbeitgeber auf der einen und dem Betriebsrat – nicht der JAV – auf der anderen Seite abgeschlossen werden können, vorzunehmen.

9.4.1 Mitbestimmungsrechte des Betriebsrats

Die wichtigste rechtliche Grundlage für die (Mit-)Gestaltung der betrieblichen Berufsausbildung durch den Betriebsrat und die JAV bilden die im Betriebsverfassungsgesetz (BetrVG) vorgesehenen erzwingbaren Mitbestimmungsrechte des Betriebsrats. Soweit diesem bei Maßnahmen des Arbeitgebers ein Mitbestimmungsrecht zusteht, kann der Arbeitgeber solche Maßnahmen erst dann durchführen, wenn ihnen der Betriebsrat auf der Grundlage eines entsprechenden Beschlusses des Gremiums (positiv) zugestimmt hat. Können sich der Arbeitgeber und der Betriebsrat über eine Maßnahme nicht verständigen, besteht die Möglichkeit der Anrufung der Einigungsstelle, die eine für beide Seiten verbindliche Entscheidung trifft (vgl. §§ 87 Abs. 2, 98 Abs. 4 BetrVG). Das erzwingbare Mitbestimmungsrecht umfasst grundsätzlich auch ein sog. **Initiativrecht**, d.h. der Betriebsrat kann von sich aus vom Arbeitgeber die Vornahme von bestimmten Maßnahmen verlangen und diese ggf. im Wege des Einigungsstellenverfahrens gegen den Willen des Arbeitgebers durchsetzen.

9.4.1.1 Mitbestimmung bei der Durchführung der Berufsbildung

Nach § 14 Abs. 1 Nr. 1 BBiG hat der Ausbildungsbetrieb dafür zu sorgen,

- dass den Auszubildenden die berufliche Handlungsfähigkeit vermittelt wird, die zum Erreichen des Ausbildungsziels erforderlich ist und
- die Berufsausbildung in einer durch ihren Zweck gebotenen Form planmäßig, zeitlich und sachlich gegliedert so durchgeführt wird,
- dass das Ausbildungsziel in der vorgesehenen Ausbildungszeit erreicht werden kann.

Diese Vorgaben klingen sehr abstrakt. Nach § 98 Abs. 1 BetrVG besteht ein Mitbestimmungsrecht des Betriebsrats bei der Durchführung von Maßnahmen der Berufsbildung. Typischer Gegenstand dieses Mitbestimmungsrechts ist der Ablauf der jeweiligen Ausbildung. Die konkrete Ausgestaltung des Ablaufes der Ausbildung kann daher über eine Betriebsvereinbarung vom Betriebsrat (mit)geregelt werden. Es besteht für Betriebsrat und JAV also nicht nur ein Überwachungsauftrag. Die Verbesserung der Ausbildungsqualität kann dadurch über dieses Mitbestimmungsrecht umgesetzt werden. Die rechtlichen Rahmenbedingungen ergeben sich aus dem Berufsbildungsgesetz, deren konkrete Ausgestaltung betrieblich erfolgt.

9.4.1.2 Mitbestimmung in sozialen Angelegenheiten

Eine der betriebsverfassungsrechtlich gleichsam „schärfsten Waffen" des Betriebsrats stellt das Mitbestimmungsrecht des Betriebsrats in sozialen Angelegenheiten nach § 87 BetrVG dar, dessen Mitbestimmungstatbestände auch im Bereich der betrieblichen Berufsausbildung z.T. eine erhebliche Rolle spielen. Beispielhaft seien hier folgende Mitbestimmungstatbestände des § 87 Abs. 1 BetrVG genannt:

(1) Fragen der Ordnung des Betriebs und des Verhaltens der Arbeitnehmer

Gemäß § 87 Abs. 1 Nr. 1 BetrVG hat der Betriebsrat mitzubestimmen bei Angelegenheiten, die Fragen der Ordnung des Betriebs und des Verhaltens der Arbeitnehmer im Betrieb zum Gegenstand haben. Zu unterscheiden ist dabei zwischen dem – nach dieser Vorschrift mitbestimmungspflichtigen – „Ordnungsverhalten" und dem – mitbestimmungsfreien – „Arbeitsverhalten".

Die mitbestimmungspflichtige Gestaltung der Ordnung des Betriebs betrifft die Schaffung allgemein gültiger, verbindlicher Verhaltensregeln und Maßnahmen, durch die das Verhalten der Arbeitnehmer bezogen auf die betriebliche Ordnung beeinflusst werden soll.

Diese Mitbestimmungsrechte greifen auch bei Regelungen, die für Auszubildende getroffen werden. Folgende Beispiele fallen hierunter:

- Festlegung und Überwachung von Alkohol- und Rauchverboten,
- Einführung und Ausgestaltung von Kleiderordnungen,
- formalisierte Kranken- oder Mitarbeitergespräche,
- Regelungen gegen Mobbing.

Nicht vom Mitbestimmungsrecht des § 87 Abs. 1 Nr. 1 BetrVG erfasst werden reine Arbeitsanweisungen, die den Inhalt der Arbeit betreffen und nicht nur auf das Verhalten der Arbeitnehmer bezogen sind. Das mitbestimmungsfreie „Arbeitsverhalten" bezieht sich auf Maßnahmen, mit denen die Arbeitspflicht konkretisiert wird. Die Konkretisierung der Arbeitspflicht ist alleiniger Gegenstand des – mitbestimmungsfreien – Direktions- bzw. Weisungsrechts des Arbeitgebers.

(2) Beginn und Ende der täglichen Arbeitszeit einschließlich der Pausen sowie Verteilung der Arbeitszeit auf die einzelnen Wochentage

Die Festsetzung des Beginns und des Endes der täglichen Arbeitszeit einschließlich der Pausen sowie die Verteilung der Arbeitszeit auf die einzelnen Wochentage unterliegen nach § 87 Abs. 1 Nr. 2 BetrVG ebenfalls der erzwingbaren Mitbestimmung des Betriebsrats. Dieses Mitbestimmungsrecht bezieht sich grundsätzlich nur auf die Lage der Arbeitszeit – auch der Auszubildenden – und der Pausen, **nicht** aber auf die **Dauer** der Arbeitszeit. Letztere ergibt sich entweder aus den Vereinbarungen im Berufsausbildungsvertrag oder den Regelungen eines Tarifvertrags, sofern dieser auf das Berufsausbildungsverhältnis Anwendung findet.

(3) Vorübergehende Verkürzung oder Verlängerung der betriebsüblichen Arbeitszeit

Der Mitbestimmung des Betriebsrats unterliegt weiterhin nach § 87 Abs. 1 Nr. 3 BetrVG die vorübergehende Verkürzung oder Verlängerung der betriebsüblichen Arbeitszeit. Unter der „vorübergehenden Verlängerung" der betriebsüblichen Arbeitszeit ist insbesondere die Anordnung von **Überstunden** zu verstehen, wobei das Mitbestimmungsrecht nach ständiger Rechtsprechung des BAG nicht nur durch die Anordnung, sondern auch durch die Duldung von Überstunden (= Entgegennahme und Bezahlung) ausgelöst wird. Es entfällt auch nicht deshalb, weil ein Arbeitnehmer (bzw. ein Auszubildender) auf Wunsch des Arbeitgebers freiwillig Überstunden leistet.

(4) Urlaubsfragen

Gemäß § 87 Abs. 1 Nr. 5 BetrVG hat der Betriebsrat mitzubestimmen bei der Aufstellung von allgemeinen Urlaubsgrundsätzen und des Urlaubsplans sowie bei der Festsetzung der zeitlichen Lage des Urlaubs für einzelne Arbeitnehmer, wenn zwischen dem Arbeitgeber und den beteiligten Arbeitnehmern kein Einverständnis erzielt wird. Mitbestimmungspflichtig sind danach u.a. die Verfahren zur Urlaubsliste (etwa mit welchen Fristen Eintragungen in diese erfolgen müssen und nach welchen Kriterien die Auswahl erfolgen soll) sowie die Einrichtung von Betriebsferien oder von „Urlaubssperren". Bei der Urlaubsplanung für Auszubildende sind auch die Berufsschulferien zu berücksichtigen.

(5) Technische Überwachungseinrichtungen

Mitbestimmungspflichtig nach § 87 Abs. 1 Nr. 6 BetrVG sind die Einführung und Anwendung von technischen Einrichtungen die dazu bestimmt sind, das Verhalten oder die Leistung der Arbeitnehmer zu überwachen.

Der Begriff „technische Einrichtungen" ist umfassend zu verstehen. Hierbei handelt es sich um alle optischen, akustischen und mechanischen Geräte. Die bloße Überwachung und Kontrolle durch Vorgesetzte ohne technische Unterstützung ist dagegen nach § 87 Abs. 1 Nr. 6 BetrVG nicht mitbestimmungspflichtig.

Unter „Verhalten" ist ein individuell steuerbares Tun zu verstehen, unter „Leistung" die arbeitsvertraglich geschuldete und erbrachte Arbeitstätigkeit. Daten über Krankheitszeiten sind aber auch als Leistungsdaten zu werten.

„Überwachen" i.S.v. § 87 Abs. 1 Nr. 6 BetrVG bedeutet das Sammeln oder Auswerten von verhaltens- oder leistungsrelevanten Daten der Arbeitnehmer, wobei grundsätzlich Voraussetzung ist, dass diese Daten den einzelnen Arbeitnehmern zugeordnet werden können.

Eine technische Einrichtung ist nach ständiger Rechtsprechung des BAG bereits dann zur Überwachung „bestimmt", wenn sie objektiv geeignet ist, das Verhalten oder die Leistung der Arbeitnehmer zu überwachen. Ausreichend ist mithin die bloße Möglichkeit der Überwachung des Verhaltens oder der Leistung der Arbeitnehmer durch die technische Anlage, ohne dass es auf eine Überwachungsabsicht des Arbeitgebers ankommt. Ebenso reicht es aus, wenn die leistungs- oder verhaltensbezogenen Daten nicht auf technischem Weg durch die Einrichtung selbst gewonnen werden, sondern zunächst manuell eingegeben und sodann von der technischen Einrichtung weiterverwertet werden (zuletzt BAG-Beschluss vom 13.12.2016 – 1 ABR 7/15, AP Nr. 47 zu § 87 BetrVG 1972 Überwachung – zur Mitbestimmung des Betriebsrats bei der Einrichtung und beim Betrieb einer sog. „Facebook-Seite" durch den Arbeitgeber).

Durch die Computerisierung sind technische Kontrolleinrichtungen geprägt von

- hoher Mengenverarbeitungskapazität
- Verarbeitung ohne hohen Zeitverlust
- Verknüpfbarkeit von Daten und
- Überwindung weiter Entfernungen.

Die eingesetzten Programme ermöglichen es, personenbezogene oder personenbeziehbare Leistungsdaten des Beschäftigten zu erfassen. Aufgabe des Betriebsrates ist es, personenbezogene Datenerfassung und mögliche Kontrollmöglichkeiten auszuschließen oder jedenfalls auf das unverzichtbare Mindestmaß zu beschränken. Dadurch wird auch der Leistungsdruck vermindert, der bei permanenter und anonymer Überwachung des Mitarbeiters am Arbeitsplatz oder des Auszubildenden am Ausbildungsplatz entstehen kann.

Regelungsgegenstände einer vom Betriebsrat mit dem Arbeitgeber abzuschließenden **Betriebsvereinbarung** sollten sein:

- Ausschluss von Verhaltens- und Leistungskontrollen,

- Zweckbestimmung von Techniksystemen und Software (beispielsweise „dient der Verwaltung von Kundendaten").

- Neben der Bezeichnung des Systems sollte eine Systemdokumentation auch sämtliche Funktionen enthalten. Diese sind in Hinsicht auf mögliche Kontrollmöglichkeiten gegenüber Mitarbeitern zu prüfen, die dann auszuschließen sind.

- Mögliche Auswertungen sollten als Positivkatalog definiert werden. Dabei werden nur zulässige Auswertungen aufgeführt. So kann ausgeschlossen werden, dass etwa Statistiken, die auf die Verhaltenskontrolle der Auszubildenden abzielen, übersehen werden.

- Eine Protokollierung von Zugriffen ist erforderlich, um auch im nachhinein Änderungen an Programmen oder Auswertungen über personenbezogene Daten nachvollziehen zu können. So kann Missbrauch vom Betriebsrat nachgewiesen werden. In der Regel dienen derartige Regelungen dazu, Systemadministratoren oder Ausbilder von Verstößen gegen die Betriebsvereinbarungen abzuhalten.

- Zugriffsrechte schreiben Verantwortlichkeiten fest. So wird durch Dokumentation sichergestellt, wer Auswertungen veranlassen kann und Einsichtsrechte in das System hat.

- Auch sind Löschfristen und die Möglichkeit des Betriebsrates, gemeinsam mit einem Sachverständigen die Einhaltung der Vereinbarung prüfen zu können, bedeutsam.

9.4.2 Kontrolle der Ausbildungsqualität

Das Berufsbildungsgesetz enthält zahlreiche Schutzbestimmungen für Auszubildende. So ist der Ausbildungsbetrieb in erster Linie nach § 14 Abs. 1 Nr. 1 BBiG u.a. verpflichtet, dafür zu sorgen, dass den Auszubildenden die berufliche Handlungsfähigkeit vermittelt wird, die zum Erreichen des Ausbildungsziels erforderlich ist. Der Auszubildende steht – anders als ein Arbeitnehmer, der ordnungsgemäße Arbeitsleistungen zu erbringen hat –

lediglich in der Pflicht, die für die Ausbildung erforderlichen fachlichen Fertigkeiten und Kenntnisse zu erwerben.

Durch einen Ausbildungsplan hat nach § 14 Abs. 1 Nr. 1 BBiG der Betrieb die Berufsausbildung in einer durch ihren Zweck gebotenen Form planmäßig, zeitlich und sachlich gegliedert so durchzuführen, dass das Ausbildungsziel in der vorgesehenen Ausbildungszeit erreicht werden kann.

Betriebsrat und JAV müssen auf die Einhaltung dieser besonderen Schutzbestimmungen für Auszubildende gegenüber dem Betrieb achten. Eine besondere Rolle spielt dabei die Qualität der Ausbildung.

9.4.2.1 Qualifikationen des Ausbilders

Das Berufsbildungsgesetz (BBiG) definiert in § 10 Abs. 1 den „Vertragspartner" des Auszubildenden als „Ausbildender". Sofern dieser die tatsächliche Ausbildung des Auszubildenden nicht selbst durchführt, hat er gemäß § 28 Abs. 2 BBiG „Ausbilder oder Ausbilderinnen" zu bestellen, die die Ausbildungsinhalte in der Ausbildungsstätte „unmittelbar, verantwortlich und in wesentlichem Umfang vermitteln".

Der Ausbilder muss – wie dies § 28 Abs. 2 BBiG vorschreibt –

- persönlich

und

- fachlich

geeignet sein. Aufgabe der Ausbilder ist es, dem Auszubildenden die notwendigen praktischen und theoretischen Kenntnisse zu vermitteln.

Persönlich nicht geeignet ist nach § 29 BBiG insbesondere, wer

- Kinder und Jugendliche nicht beschäftigen darf

oder

- wiederholt oder schwer gegen das BBiG verstoßen hat.

Die Vorgaben des BBiG knüpfen an das Jugendarbeitsschutzgesetz (JArbSchG) an. Nach § 25 JArbSchG darf Jugendliche nicht ausbilden, beaufsichtigen oder anweisen, wer u.a. wegen

- eines Verbrechens zu einer Freiheitsstrafe von mindestens zwei Jahren oder
- einer vorsätzlichen Straftat, die unter Verletzung der Pflichten als Ausbilder zum Nachteil von Kindern oder Jugendlichen begangen wurde, zu einer Freiheitsstrafe von mehr als drei Monaten,

rechtskräftig verurteilt worden ist.

Bei der Ausbildung im Betrieb können vor allem anfangs Unsicherheiten bei den Auszubildenden aufkommen, mit denen der Ausbilder umgehen muss. Sucht ein Auszubildender nach Orientierungshilfen, spielt die Orientierung am Vorbild eine große Rolle. Der Ausbilder hat deshalb eine besondere Verantwortung. Der Ausbilder sollte auch durch sein Verhalten die Entwicklung der Auszubildenden fördern, vor allem

- die Persönlichkeitsentwicklung des Auszubildenden, bezogen etwa auf Eigenverantwortung und Mitwirkung
- Verhaltensänderungen, bezogen auf die Ausbildung, z.B. bei Übernahme von Verantwortung oder im Bewegungsbereich bei bestimmten Fingerfertigkeiten im handwerklichen Bereich.

Ausbilder müssen in der Lage sein, ihre Berufserfahrung an die Auszubildenden weiterzugeben und über die Vermittlungstechniken hinaus in schwierigen Entwicklungsphasen zu helfen.

Fachlich geeignet ist nach § 30 BBiG, wer die beruflichen sowie die berufs- und arbeitspädagogischen Fertigkeiten, Kenntnisse und Fähigkeiten besitzt, die für die Vermittlung der Ausbildungsinhalte erforderlich sind.

Die beruflichen Fähigkeiten setzen theoretische Kenntnisse und eine Berufspraxis voraus. Diese Fähigkeiten fehlen, wenn keine Kenntnisse in dem Ausbildungsberuf vorhanden sind. Dies ist auch der Fall, wenn nur für Teilgebiete der Ausbildungsordnung Kenntnisse vorliegen.

Nach **§ 30 Abs. 2 BBiG** besitzt die erforderlichen beruflichen Fertigkeiten, Kenntnisse und Fähigkeiten, wer

1. die Abschlussprüfung in einer dem Ausbildungsberuf entsprechenden Fachrichtung bestanden hat

   oder

2. eine anerkannte Prüfung an einer Ausbildungsstätte oder vor einer Prüfungsbehörde oder eine Abschlussprüfung an einer staatlichen oder staatlich anerkannten Schule in einer dem Ausbildungsberuf entsprechenden Fachrichtung bestanden hat

   oder

3. eine Abschlussprüfung an einer deutschen Hochschule in einer dem Ausbildungsberuf entsprechenden Fachrichtung bestanden hat

   oder

4. im Ausland einen Bildungsabschluss in einer dem Ausbildungsberuf entsprechenden Fachrichtung erworben hat, dessen Gleichwertigkeit nach dem Berufsqualifikationsgesetz oder anderen rechtlichen Regelungen festgestellt worden ist

und – in allen dieser Fälle – eine angemessene Zeit in seinem Beruf praktisch tätig geworden ist.

Nach § 30 Abs. 6 BBiG kann die nach Landesrecht zuständige Behörde Personen, die die eben genannten Voraussetzungen nicht erfüllen, die fachliche Eignung nach Anhörung der zuständigen Stelle widerruflich zuerkennen.

Besonderheiten gelten in den Handwerksbereichen. Dort ist u.a. fachlich geeignet, wer die Meisterprüfung im Handwerk des entsprechenden Ausbildungsberufs bestanden hat. Einzelheiten dazu siehe in § 22 b Abs. 2 und 3 der Handwerksordnung.

9.4.2.2 Weisungsberechtigte Personen des Auszubildenden

Ausbilden bedeutet die Vermittlung der beruflichen Kenntnisse und Fertigkeiten, die zum Erreichen des Ausbildungszieles erforderlich sind. Unter der Verantwortung des Ausbilders kann nach § 28 Abs. 3 BBiG bei der Berufsausbildung auch mitwirken, wer selbst nicht Ausbilder ist, aber für die Vermittlung von Ausbildungsinhalten erforderliche berufliche Fertigkeiten, Kenntnisse und Fähigkeiten besitzt und persönlich geeignet ist.

Auch Fachkräfte können daher bei der Ausbildung mitwirken, sofern sie i.S.v. § 28 Abs. 3 BBiG persönlich und fachlich geeignet sind und damit gegenüber dem Auszubildenden im Rahmen der Ausbildung weisungsberechtigt sind.

In der Praxis kommen – insbesondere in größeren Betrieben – folgende Mitarbeiter als weisungsberechtigte Personen gegenüber dem Auszubildenden in Betracht:

- Der Ausbildungsleiter, der meist zur Personalabteilung gehört. Er ist für den ordnungsgemäßen Ablauf der Ausbildung im Betrieb verantwortlich, indem er den Ablauf organisatorisch plant und überwacht.

- Die Meister, Team- bzw. Gruppenleiter, die mit der Vermittlung der fachlichen Fertigkeiten und Kenntnisse vertraut sind.

- Die Fachkräfte, auch Unterweiser genannt, die in einem fachlich begrenzten Bereich die Aufgabe des Ausbildens übernehmen.

In kleineren Betrieben werden diese Aufgaben regelmäßig nur von einer einzelnen Person übernommen.

9.4.2.3 Eignung des Ausbildungsbetriebs

Auszubildende dürfen nach § 27 Abs. 1 BBiG u.a. nur dann eingestellt und ausgebildet werden, wenn „die Ausbildungsstätte nach Art und Einrichtung für die Berufsausbildung geeignet ist".

Zur „Ausbildungsstätte" i.S. dieser Vorschrift gehört der gesamte Betrieb oder der Betriebsteil, in dem die Ausbildung stattfinden soll. Dies kann etwa eine Produktionsstätte, die Verwaltung oder eine überbetriebliche Ausbildungsstätte sein. Die Eignung der Ausbildungsstätte kann im Ausbildungsrahmenplan festgelegt sein, dem die Anforderungen an die Ausbildung zu entnehmen sind. Die Ausbildungsstätte ist so einzurichten, dass sie diesen Vorgaben gerecht wird. Bei Einrichtung der Ausbildungsstätte sind auch die Unfallverhütungsvorschriften zu beachten.

Die Ausbildungsstätte umfasst Räume, Büroausstattung oder Vorrichtungen, die zur Erreichung des Ausbildungsziels erforderlich sind. Der Betrieb sollte eine regelmäßige Übersicht über

- die Ausbildungsplätze,
- die Ausstattung der Ausbildungsplätze,
- die zu vermittelnden Ausbildungsinhalte und die zugeordneten Ausbildungszeiten

führen.

Ein Ausbildungsplatz ist ein Ort im Ausbildungsbetrieb, an dem ein Auszubildender im Ausbildungsberuf ausgebildet werden kann. Dies können speziell eingerichtete Räume sein, etwa Ausbildungswerkstätten, Ausbildungslabors oder Übungsräume. Es können aber auch besondere Ausbildungsplätze innerhalb der bestehenden betriebsorganisatorischen Struktur – etwa in der Werkhalle oder im Büro – eingerichtet sein, die über die üblichen Werkzeuge, Geräte, Bildschirme und Materialien verfügen, an denen jedoch auch eine Betreuung durch den Ausbilder sichergestellt ist.

Die Ausbildungsstätte muss für die Vermittlung der vorgesehenen Fertigkeiten und Kenntnisse über eine ausreichende Einrichtung und Ausstattung verfügen. Dazu gehören nicht nur eine Grundausstattung an Maschinen, Werkzeugen, Apparaten oder Geräten, sondern auch Ausbildungsmittel wie Computersoftware oder Übungsstücke.

Zu berücksichtigen ist in diesem Zusammenhang auch das Jugendarbeitsschutzgesetz (JArbSchG). Der Ausbildende hat nach § 28 Abs. 1 Satz 1 JArbSchG bei der Einrichtung und der Unterhaltung des Ausbildungsbetriebes – dazu zählen auch Maschinen, Werkzeuge und Geräte – Schutzmaßnahmen zu treffen. Diese Maßnahmen sollen dem Schutz gegen Gefahren für Leben und Gesundheit der Auszubildenden dienen. Auch eine Beeinträchtigung der körperlichen oder seelisch-geistigen Entwicklung der Jugendlichen muss vermieden werden. Dabei sind das mangelnde Sicherheitsbewusstsein, die mangelnde Erfahrung und der Entwicklungsstand der Jugendlichen zu berücksichtigen (§ 28 Abs. 1 Satz 2 JArbSchG).

Die Ausbildungsstätte muss in der Gesamtstruktur so eingerichtet sein, dass das Ausbildungsziel zu erreichen ist. Ist ein Ausbildungsbetrieb jedoch nicht in der Lage, alle erforderlichen beruflichen Fertigkeiten, Kenntnisse und Fähigkeiten im vollen Umfang zu vermitteln, muss dies gemäß § 27 Abs. 2 BBiG durch Ausbildungsmaßnahmen außerhalb der Ausbildungsstätte vermittelt werden.

Die Ausbildung im Betrieb kann wie folgt unterschiedlich organisiert werden:

Integration im Arbeitsprozess

Insbesondere in kleineren Betrieben werden die Auszubildenden sofort durch Einbindung in den Arbeitsprozess ausgebildet. Diese Art der Ausbildung ist für den Betrieb häufig mit geringeren Kosten verbunden, da die Auszubildenden in der Regel auch produktiv arbeiten und zum anderen „Leerlauf" im Arbeitsprozess genutzt wird, um Auszubildende zu unterweisen.

Häufig wird die direkte Ausbildung im Arbeitsprozess um Lernecken ergänzt, in denen die Auszubildenden auf bestimmte Aufgaben vorbereitet werden und theoretische Informationen erhalten.

Lehrwerkstätten

Lehrwerkstätten bieten den Vorteil, dass eine Trennung von Ausbildungssituation und betrieblichem Tagesgeschäft erfolgt. Die Auszubildenden können ungestört und unbeobachtet bleiben, haben einen „geschützten" Raum, in dem sie auch Fehler machen können und aus Fehlern lernen können. Dies wirkt sich auf die Lernsituation positiv aus.

Der Nachteil ist die Trennung vom Arbeitsprozess, möglicherweise ein geringerer Praxisbezug und eine verzögerte Integration der Auszubildenden in die betrieblichen Arbeitsabläufe.

Lerninseln

Lerninseln sind unter pädagogischen Gesichtspunkten gestaltete Ausbildungsplätze oder Ausbildungszentren, die in den Geschäfts- und Arbeitsprozess integriert sind. Die Auszubildenden sind so in das Tagesgeschäft integriert und haben Kontakt mit den Fachkollegen. Der Geschäftsprozess selbst ist Lerngegenstand. Die Aufgaben der Auszubildenden auf den Lerninseln spiegeln die Aufgaben der Fachabteilungen wider, werden aber unter pädagogischen Aspekten aufbereitet und von qualifizierten Ausbildungsbeauftragten betreut.

Problemlösungen erfolgen häufig in Teams, so dass auch soziale Kompetenzen vermittelt werden.

Unterstützung durch einen anderen Ausbildungsbetrieb oder überbetriebliche Maßnahmen

Können in einer Ausbildungsstätte die erforderlichen Kenntnisse nicht in vollem Umfang vermittelt werden, ist der Ausbildungsbetrieb auch geeignet, wenn diese Kenntnisse durch andere Maßnahmen vermittelt werden. Dies kann die Unterstützung durch einen anderen Ausbildungsbetrieb oder überbetriebliche Maßnahmen in einer Bildungseinrichtung einer Branche sein. Dies muss jedoch im Berufsausbildungsvertrag ausdrücklich vereinbart worden sein (vgl. § 11 Abs. 1 Satz 2 Nr. 3 BBiG).

Beteiligungsrechte des Betriebsrates

Der Betriebsrat hat nach § 97 Abs. 1 BetrVG ein Beratungsrecht u.a. bei Einrichtungen der Berufsbildung. Die Errichtung und Ausstattung von betrieblichen Einrichtungen zur Berufsbildung, die Einführung von Berufsbildungsmaßnahmen sowie die Teilnahme von Auszubildenden an außerbetrieblichen Berufsbildungsmaßnahmen sind vom Arbeitgeber mit dem Betriebsrat zu beraten.

9.4.3 Aktivitäten des Betriebsrats und der JAV zur Verbesserung der Ausbildungsqualität

Nach § 14 Abs. 1 Nr. 1 BBiG ist der Ausbildungsbetrieb verpflichtet, dafür zu sorgen, dass den Auszubildenden die berufliche Handlungsfähigkeit vermittelt wird, die zum Erreichen des Ausbildungsziels erforderlich ist. Bei der Durchführung von Maßnahmen der Berufsbildung hat der Betriebsrat ein Mitbestimmungsrecht gemäß § 98 Abs. 1 BetrVG. Die konkrete Ausgestaltung des Ablaufes der Ausbildung kann deshalb über eine erzwingbare Betriebsvereinbarung gestaltet werden.

Es besteht für Betriebsrat und JAV also nicht nur ein Überwachungsauftrag. Die Verbesserung der Ausbildungsqualität kann über das Mitbestimmungsrecht des § 98 Abs. 1 BetrVG umgesetzt werden. Die rechtlichen Rahmenbedingungen ergeben sich aus dem Berufsbildungsgesetz. Da die darin enthaltenen Regelungen dem Arbeitgeber häufig Interpretationsspielräume geben, kann hier der Betriebsrat bei der konkreten Ausgestaltung seine Vorstellungen durch Wahrnehmung des Mitbestimmungsrechts aus § 98 Abs. 1 BetrVG einbringen. Von Bedeutung sind dabei:

a) die Ausbildungsordnung,

b) der Ausbildungsrahmenplan,

c) der betriebliche Ausbildungsplan,

d) die betrieblichen Versetzungspläne.

a) Ausbildungsordnung

Die **Ausbildungsordnung** ist eine wichtige Grundlage für die Ausbildung. Sie **muss** nach § 5 Abs. 1 BBiG folgende Angaben umfassen:

- die Bezeichnung des anerkannten Ausbildungsberufs,
- die Ausbildungsdauer, die nicht mehr als drei und nicht weniger als zwei Jahre betragen soll,
- die beruflichen Fertigkeiten, Kenntnisse und Fähigkeiten, die mindestens Gegenstand der Berufsausbildung sind (Ausbildungsberufsbild),

- eine Anleitung zur sachlichen und zeitlichen Gliederung der Vermittlung der beruflichen Fertigkeiten, Kenntnisse und Fähigkeiten (Ausbildungsrahmenplan),
- die Prüfungsanforderungen.

Neben diesen Mindestanforderungen **kann** die Ausbildungsordnung festlegen, dass

- eine Zwischenprüfung durchzuführen ist,
- Teile der Berufsausbildung in geeigneten Einrichtungen außerhalb der Ausbildungsstätte durchzuführen sind, wenn und soweit es die Berufsausbildung erfordert (überbetriebliche Berufsausbildung),
- Auszubildende schriftliche Ausbildungsnachweise zu führen haben (Berichtshefte).

Grundsätzlich sind nur Ausbildungen in staatlich anerkannten Ausbildungsberufen zulässig. Die diesbezüglichen Ausbildungsordnungen werden von dem Bundesministerium für Wirtschaft und Technologie oder dem sonst zuständigen Fachministerium im Einvernehmen mit dem Bundesministerium für Bildung und Wirtschaft durch Rechtsverordnung erlassen, § 4 Abs. 1 BBiG. Die steigenden Anforderungen an die Arbeitnehmer, eigenständig zu handeln und zu entscheiden, haben auch Auswirkungen auf die Ausbildung. In der jeweiligen Ausbildungsordnung wird deshalb zunehmend über die übliche Vermittlung von Kenntnissen, Fertigkeiten und Erfahrungen hinaus berufliche Handlungsfähigkeit als Ziel angestrebt.

Praktisch bedeutet dies, dass in Ausbildungsordnungen sowohl bei der Ausbildung als auch bei der Prüfung die Wahrnehmung von berufstypischen Situationen verlangt wird. Bei einem Bankkaufmann kann dies ein Kundenberatungsgespräch und bei einem Informatik-Kaufmann Projektarbeit mit einem abschließenden Fachgespräch sein.

Es soll demnach nicht nur auf die berufliche Fachkompetenz, sondern auch auf Sozialkompetenz geachtet werden. Bei den zu vermittelnden Kompetenzen ist zu unterscheiden zwischen

- Fachkompetenz: Kenntnisse des entsprechenden Fachgebietes entsprechend Ausbildungsordnung,
- soziale Kompetenz: Teamfähigkeit, Kommunikations- und Kooperationsbereitschaft,
- Methodenkompetenz: Moderation, Gesprächsführung, möglicherweise auch Projektmanagement.

b) Ausbildungsrahmenplan

Die Ausbildungsordnung hat nach § 5 Abs. 1 Nr. 4 BBiG einen Ausbildungsrahmenplan festzulegen, der eine Anleitung zur sachlichen und zeitlichen Gliederung der Vermittlung der beruflichen Fertigkeiten, Kenntnisse und Fähigkeiten umfassen muss. Da die Ausbildungsrahmenpläne häufig interpretierbar und flexibel sind, ist eine betriebliche Ausgestaltung der Ausbildung über den betrieblichen Ausbildungsplan erforderlich. Der Ausbildungsrahmenplan stellt für den Ausbildungsbetrieb die Grundlage zur Aufstellung des betrieblichen Ausbildungsplanes dar.

c) Betrieblicher Ausbildungsplan

Die klare Gliederung der Ausbildung sollte sich aus dem betrieblichen Ausbildungsplan ergeben, der die zeitliche und sachliche Gliederung der Ausbildung regelt.

Dabei sind zunächst die Fragen maßgebend:

Was? Lernziele, Lerninhalte

Wo? Betrieblicher Ausbildungsplatz, Schulungsmaßnahmen

Wie? Lehrmethoden

Wer? Ausbilder, Ausbildungsbeauftragte

Wann? Zeitrahmen

Die Frage „Was?" ist durch die jeweilige Ausbildungsverordnung in groben Zügen vorgegeben. Die einzelnen **Lernziele** sind jedoch zu **Lerneinheiten** zusammenzufassen, wobei die betrieblichen Gegebenheiten zu beachten sind. Fertigkeiten und Kenntnisse sollen so zusammengefasst werden, dass Ausbildungseinheiten entstehen, die bestimmten Funktionen (z.b. Verkauf, Rechnungswesen) oder bestimmten Abteilungen der Ausbildungsstätte (z.B. Kundenberatung, Marketing) zugeordnet werden können.

d) Betriebliche Versetzungspläne

Die zeitliche und sachliche Gliederung in Form von Versetzungsplänen für einzelne Bereiche oder Abteilungen können in einer Betriebsvereinbarung geregelt werden.

Aus dem **Versetzungsplan** sollte ersichtlich sein,

- wann der Auszubildende
- welchen Abteilungen
- für welche Dauer zugewiesen wird und
- welche Personen die Ansprechpartner des Auszubildenden sind.

Die JAV kann letztlich über den Betriebsrat gemäß § 98 Abs. 1 BetrVG rechtlich durchsetzen, dass ein verbindlicher und auf die betriebliche Situation angepasster Versetzungsplan erstellt wird. Die zeitliche und sachliche Gliederung in Form von Versetzungsplänen für einzelne Bereiche oder Abteilungen sollten stets durch eine Betriebsvereinbarung geregelt werden.

Gemeinsam mit den Ausbildungsverantwortlichen sollten Betriebsrat und JAV konkrete Versetzungspläne erstellen, die auch den Ausbildern in einzelnen Abteilungen bekannt gemacht werden müssen.

9.4.4 Ausbildungsfremde Tätigkeiten

Nach § 14 Abs. 2 BBiG dürfen Auszubildenden nur Aufgaben übertragen werden, die dem Ausbildungszweck dienen und ihren körperlichen Kräften angemessen sind.

Die Klärung der Frage, ob eine Aufgabe der Ausbildungsordnung entspricht oder ausbildungsfremd ist, hängt häufig vom jeweiligen Einzelfall ab. Entscheidend sind die jeweilige Berufsbildung und die jeweils pädagogischen Zielsetzungen.

Ständige Routinearbeiten ohne jeglichen Ausbildungsbezug, wie etwa reine Kopierarbeiten, Ablagetätigkeiten, sind als ausbildungsfremde Tätigkeiten zu werten, die der Auszubildende nicht verrichten muss. Diese Aufgaben dienen nicht der Erreichung des Ausbildungszweckes und sind deshalb unzulässig.

Auszubildende dürfen nicht als „billige Aushilfskräfte" zum Ausgleich für eine verfehlte Personalplanung eingesetzt werden. In der Praxis gibt es zahlreiche Beispiele für diese Verstöße: Dazu gehören etwa bloße Reinigungsarbeiten, die außerhalb der Verkaufs- und Lagerräume oder auf der Straße zu erledigen sind. Auch die Beauftragung des Auszubildenden, Frühstück durch Botengänge zu besorgen, ist unzulässig. Gleiches gilt für das Schneeschippen eines Auszubildenden zum Ausbildungsberuf des Bankkaufmanns. Der Ausbildende und der Ausbilder haben dafür zu sorgen, dass ausbildungsfremde Tätigkeiten unterbleiben. Die Missachtung dieser Verpflichtung berechtigt die JAV und den Betriebsrat dazu, hierauf hinzuweisen und auf eine diesbezügliche künftige Unterlassung hinzuwirken.

Die dem Auszubildenden übertragenen Aufgaben müssen zudem nach seinen körperlichen Kräften angemessen sein (vgl. § 14 Abs. 2 BBiG). Die Angemessenheit dieser Tätigkeiten muss sich nach der tatsächlichen aktuellen Verfassung des Auszubildenden richten. In der Praxis können dies schwere Lasten sein, die der Auszubildende zu tragen hat, wie etwa ein schwerer Teppich durch einen Auszubildenden im Einzelhandel. Einer diesbezüglichen ärztlichen Bescheinigung bedarf es hierfür nicht.

9.4.5 Wichtige gesetzliche Pflichten des Ausbildenden

9.4.5.1 Kostenlose Zurverfügungstellung von Ausbildungsmitteln

Der Ausbildende hat dem Auszubildenden nach § 14 Abs. 1 Nr. 3 BBiG die erforderlichen Ausbildungsmittel, insbesondere Werkzeuge, Werkstoffe und Fachliteratur, die erforderlich sind zum einen zur (betrieblichen) Berufsausbildung, zum anderen aber auch zum Ablegen von Zwischen- und Abschlussprüfungen, auch soweit diese nach Beendigung des Berufsausbildungsverhältnisses stattfinden, kostenlos zur Verfügung zu stellen. Hierbei handelt es sich um eine Regelung des BBiG, die sich in ihren Wirkungen nicht nur auf die innerbetriebliche Berufsausbildung beschränkt, sondern ausnahmsweise auch auf den Bereich der schulischen Ausbildung erstreckt: Danach hat der Ausbildende dem Auszubildenden neben Werkzeugen und Werkstoffen auch **Schulbücher** für den Berufsschulunterricht kostenlos zur Verfügung zu stellen, soweit er diese zum Ablegen der Zwischen- und Abschlussprüfungen benötigt.

In der betrieblichen Praxis ist – bedauerlicherweise (!) – immer wieder festzustellen, dass Arbeitgeber ihren Auszubildenden Arbeitsmittel unter Hinweis darauf „verkaufen" wollen, dass diese an sich weder zur betrieblichen Berufsausbildung noch zum Ablegen von Zwischen- und Abschlussprüfungen zwingend erforderlich sind, sich durch diese aber „besondere Ausbildungserfolge" erzielen lassen. Ein solcher „Deal" ist mit Sinn und Zweck des § 14 Abs. 1 Nr. 3 BBiG jedoch nicht zu vereinbaren, da diese Regelung unmissverständlich vorschreibt, dass dem Auszubildenden die erforderlichen Ausbildungsmittel „kostenlos" zur Verfügung zu stellen sind. Sind die ansonsten überlassenen Ausbildungsmittel für die innerbetriebliche Berufsausbildung und / oder zum Ablegen der Zwischen- und Abschlussprüfungen nicht geeignet, hat der Ausbildende dem Auszubildenden diejenigen weiteren Arbeitsmittel, die er diesem an sich „verkaufen" will, ebenfalls unentgeltlich zu überlassen, wobei der Auszubildende freilich nicht die Überlassung von neuwertigen, sondern (nur) von voll funktionsfähigen – u.U. auch bereits gebrauchten – Ausbildungsmitteln verlangen kann.

9.4.5.2 Berufsschule

Der Ausbildungsbetrieb hat den Auszubildenden für die Teilnahme am Berufsschulunterricht und an Prüfungen freizustellen (§ 15 Abs. 1 Satz 2 Nr. 1 und 4 BBiG). Darüber hinaus besteht nach § 14 Abs. 1 Nr. 4 BBiG auch die Pflicht, den Auszubildenden zum Besuch der Berufsschule anzuhalten. Fehlt ein Auszubildender im Berufsschulunterricht unentschuldigt, hat ihn der Ausbilder aufzufordern, die Schule zu besuchen. Durch das wiederholte „Schwänzen" des Berufsschulunterrichts verletzt umgekehrt der Auszubildende die ihm nach § 13 Satz 1 und 2 Nr. 2 BBiG i.V.m. § 15 Abs. 1 BBiG obliegende Lernpflicht, was vom Ausbildenden durch Abmahnung, ggf. sogar auch durch fristlose Kündigung des Berufsausbildungsverhältnisses gemäß § 22 Abs. 2 Nr. 1 BBiG geahndet werden kann.

Ausbildende dürfen Auszubildende vor einem vor 9 Uhr beginnenden Berufsschulunterricht nicht beschäftigen (§ 15 Abs. 1 Satz 1 BBiG). Sie haben Auszubildende gemäß § 15 Abs. 1 Satz 2 BBiG freizustellen

1. für die Teilnahme am Berufsschulunterricht,

2. an einem Berufsschultag mit mehr als fünf Unterrichtsstunden von mindestens je 45 Minuten, einmal in der Woche,

3. in Berufsschulwochen mit einem planmäßigen Blockunterricht von mindestens 25 Stunden an mindestens fünf Tagen,

4. für die Teilnahme an Prüfungen und Ausbildungsmaßnahmen, die auf Grund öffentlich-rechtlicher oder vertraglicher Bestimmungen außerhalb der Ausbildungsstätte durchzuführen sind, und

5. an einem Arbeitstag, der der schriftlichen Abschlussprüfung unmittelbar vorangeht.

Im Falle der Nr. 3 sind zusätzliche betriebliche Ausbildungsveranstaltungen bis zu zwei Stunden wöchentlich nach § 15 Abs. 1 Satz 3 BBiG zulässig.

Auf die Ausbildungszeit der Auszubildenden sind gemäß § 15 Abs. 2 BBiG anzurechnen:

1. die Berufsschulunterrichtszeit einschließlich der Pausen nach § 15 Abs. 1 Satz 2 Nr. 1 BBiG,

2. Berufsschultage nach § 15 Abs. 1 Satz 2 Nr. 2 BBiG mit der durchschnittlichen täglichen Ausbildungszeit,

3. Berufsschulwochen nach § 15 Abs. 1 Satz 2 Nr. 3 BBiG mit der durchschnittlichen wöchentlichen Ausbildungszeit,

4. die Freistellung nach § 15 Abs. 1 Satz 2 Nr. 4 BBiG mit der Zeit der Teilnahme einschließlich der Pausen und

5. die Freistellung nach § 15 Abs. 1 Satz 2 Nr. 5 BBiG mit der durchschnittlichen täglichen Ausbildungszeit.

Für Auszubildende unter 18 Jahren gelten nach § 15 Abs. 3 BBiG die weitgehend identischen Regelungen der §§ 9 und 10 JArbSchG.

Ein gesetzlicher Anspruch auf Übernahme der Fahrtkosten zum Besuch der Berufsschule besteht nicht. JAV und Betriebsrat können allerdings versuchen, auf freiwilliger Basis mit dem Arbeitgeber einen Fahrtkostenzuschuss zu vereinbaren.

9.4.5.3 Charakterliche Förderung

Der Ausbildungsbetrieb hat nach § 14 Abs. 1 Nr. 5 BBiG dafür zu sorgen, dass Auszubildende charakterlich gefördert sowie sittlich und körperlich nicht gefährdet werden. Einige Ausbilder meinen deshalb, eine Erziehung nachholen zu können, die bisher im Elternhaus versäumt wurde. Die charakterliche Förderung des Auszubildenden bedeutet jedoch nicht, dass ein Ausbilder die Rolle des Erziehungsberechtigten übernimmt. Vielmehr soll sich diese Förderung auf den betrieblichen Bereich beziehen, in dem die seelisch-geistige Entwicklung des Auszubildenden gefördert wird. Der Ausbilder hat auch Rücksicht zu nehmen, indem er eine Überforderung des Auszubildenden verhindert, die zu einem Gesundheitsschaden führen kann.

Dies bedeutet konkret, dass sich der Auszubildende im technischen und organisatorischen Bereich des Betriebes zurechtfinden soll und gleichzeitig soziale Kompetenzen vermittelt werden sollen. Hinzu kommt, dass Betriebe häufig Veränderungen ausgesetzt sind. Insbesondere verändern sich Tätigkeiten und wandeln sich die Anforderungen am Arbeitsplatz. Werden Auszubildende auf die hierfür erforderliche Flexibilität nicht vorbereitet, sind sie später als Arbeitnehmer schnell überfordert.

Der Begriff „soziale Kompetenz" dürfte den Umgang mit diesen steigenden Anforderungen zutreffend umschreiben. Persönlichen Fähigkeiten, die das Verhalten gegenüber anderen von einer individuellen auf eine gemeinschaftliche Handlungsorientierung ausrichten, fallen darunter. Wichtig ist dabei die Kommunikation, das Gespräch mit Kollegen, Vorgesetzten oder Kunden.

Auch die Zusammenarbeit im Team oder der Umgang mit Konflikten ist wichtig. Wie spreche ich Probleme an? Traue ich mich als Auszubildender, dem Ausbilder zu sagen, was mir noch unklar ist? All das soll „gelernt" werden und fällt unter die charakterliche Förderung.

Für den Ausbilder bedeutet dies auch, dass der Auszubildende kritikfähig sein muss und ihm die Möglichkeit zu geben ist, Ausbildungsinhalte, das Vorgehen im Betrieb oder Verhaltensweisen des Ausbilders in Frage stellen und offen diskutieren zu können.

Der Ausbildungsbetrieb hat nach § 14 Abs. 1 Nr. 5 BBiG weiterhin sicher zu stellen, dass der Auszubildende sittlich und körperlich nicht gefährdet wird.

In der Praxis bedeutet dies insbesondere, dass ein Ausbilder die Auszubildenden nicht körperlich züchtigen darf. Zu prüfen ist auch, ob der Auszubildende die vorgesehenen körperlichen Tätigkeiten ausüben kann. Das Tragen schwerer Gegenstände kann hier ebenso dazu gehören wie Arbeiten, bei denen die Gesundheit durch außergewöhnliche Hitze oder Kälte, Lärm oder Gefahrenstoffe – etwa bestimmte Chemikalien – gefährdet wird. Dazu gehören auch Aufgaben, bei denen der Auszubildende wegen mangelnder Erfahrung möglicherweise Unfallgefahren nicht erkennen kann.

Der Ausbilder hat schließlich das Entstehen von psychischen Beeinträchtigungen des Auszubildenden zu unterlassen. So muss er z.B. verhindern, dass der Auszubildende bei der Bewältigung von Tätigkeiten völlig überfordert wird. Verboten ist dem Ausbilder aber auch ein „psychisches Züchtigen" des Auszubildenden, etwa durch verletzende Kritik oder durch „Bloßstellen" vor anderen Auszubildenden, Arbeitskollegen oder Kunden wegen seiner – angeblich unzureichenden – Leistungen.

9.4.5.4 Ausbildungsnachweis

Der Auszubildende ist nach § 13 Satz 2 Nr. 7 BBiG zum Führen eines schriftlichen oder elektronischen Ausbildungsnachweises (früher: Berichtshefte) verpflichtet. Die Form des Ausbildungsnachweises muss gemäß § 11 Abs. 1 Satz 2 Nr. 10 BBiG in der Vertragsniederschrift aufgenommen werden. Der Ausbildende hat den Auszubildenden zum Führen der Ausbildungsnachweise anzuhalten und diese regelmäßig durchzusehen, § 14 Abs. 2 Satz 1 BBiG. Dem Auszubildenden ist Gelegenheit zu geben, den Ausbildungsnachweis am Arbeitsplatz zu führen (§ 14 Abs. 2 Satz 2 BBiG).

Der Ausbildungsnachweis soll der Systematisierung der Ausbildung dienen. Es wird dokumentiert, welche Kenntnisse und Fertigkeiten vermittelt wurden und in welchen Ausbildungsabschnitten die Ausbildung wann erfolgt ist. Aus Sicht des Auszubildenden ist besonders wichtig, dass der Ausbildungsnachweis ordnungs- und wahrheitsgemäß geführt wird. Es dürfen nur Tätigkeiten aufgeführt werden, die auch tatsächlich ausgeübt wurden. Denn der Ausbildungsnachweis dient als Nachweis gegenüber der zuständigen Stelle, etwa der Handwerkskammer oder Industrie- und Handelskammer (IHK). Kommt der Ausbildungsbetrieb seinen Pflichten nicht nach und kann der Auszubildende aus diesem Grund die Abschlussprüfung nicht bestehen, dient der Ausbildungsnachweis als wichtiges Beweismittel.

Da der Betriebsrat auch Sichtvermerke abzeichnen muss und hierbei die JAV zu beteiligen ist, kann auch die Arbeitnehmervertretung den Inhalt der tatsächlichen Ausbildung des einzelnen Auszubildenden nachvollziehen.

9.4.6 Ausbildungsbeauftragte

Eine besondere Bedeutung für die Qualität der Ausbildung haben die Ausbildungsbeauftragten.

Jeder Betrieb, jede Ausbildungsabteilung wäre überfordert, wenn es in den einzelnen Fachabteilungen keine Fachausbilder für die Auszubildenden gäbe. Diese werden üblicherweise als „Ausbildungsbeauftragte" in den jeweiligen Abteilungen, aber auch als „Ausbildungshilfen" oder „dezentrale Ausbilder" bezeichnet.

Die Ausbildungsbeauftragten haben neben der Betreuung der Auszubildenden primär andere Aufgaben zu erledigen. Es bedarf deshalb einer guten Organisation, um den Einbezug der dezentralen Ausbilder sicherzustellen. Denn der Ausbildungsbeauftragte hat nicht nur in fachlicher Hinsicht über Kenntnisse zu verfügen. Er muss auch pädagogische und didaktische Fähigkeiten haben. Pädagogische Fähigkeiten umfassen die Kenntnisse, „was" zu vermitteln ist. Dem Ausbildungsbeauftragten müssen also auch die Lernziele seines Bereiches aus dem betrieblichen Ausbildungsplan bekannt sein. Er sollte diese Lernziele auch in einzelne Schritte aufteilen können, wenn der Auszubildende dadurch besser lernen würde.

Didaktisches Geschick bedeutet, dass der Ausbilder weiß, „wie" er das Wissen vermittelt. Hier sind Lehrmethoden von Bedeutung.

Eine erste Übersicht macht deutlich, welche Punkte relevant sind:

- Sind dem Ausbildungsbeauftragten die zu vermittelnden Kenntnisse bekannt: „Was" ist zu vermitteln? Sind die Lernziele nach dem betrieblichen Ausbildungsplan bekannt?
- Sind die Lehrmethoden bekannt, also „wie" das Wissen vermittelt werden kann?
- Welche Vorkenntnisse hat der jeweilige Auszubildende? Welche Abteilungen wurden bereits durchlaufen?
- Welche Aufgaben fallen an, die der Auszubildende übernehmen kann?
- Hat der Auszubildende einen eigenen Ausbildungsplatz?
- Wie lange soll der Einsatz stattfinden? Wann sollte der Einsatz auf keinen Fall sein?

- Wie wird der Auszubildende integriert/vorgestellt?
- Welche Maßnahmen zum Datenschutz sind erforderlich?
- Welche Veränderungen bezogen auf Produkte, Dienstleistungen oder Arbeitsabläufe sind zu erwarten?
- Wer ist Ansprechpartner in der Ausbildungsabteilung?

Sinnvoll ist eine Regelung über einen bestimmten Zeitanteil für die Ausbildung. Diese Zeit sollten die Ausbildungsbeauftragten nicht nur für die Betreuung der Auszubildenden, sondern auch für die eigene Weiterbildung nicht nur in fachlicher, sondern auch didaktischer Hinsicht erhalten. Sinnvoll sind weiterhin Einarbeitungskonzepte für neue Ausbildungsbeauftragte, die Schulungsmaßnahmen zu folgenden Themen umfassen:

- rechtlicher Rahmen des Berufsbildungsgesetzes,
- Ausbildungsordnung/-verordnung und Ausbildungsplan,
- Anwendung des Beurteilungssystems und das Führen eines Beurteilungsgesprächs,
- pädagogische Kenntnisse,
- didaktische Kenntnisse.

Es können auch Qualifizierungsmaßnahmen zu Konfliktlösung, Moderation und Delegation erfolgen. Ein „Anreiz" für die Tätigkeit als Ausbildungsbeauftragter und deren ordnungsgemäße Wahrnehmung dürfte für die betroffenen Mitarbeiter zweifelsfrei die Gewährung einer diesbezüglichen (finanziellen) Zulage darstellen.

9.4.7 Verhalten von JAV und Betriebsrat bei Problemen mit dem Ausbilder

Die Ausbilder müssen nach § 30 Abs. 1 BBiG u.a. die berufs- und arbeitspädagogischen Fertigkeiten, Kenntnisse und Fähigkeiten besitzen, die für die Ermittlung der Ausbildungsinhalte erforderlich sind. Aufgabe der Ausbilder ist es, die notwendigen praktischen und theoretischen Kenntnisse zu vermitteln. JAV und Betriebsrat haben darauf zu achten, dass dem Ausbilder vom Arbeitgeber auch ausreichend Zeit für die Ausbildertätigkeit zur

Verfügung gestellt wird. Auch Weiterbildungsmöglichkeiten sollten angeboten werden.

Treten trotz zahlreicher Unterstützungsmaßnahmen vermehrt Probleme mit Ausbildern auf, stellt sich die Frage nach deren Eignung. Der Betriebsrat hat nach § 98 Abs. 2 BetrVG die Möglichkeit, die Abberufung eines Ausbilders zu beantragen, wenn dieser die arbeitspädagogische oder fachliche Eignung nicht besitzt oder seine Aufgabe vernachlässigt. Dies kann auch arbeitsgerichtlich durchgesetzt werden (siehe im Einzelnen § 98 Abs. 5 BetrVG). Hierzu hat das LAG Baden-Württemberg einem – bemerkenswerten – Beschluss vom 20.11.2017 (– 15 TaBV 2/17, LAGE § 98 BetrVG 2001 Nr. 1) u.a. folgendes ausgeführt:

> *„Dem Betriebsrat obliegt die ihm von § 99 Abs. 2 BetrVG anvertraute Überwachung der fachlichen Eignung einer mit der Durchführung der betrieblichen Berufsausbildung beauftragten Person eigenständig. An eine Bejahung der fachlichen Eignung durch die Industrie- und Handelskammer sind weder er noch die Gerichte für Arbeitssachen gebunden.*
>
> *Die fachliche Eignung i.S.v. § 98 Abs. 2 BetrVG eines Ausbilders i.S.v. § 28 Abs. 2 BBiG richtet sich nach § 30 BBiG. Der Ausbilder muss u.a. die beruflichen Fertigkeiten, Kenntnisse und Fähigkeiten besitzen, die für die Vermittlung der Ausbildungsinhalte erforderlich sind.*
>
> *Die eigene Ausbildung betrifft eine ‚entsprechende Fachrichtung' i.S.v. § 30 Abs. 2 Nr. 1 BBiG, wenn sie dem Ausbildungsberuf, für den er ausbilden soll, inhaltlich so weit angenähert ist, dass davon auszugehen ist, dass der Ausbilder auch die berufliche Handlungsfähigkeit dieses Ausbildungsberufs vermitteln kann.*
>
> *Eine dem Ausbilder eines ausbildenden Unternehmens teilweise fachliche Eignung kann durch eine Verbundausbildung i.S.v. § 10 Abs. 5 BBiG nicht kompensiert werden, wenn nicht geregelt ist, für welchen Ausbildungsabschnitt das andere Verbundunternehmen statt des ausbildenden Unternehmens die Verantwortlichkeit trägt, und wenn nicht in dem anderen Verbundunternehmen ein insoweit fachlich geeigneter weiterer Ausbilder für das Ausbildungsverhältnis bestellt ist.*
>
> *Eine Vernachlässigung der Aufgaben einer mit der Durchführung der betrieblichen Ausbildung beauftragten Person i.S.v. § 98*

Abs. 2 BetrVG liegt vor, wenn der Aufgabenträger seine Aufgaben nicht mit der erforderlichen Gewissenhaftigkeit ausführt und deshalb zu befürchten ist, dass die Auszubildenden das Ziel der Ausbildung nicht erreichen, ohne dass es auf ein Verschulden des Ausbildungsträgers ankommt.

Der Tatbestand der Vernachlässigung der Aufgaben eines Ausbilders i.S.v. § 98 Abs. 2 BetrVG ist zu bejahen, wenn der Ausbilder ohne sachlich vertretbaren Grund von einem vorhandenen betrieblichen Ausbildungsplan abweicht oder wenn er seiner Tätigkeit keinen vollständigen, nachvollziehbaren Ausbildungsplan zugrunde gelegt hat und nicht nachweisbar ist, dass aus besonderen Gründen kein Plan erforderlich war, um das Ausbildungsziel in der vorgesehenen Ausbildungszeit zu erreichen.

Allein der Umstand, dass in einem Betrieb bisher alle Auszubildenden die Prüfung überhaupt bestanden haben, schließt nicht aus, dass eine das Ausbildungsziel gefährdende Vernachlässigung der Aufgaben des Ausbilders i.S.v. § 98 Abs. 2 BetrVG vorliegt."

Bei dem Abberufungsverlangen gemäß § 98 Abs. 2 BetrVG sollte es sich aber erst um den letzten einzuleitenden Schritt von JAV und Betriebsrat handeln. Frühzeitig sollte bei Problemen mit dem Ausbilder direkt gesprochen werden. Es ist auch zu ermitteln, wie viel Zeit der Ausbilder für die Ausbildung zur Verfügung hat und welche Schulungsmaßnahmen er in fachlicher und pädagogischer Hinsicht besuchen konnte.

Sollten hier Mängel festgestellt werden, haben JAV und Betriebsrat den Arbeitgeber aufzufordern, den Zeitaufwand der Ausbildung in der Personalplanung zu berücksichtigen und dem Ausbilder Qualifizierungsmaßnahmen anzubieten.

Ziel der von der JAV und des Betriebsrats zu veranlassenden Maßnahmen muss es stets sein, den Ausbilder in die Lage zu versetzen, sein Wissen an die Auszubildenden unter Anwendung der geeigneten Lernmethoden verständlich und nachvollziehbar unter Beachtung der folgenden Erwägungen zu vermitteln:

Auszubildende sind junge Menschen, die sich noch in ihrer Entwicklung befinden. Deshalb hat der Ausbildungsbetrieb eine besondere Verantwortung.

Dazu können auch entwicklungsbedingte Probleme gehören. Auszubildende sind deshalb vom Ausbilder ernst zu nehmen und Kritik darf nicht in verletzender Form vorgenommen werden. Der Ausbilder hat hier eine Vorbildfunktion. Fehler sollten möglichst vom Auszubildenden selbst gefunden werden („Schauen Sie sich das noch einmal an."). Auch Anerkennung sollte geäußert werden.

Die Führung von Auszubildenden ist auch im Zusammenhang mit dem jeweiligen Entwicklungs- und Ausbildungsstand zu sehen. Der Umgang mit einem Auszubildenden aus dem ersten Ausbildungsjahr ist anders als mit Auszubildenden des dritten Ausbildungsjahres.

Es gibt einige pädagogische Prinzipien, die bei Einarbeitung von Auszubildenden zu beachten sind:

Vom Leichten zum Schwierigen

Aufgaben, die für einen ausgelernten Arbeitnehmer keine Schwierigkeiten bereiten, können für einen Auszubildenden äußerst schwierig sein. Der Auszubildende sollte deshalb schrittweise an immer schwierigere Tätigkeiten herangeführt werden.

Vom Einfachen zum Komplexen

Auch sollte kein zu umfangreiches Thema gewählt werden, sondern die Aufgaben zergliedert werden, wenn sie zu komplex erscheinen. Kleine, verdauliche Lernportionen kann der Auszubildende so besser aufnehmen.

Vom Bekannten zum Unbekannten

Unbekanntes erzeugt manchmal Unsicherheiten oder sogar Angst. Es sollte nach bekannten Anknüpfungspunkten aus der Erlebniswelt der Auszubildenden gesucht werden. Regeln oder Lehrsätze lassen sich leichter einsehen oder begreifen, wenn sie nicht losgelöst vom Alltag sind, sondern von der Wirklichkeit abgeleitet werden. Deshalb sind konkrete Beispiele wichtig.

9.4.8 Schulungsmaßnahmen für Auszubildende

Nicht nur der Ablauf der Ausbildung unterliegt der Mitbestimmung des Betriebsrates, sondern auch die Durchführung von Schulungsmaßnahmen nach § 98 Abs. 1 BetrVG. Dies können interne Qualifizierungsmaßnahmen oder innerbetrieblicher Unterricht sein:

- Wie und wann sind Qualifizierungsmaßnahmen zu organisieren? Dabei sind Personal, Zeitrahmen und Organisation zu planen. Es können sowohl interne als auch externe Schulungen stattfinden.
- Wer wird mit der Umsetzung der Personalentwicklung betraut?

Vor Durchführung der Qualifizierungsmaßnahmen hat gemäß § 98 Abs. 1 BetrVG eine Abstimmung und Verständigung zwischen Betriebsrat und Arbeitgeber zu erfolgen. Die Weiterbildungsmaßnahmen sind zeitlich und inhaltlich zu beschreiben und die Inhalte der Schulungsmaßnahme festzulegen. Auch ein Schulungsplan sollte Bestandteil der Vereinbarung sein:

- Wann soll was wie lange vermittelt werden?
- Welche Methoden finden Anwendung? Beispiele: Lehrvortrag, Gruppenarbeit oder Diskussion im Plenum.
- Welche überprüfbaren Lernziele sollen erreicht werden?

Gesetzlich sind keine bestimmten Methoden für den Ablauf von Schulungsmaßnahmen vorgeschrieben. Es kann deshalb

- arbeitsplatznahes Lernen,
- erfahrungsorientiertes Lernen, bei dem ältere Arbeitnehmer als Multiplikatoren eingesetzt werden

oder

- kooperatives, kollektives Lernen in Arbeitsgruppen

Anwendung finden.

Da die Qualität der Schulungsmaßnahme – trotz Vereinbarung zwischen Arbeitgeber und Betriebsrat – von verschiedenen Faktoren abhängt, haben viele Betriebsräte ein Nachschulungsrecht definiert.

Beispiel:

„Stellt sich innerhalb von 6 Monaten heraus, dass die Maßnahme nicht ausreichend war, hat der Arbeitnehmer (Auszubildende) Anspruch auf eine zusätzliche Qualifizierungsmaßnahme."

9.4.8.1 Besondere Anforderungen bei Einführung neuer Technik

Die Einführung neuer Technik erfordert besondere Qualifizierungsmaßnahmen. Es wird Sicherheit im Umgang mit IT-Technik, neuer Hard- und Software vorausgesetzt. Dazu dienen geeignete Qualifizierungsmaßnahmen, die die Anwendung neuer Programme verständlich vermitteln. Die Durchführung dieser betrieblichen Bildungsmaßnahmen unterliegt nach § 98 Abs. 1 BetrVG ebenfalls der Mitbestimmung des Betriebsrates. Der Betriebsrat muss darauf achten, dass ausreichend Zeit für Schulungen zur Verfügung gestellt wird. Die Maßnahmen müssen auch in zeitlicher Nähe zur Einführung der neuen Technik stattfinden. So wird eine Schulung, die bereits sechs Monate vor dem Einsatz der IT-Geräte erfolgt, regelmäßig erfolglos sein, sofern in der Zwischenzeit keine Möglichkeit zur Anwendung in der Praxis besteht. Das Gelernte wird so schnell vergessen.

Die Qualifizierungsmaßnahmen sollten weiterhin von didaktisch und inhaltlich geschulten Personen durchgeführt werden, die auch als Ansprechpartner während der Einführungsphase zur Verfügung stehen. Hilfreich kann auch ein Erfahrungsaustausch der Anwender sein, nachdem das System eingeführt wurde, damit gemeinsam über Programmfehler oder Anwendungsprobleme gesprochen werden kann.

9.4.8.2 Befragung der Auszubildenden zum Ablauf der Schulungsmaßnahmen

Wichtig ist die Frage: Wie haben die Auszubildenden die Qualifizierungsmaßnahme wahrgenommen? JAV und Betriebsrat können deshalb eine Befragung der Auszubildenden organisieren, um über die Qualität der Maßnahme Informationen zu erhalten.

Beispiele für mögliche Inhalte (Items) eines Fragebogens an die Teilnehmer können sein:

- „Die Maßnahme hat meine Erwartung erfüllt."
- „Der vermittelte Stoffumfang entsprach der Ankündigung."
- „Die Maßnahme war für meine Vorkenntnisse zu anspruchsvoll."
- „Die Lehrkraft konnte den Stoff anschaulich vermitteln."
- „Das Verhältnis Lernzeit zu Übungszeit war angemessen."
- „Die Mischung der Lernmethoden war dem Thema angemessen."
- „Die zur Verfügung gestellten Lernmaterialien waren gut geeignet."
- „Die Räumlichkeit war geeignet."
- „Die technische/mediale Ausstattung war zufriedenstellend."
- „Die Maßnahme war geeignet, die künftigen betrieblichen Anforderungen erfüllen zu können."

9.4.9 Sonderfall: Praktikum

In vielen Betrieben werden regelmäßig Praktikantenplätze angeboten. Ein Praktikum hilft, betriebliche Abläufe kennen zu lernen und eine Vorstellung von der Arbeit in einer Branche zu bekommen. Für junge Menschen bietet ein Praktikum damit die Möglichkeit, einen Einblick in das Berufsleben zu gewinnen, um später einen Ausbildungsplatz oder Arbeitsplatz erhalten zu können. Das Recht des Praktikanten auf Ausbildung hat der Betriebsrat zu überwachen. Denn es besteht auch die Gefahr, dass Praktikanten als „billige" und „motivierte" Arbeitskräfte eingeplant werden und dadurch reguläre Arbeitsplätze gefährdet werden.

Wer ist Praktikant?

Als **Praktikant** wird allgemein eine Person bezeichnet,
- die eine bestimmte Dauer in einem Betrieb tätig ist,
- um sich dort zur Vorbereitung auf einen Beruf die notwendigen praktischen Kenntnisse oder Erfahrungen anzueignen.

Beteiligungsrechte des Betriebsrats

Betriebsrat und JAV sollten sich zunächst einen Überblick über die Praktikumsarten im Betrieb verschaffen. Die Art des Praktikums kann entscheidend sein bei den Beteiligungsmöglichkeiten des Betriebsrats in der Praxis.

Bei Schülerpraktikanten und Studierenden, die im Rahmen ihres Studiums eine vorgeschriebene Praxisstation in einem Betrieb absolvieren, hat der Betriebsrat nur eingeschränkte Beteiligungsrechte, weil diese Praktika den Schul- und Hochschulgesetzen unterliegen. Bei diesen Praktikanten besteht lediglich ein Überwachungsauftrag, ob etwa Arbeitszeitbestimmungen eingehalten werden.

Bei den **anderen Praktikumsarten**, nämlich

- bei Ferienpraktikanten, d.h. Schüler im freiwilligen Praktikum während der Ferienzeit

- bei Praktikanten, die von der Bundesagentur für Arbeit zur Eingliederung ins Berufsleben vermittelt werden

- bei Praktikanten mit oder ohne Studierendenstatus/Studienabschluss im freiwilligen Praktikum

und

- bei Praktikanten in vollzeitschulischen Ausbildungsgängen, die im Rahmen einer außerbetrieblichen Ausbildung oder einer vollzeitschulischen Ausbildung ein Praktikum absolvieren,

bestehen **weitgehende Rechte des Betriebsrats**, die hier kurz dargestellt werden. Dies dürfte die überwiegende Zahl der Praktikumsplätze im Betrieb sein, in denen ein Praktikum häufig als „Probearbeiten" vor Abschluss eines Ausbildungs- oder Arbeitsvertrages gesehen wird.

Eine wichtige Vorschrift für Praktikanten enthält das Berufsbildungsgesetz in § 26 („Andere Vertragsverhältnisse"). Danach gilt – soweit nicht ein Arbeitsverhältnis vereinbart ist – für Personen, die eingestellt werden, um berufliche Fertigkeiten, Kenntnisse, Fähigkeiten oder berufliche Erfahrungen zu erwerben, ohne dass es sich um eine Berufsausbildung i.S. des BBiG handelt, u.a. § 14 BBiG. Im Hinblick auf Abs. 1 Nr. 1 der letztgenannten

Bestimmung ist der Arbeitgeber verpflichtet, den Praktikumsablauf zu strukturieren.

Wie kann der Betriebsrat einen Überblick über Art und Anzahl der Praktikanten erhalten?

Nach § 80 Abs. 1 Satz 1 Halbsatz 2 BetrVG hat der Betriebsrat einen Anspruch gegen den Arbeitgeber auf rechtzeitige und umfassende Unterrichtung auch über solche Personen, die bei diesem beschäftigt sind und nicht in einem Arbeitsverhältnis zu diesem stehen. Hierzu gehören ohne weiteres auch Praktikanten, so dass der Arbeitgeber dem Betriebsrat nähere Angaben über diese Personen machen muss. Ein Informationsanspruch des Betriebsrats gegen den Arbeitgeber über befristet beschäftigte Arbeitnehmer ergibt sich zudem aus § 20 TzBfG.

Wichtig: ein Praktikumsablaufplan

Eine klare Gliederung des Praktikums ist sowohl für die Praktikanten als auch für deren Ansprechpartner von besonderer Bedeutung. Nach § 26 BBiG i.V.m. § 14 Abs. 1 Nr. 1 BBiG hat der Betrieb dafür zu sorgen, dass den Praktikanten die berufliche Handlungsfähigkeit vermittelt wird. Das Praktikum ist planmäßig, zeitlich und sachlich gegliedert zu gestalten.

Für die Praxis bedeutet dies, dass sich – wie beim betrieblichen Ausbildungsplan für Auszubildende – eine klare Gliederung aus einem Praktikumsablaufplan ergeben sollte, aus dem die zeitliche und sachliche Gliederung des Praktikums ersichtlich ist. Der Betriebsrat sollte sich über den geplanten Ablauf des Praktikums unterrichten lassen, wobei insbesondere folgende Fragen zu klären sind:

- Wie wird das „Lernen" organisiert?
- Erfolgt die Betreuung durch feste Ansprechpartner?
- Wie ist der „Ausbildungsplatz" ausgestattet? Sind ausreichend Räumlichkeiten und technische Ausstattungen vorhanden?

Mitbestimmung bei fachlicher und zeitlicher Gliederung des Praktikums

Der Betriebsrat kann rechtlich durchsetzen, dass ein verbindlicher und auf die betriebliche Situation angepasster Praktikumsablaufplan erstellt wird. Denn nach § 98 Abs. 1 BetrVG besteht Mitbestimmung des Betriebsrates bei der Umsetzung von betrieblichen Bildungsmaßnahmen. Die zeitliche und sachliche Gliederung in Form von Versetzungsplänen für einzelne Bereiche oder Abteilungen sollten durch eine Betriebsvereinbarung geregelt werden.

Der Praktikumsablaufplan ist nach sachlogischen und pädagogischen Aspekten aufzubauen und hat sich an folgenden Fragen zu orientieren:

- Wann wird
- was
- wie lange

vermittelt?

Der Ablaufplan ist auch den jeweiligen Ansprechpartnern der Praktikanten bekannt zu geben.

Die Praktikanten sollten gezielt über Aufgaben und betriebliche Arbeit von Betriebsrat und JAV informiert werden. Dies kann erfolgen, indem

- sich Betriebsrat und JAV während einer vom Betrieb veranstalteten offiziellen Begrüßung der Praktikanten vorstellen. Ein Eingangsgespräch, in dem die Erwartungen der Teilnehmer an die Zeit im Betrieb thematisiert werden, bietet eine gute Möglichkeit für einen persönlichen Kontakt.
- Auch die persönliche Vorstellung am Praktikumsplatz von JAV- und Betriebsratsmitgliedern ist möglich.

Nur durch das Engagement von Betriebsrat und JAV kann in vielen Betrieben eine hohe Qualität des Praktikums sichergestellt werden.

9.5 Beurteilungssysteme für Auszubildende

Beurteilungssysteme sind für Auszubildende von erheblicher Bedeutung und deshalb auch für die JAV ein wichtiges Thema.

Diese unterliegen der – erzwingbaren – Mitbestimmung des Betriebsrats gemäß § 94 Abs. 2 i.V.m. Abs. 1 Satz 1 BetrVG, wonach die Aufstellung von allgemeinen Beurteilungsgrundsätzen der Zustimmung des Betriebsrats bedarf.

9.5.1 Reichweite der Mitbestimmung bei Beurteilungssystemen

Aus dem gesetzlich geregelten Erfordernis der „Zustimmung" des Betriebsrats zur Aufstellung von allgemeinen Beurteilungsgrundsätzen ergibt sich, dass zwar der Betriebsrat selbst die Einführung von Beurteilungsgrundsätzen nicht gegen den Willen des Arbeitgebers erzwingen kann. Wenn aber der Arbeitgeber solche Beurteilungsgrundsätze für Auszubildende einführen will, hat der Betriebsrat mitzubestimmen darüber,

- ob solche Grundsätze überhaupt eingeführt werden sollen

  und

- wenn ja, welche Inhalte diese haben sollen.

Im Einzelnen muss zwischen Arbeitgeber und Betriebsrat Einvernehmen darüber erzielt werden,

- welche Beurteilungskriterien gelten sollen,
- welche Gewichtung die einzelnen Beurteilungskriterien haben sollen

  und

- welche Beurteilungsverfahren angewendet werden sollen.

Kommt eine Einigung zwischen dem Arbeitgeber und dem Betriebsrat hierüber nicht zustande, kann entweder vom Arbeitgeber oder vom Betriebsrat die Einigungsstelle angerufen werden, die eine für die Betriebsparteien verbindliche Entscheidung trifft, § 94 Abs. 2 i.V.m. Abs. 1 Satz 2 und 3 BetrVG.

Die einseitige Aufstellung und Anwendung von Beurteilungsgrundsätzen durch den Arbeitgeber ohne Zustimmung des Betriebsrats stellt eine Verletzung von betriebsverfassungsrechtlichen Pflichten dar, deren Unterlassung der Betriebsrat nach § 23 Abs. 3 BetrVG im arbeitsgerichtlichen Beschlussverfahren verlangen kann.

Das Mitbestimmungsrecht des Betriebsrats aus § 94 Abs. 2 BetrVG entfällt gemäß § 77 Abs. 3 Satz 1 BetrVG, wenn und soweit die Einführung und Anwendung von Beurteilungsgrundsätzen in einem auf den Betrieb anwendbaren Tarifvertrag abschließend geregelt sind.

9.5.2 Typische Beurteilungsfehler

Soweit in Betrieben Beurteilungssysteme für Auszubildende Anwendung finden, muss Ziel einer jeden Beurteilung größtmögliche Objektivität sein. Zentrale Schwierigkeiten sind dabei zum einen die zutreffende Ermittlung und Erfassung aller für die Beurteilung relevanten Informationen, zum anderen aber auch psychologische Phänomene, die dem Beurteilenden eine objektive Bewertung erschweren können.

So kann das persönliche Verhältnis des beurteilenden Ausbilders zum Auszubildenden in erheblichem Umfang die Beurteilung von dessen Leistungen und Fähigkeiten beeinflussen. Persönliche Differenzen erschweren es mitunter nicht selten, dass gute Leistungen des Auszubildenden vom Ausbilder anerkannt werden.

Typische Beurteilungsfehler in der Praxis sind insbesondere:

Verallgemeinerungsfehler

Erheblicher Zeitdruck in den Betrieben kann dazu führen, dass der Ausbilder von einer beobachteten Situation auf das Gesamtbild des Auszubildenden Schlüsse zieht.

Beispiel:

Der Ausbilder sieht, wie der Auszubildende in der Mittagspause alleine an einem Tisch sitzt. Eine mögliche Schlussfolgerung des Ausbilders kann sein, es handele sich bei dem Auszubildenden um einen „Eigenbrödler". Tatsächlich wollte der Auszubildende jedoch nur die Pause zur Erholung nutzen, weil er zuvor eine Vielzahl von Kundengesprächen führen musste.

Wahrnehmungsfehler

Vorurteile können den Beurteilenden unbewusst beeinflussen, so dass sich einseitige oder bösartige Kategorisierungen von Menschen auf die Beurteilungen auswirken.

Beispiel:

Eine Auszubildende erinnert den Ausbilder von ihrem äußeren Erscheinungsbild an seine frühere Lebensgefährtin, die ihn betrogen und verlassen hat. Unbewusst können dadurch bestimmte negative Emotionen auf die Auszubildende projiziert werden.

Maßstabfehler

Um Maßstabfehler handelt es sich, wenn der Ausbilder der Bewertung der Leistungen des Auszubildenden Kriterien zugrunde legt, die er als Maßstäbe für seine eigene Arbeit hat und die vom Auszubildenden mangels entsprechender Berufserfahrung von vornherein nicht erfüllt werden können.

9.5.3 Kriterien eines guten Beurteilungssystems

Folgende Faktoren spielen dabei zunächst eine wichtige Rolle:

- Beobachten und Beschreiben:
  Die Bewertung des Auszubildenden setzt zunächst voraus, dass der Beurteilende den Auszubildenden in dem zu beurteilenden Zeitraum auch tatsächlich beobachtet. Ein Ausbilder oder Ausbildungsbeauftragter, der den Auszubildenden nicht in der betrieblichen Praxis, etwa im Produktionsprozess oder gegenüber den Kunden erlebt, kann dessen Leistungen

naturgemäß auch nicht bewerten. Eine Beobachtung über einen längeren Zeitraum setzt auch voraus, dass sich der Ausbilder in der Zwischenzeit über das Lernverhalten des Auszubildenden Notizen macht, zumal Ausbildungsabschnitte mehrere Monate dauern können.

- Bewerten:
  Nach dem Prozess der Beobachtung ist die Bewertung anhand der Beurteilungskriterien vorzunehmen.

- Besprechen:
  Wichtig ist jedoch, dass der Beurteilende auch ein Gespräch mit dem Auszubildenden führt, seine Positionen erläutert, aktiv zuhört und sich mit den Darlegungen des Auszubildenden auseinandersetzt, um möglicherweise seine Bewertungen zu überdenken. Im Gespräch ist auch der Blick in die Zukunft wichtig, denn im Falle von Negativbewertungen, ist eine mögliche Abhilfe in Betracht zu ziehen, etwa durch Nachschulungen oder einen erneuten Aufenthalt in dem Ausbildungsabschnitt.

Die Beurteilungskriterien sind unter folgenden Gesichtspunkten sorgfältig auszuwählen:

- Entscheidend sind zunächst gut beobachtbare und ausbildungsrelevante Kriterien.

- Die Kriterien müssen zu den Anforderungen an den Ausbildungsplatz passen.

- Um die Übersichtlichkeit für Beurteiler und Auszubildenden sicher zu stellen, sollte die Anzahl der Beurteilungskriterien begrenzt werden.

- Es ist zu entscheiden, ob es neben dem kriterienorientierten Verfahren auch die Möglichkeit zu „freien Formulierungen" geben soll, also individuelle Ergänzungen der jeweiligen Beurteilungskriterien oder Anmerkungen zu den einzelnen Bewertungsstufen durch den Ausbilder.

- Zu klären ist schließlich, ob es unterschiedliche Kriterien je nach Abteilung oder Ausbildungsabschnitt geben sollte.

9.5.4 Checkliste: Eckpunkte einer Betriebsvereinbarung zum Beurteilungssystem

Person des Beurteilenden

- In Betracht kommen: Der Ausbilder (bedenklich, sofern dieser kaum Kontakt zum Auszubildenden hat); der Ausbildungsbeauftragte der Abteilung; der Sachbearbeiter, der den Auszubildenden tatsächlich anlernt.
- Eine objektive Beurteilung kann nur erstellen, wer auch regelmäßig im Austausch mit dem Auszubildenden steht. Sollte der Beurteiler seinen Vorgesetzten einbeziehen müssen, wäre eine denkbare Alternative, dass der Vorgesetzte vorab eine Information und nach dem Gespräch zwischen dem Auszubildenden und dem Ausbilder bzw. Ausbildungsbeauftragten eine Kopie der Beurteilung erhält.

Vorbereitung des Beurteilungsgesprächs

- Vorherige Information des Auszubildenden über den Zeitpunkt des Beurteilungsgesprächs zum Zwecke der Vorbereitung auf dieses.
- In vielen Betrieben hat es sich bewährt, dem Auszubildenden vorab einen Entwurf der Beurteilung zur Verfügung zu stellen.

Beurteilungsgespräch

- Das Beurteilungsgespräch ist rechtzeitig zu terminieren.
- Gespräche sollten nicht unter Zeitdruck stattfinden.
- Festlegung der Teilnehmer an dem Beurteilungsgespräch.
- Bei den Gesprächsanteilen ist darauf zu achten, dass Beurteilender und Auszubildender gleichberechtigte Gesprächspartner sind.

Ableitung von Konsequenzen / Maßnahmen

- Mögliche Maßnahmen können z.B. eine Nachschulung, externe Weiterbildungsmöglichkeiten oder ein erneuter Aufenthalt im Ausbildungsbereich sein.
- Diesbezügliche Maßnahmen sollten „vereinbart" werden.

- Eine Absicherung für Auszubildende aus rechtlicher Sicht wäre die Formulierung: „Die Beurteilung wird nicht zum Anlass einer Abmahnung oder weitergehender arbeitsrechtlicher Konsequenzen genommen."

Konfliktfallregelung

Eine Regelung bei Nichteinigung zwischen Ausbilder und Auszubildenden zum Beurteilungsinhalt oder zu einzelnen Beurteilungskriterien ist wichtig. Dabei sind folgende Verfahren möglich:

- Kein Auflösungszwang – Strittige Punkte können auch nebeneinander stehen gelassen werden, z.b. durch Aussetzen eines Beurteilungskriteriums.

- Soll die Angelegenheit geregelt werden, ist dies durch Einbeziehung des nächsthöheren Vorgesetzten sowie des Betriebsrats und der JAV möglich.

- Kommissionslösung durch einen paritätischen Ausschuss, der aus Arbeitgebervertretern und Betriebsrat/JAV besteht.

Informationspflichten

- Führungskräfte und Mitarbeiter sollten stets vorab über das Verfahren informiert werden.

9.5.5 Lernzielkontrollen

Eine Alternative oder Ergänzung zu (bestehenden) Beurteilungssystemen stellen die sog. „Lernzielkontrollen" dar. Diese orientieren sich nach Maßgabe des Ausbildungsplans am Grundsatz des Förderns. Sie bieten die Möglichkeit, eher Mängel bei der Ausbildung zu erkennen und damit zur Verbesserung der Ausbildungsqualität zu dienen. Sinn und Zweck von Lernzielkontrollen ist es, das Erreichen der Lernziele der Auszubildenden auf der Basis des betrieblichen Ausbildungsplans zu ermitteln und etwaige Defizite zu beseitigen.

Bei der Erarbeitung von **Lernzielkontrollen** sind folgende Faktoren zu beachten:

Vorrang der Ausbildungsinhalte

Allein ausbildungsplatzbezogene Kriterien sind von Relevanz. Bei Lernzielkontrollen haben deshalb die Ausbildungsinhalte oberste Priorität. So sind etwa bei der Beobachtung eines kaufmännischen Auszubildenden grundsätzlich nur die Bearbeitung von Kundenaufträgen mit Schriftwechsel, die Vorbereitung sowie die abschließende Eingabe des Vorganges, nicht aber dessen äußeres Erscheinungsbild von Bedeutung. Etwas anderes gilt allerdings ausnahmsweise dann, wenn der Auszubildende auch Kundenkontakte hat.

Erkennen der Problematik eines Notensystems

Ein Noten- oder Punktesystem („gut bis mangelhaft") gibt einer Beurteilung normalerweise einen objektiven Anstrich. Dabei bleibt unberücksichtigt, dass Noten subjektiv vergeben werden.

Auch ist es fraglich, wie dieses System die Motivation erhöhen soll. Eine „gute Note" kann es häufig nur in Abgrenzung zu anderen Auszubildenden geben. Dieser Vergleich kann zu einem übermäßigen Konkurrenzverhältnis der Auszubildenden untereinander führen. Das Erreichen guter Noten sagt noch nichts über das Erreichen der Ausbildungsziele aus. Bei der Lernzielkontrolle ist deshalb nur noch von Bedeutung, ob das Lernziel erreicht wurde.

Erkennbarkeit der Ursachen von etwaigen Defiziten

Die Ursachen von etwaigen Defiziten sind zu analysieren. Gründe für diese können sein:

- Nicht verständliche Vermittlung des Lernstoffs
- Verrichtung von Aushilfstätigkeiten durch den Auszubildenden in anderen Bereichen während des zu bewertenden Zeitraums

- Fehlende ausreichende Qualifizierung des Ausbilders

Der Ablauf der Ausbildung wird durch die Lernzielkontrolle transparenter. Probleme werden dadurch sichtbar und nicht nur am Verhalten des Auszubildenden manifestiert.

Lernangebote für Auszubildende

Werden Defizite durch die Lernzielkontrolle offensichtlich, muss dies auch Konsequenzen haben, etwa in der Weise, dass dem Auszubildenden zusätzliche Lernangebote gemacht werden, zusätzliche Schulungen seitens der Ausbildungsleitung durchgeführt werden oder der Aufenthalt des Auszubildenden in einer Abteilung verlängert wird.

9.5.5.1 Vorteile von Lernzielkontrollen

Dem Arbeitgeber gegenüber sollten die Vorteile der Lernzielkontrolle für alle Beteiligten verdeutlicht werden:

- Der Ausbildungsfortschritt wird dokumentiert.
- Der Ausbildungsstand wird regelmäßig überprüft.
- Der Ablauf der Ausbildung wird nachvollziehbarer.
- Der Informationsfluss zwischen Ausbildungsabteilung, Ausbilder und Auszubildenden kann leichter erfolgen, da regelmäßig Gespräche zur Lernzielkontrolle anstehen.
- Die Verantwortlichkeit für Fördermaßnahmen kann besser organisiert werden.

Auch für den Auszubildenden hat die Lernzielkontrolle Vorteile. Sie dient nicht als Instrument zur Disziplinierung. Vielmehr erfolgt damit lediglich eine ausbildungsbezogene Beobachtung mit den Zielen, den Ausbildungsstand regelmäßig zu kontrollieren und etwaige Mängel der Ausbildung besser zu erkennen.

Wenngleich die Einführung von Lernzielkontrollen insbesondere für die Ausbildungsabteilung mit mehr Aufwand verbunden sein mag, als die Einführung der bisherigen Beurteilungssysteme, dienen sie letztlich ganz erheblich zur Verbesserung der Ausbildungsqualität, da sie zum einen die Feststellung ermöglichen, ob die Lernziele in den jeweiligen Ausbildungsabschnitten erreicht wurden und bislang nicht bekannte Defizite vorhanden sind.

9.5.5.2 Bogen zur Lernzielkontrolle

Für die Lernzielkontrolle ist ein Formular („Bogen zur Lernzielkontrolle") zu entwerfen, das folgende Struktur aufweisen sollte:

- **Name des Auszubildenden.**
- **Name des Ausbilders.** Dadurch kann nachvollzogen werden, ob ein qualifizierter Ausbilder mit der Betreuung des Auszubildenden betraut war. Zugleich wird damit ein Ansprechpartner für den Betriebsrat und die JAV eindeutig benannt.
- **Bezeichnung des Ausbildungsabschnitts** (Abteilung oder Fachbereich).
- **Geplanter und tatsächlicher Zeitraum der Anwesenheit.** Fehlzeiten aufgrund von Krankheit oder wegen Urlaubs können Hinweise auf Gründe für die Nichterreichung von Lernzielen geben.
- **Kenntnisse und Fähigkeiten, die in dem Ausbildungsabschnitt zu vermitteln sind.** Hier sollten auch frei formulierbare Angaben möglich sein, damit die Lernziele des jeweiligen Ausbildungsabschnittes entsprechend dem betrieblichen Ausbildungsplan aufgeführt werden können.
- **Form der Lernzielkontrolle.** Damit wird dokumentiert, wie der Ausbilder zur Einschätzung über die Erreichung eines Lernziels gelangt ist. Dies können z.B. Beobachtungen der praktischen Tätigkeit, eine schriftliche Ausarbeitung des Auszubildenden oder auch Arbeitsgruppenergebnisse sein.
- **Ausbildungsziel.** Hierbei sollte die Möglichkeit zum Ankreuzen „erreicht/ nicht erreicht" gegeben sein.

- **Gründe bei Nichterreichung der Ausbildungsziele.** Es sollten auch Art und Umfang der nicht vermittelten Kenntnisse angegeben werden.
- **Fördermaßnahmen.** Wurden Lernziele nicht erreicht, sind Maßnahmen zur Behebung dieser Mängel aufzuführen.

Muster eines Bogens zur Lernzielkontrolle

Werkzeugmechaniker Stanz- und Umformtechnik im 3. Ausbildungsjahr

Name: ………   Ausbildungsabteilung ………   Ausbilder: ………

Zu vermittelnde Ausbildungsziele gemäß betrieblichem Ausbildungsplan

Nachfolgend aufgeführte Ausbildungsziele beziehen sich nur auf die o.g. Abteilung

Lernziel erreicht:

- Werkzeugmaschinen einrichten   ja – nein
- Werkzeuge, Vorrichtungen und Lehren   ja – nein
  unter Beachtung der Maßtoleranzen und
  durch Messen, Lehren und Sichtprüfungen
  funktionsgerecht ausrichten und die Lage sichern
- ……………………………   ja – nein

Werden Ausbildungsziele nicht erreicht, so sind hierzu Erläuterungen über Art und Umfang zu geben:

………………………………………………………………………

Aus welchen Gründen wurden Ausbildungsziele nicht erreicht:

………………………………………………………………………

Werden Ausbildungsziele nicht erreicht, so werden folgende Maßnahmen zur Beseitigung der nicht erreichten Ausbildungsziele vereinbart:

Umsetzung bis: ………

9.6 Fragebogenaktionen durch die JAV

Im Rahmen ihrer gesetzlichen Aufgaben kann die JAV – nach Zustimmung des Betriebsrats – auch sog. Fragebogenaktionen durchführen, um sich Informationen über die Meinungen und Probleme der jugendlichen Arbeitnehmer und der Auszubildenden unter 25 Jahren zu verschaffen. Diese Informationen stellen gewissermaßen eine Bestandsaufnahme aus Sicht der betroffenen Personen dar und sind ein für die JAV und den Betriebsrat wichtiges Messinstrument. Die dadurch entstehenden Kosten hat – sofern sie zur Durchführung der Fragebogenaktion erforderlich und die einzelnen Fragen zulässig sind – grundsätzlich der Arbeitgeber zu tragen. Die Auswertung der Fragen kann auf einer JA-Versammlung dargestellt werden.

Allgemeine Themen, wie etwa

- „Die Kollegen sollen einmal selbst zu Wort kommen."

  und

- „Es sollen Aufschlüsse über die Ausbildungssituation gewonnen werden."

sind zwar wichtig, jedoch müssen sie bei einer Befragung spezifischer formuliert werden. Ein Ziel kann es sein, die Ausbildungsbedingungen zu verbessern, indem ermittelt wird, in welchen Abteilungen welche Probleme bestehen.

Eine Befragung lässt sich in folgende drei Phasen untergliedern:

- In der **Planungs- und Vorbereitungsphase** geht es um die Konzeptentwicklung, die Arbeitsteilung innerhalb von Betriebsrat und JAV und die Klärung der Zielsetzung.

- In der **Durchführungsphase** erfolgen nicht nur die Datenerhebung und die Datenauswertung. Auch die Information der Auszubildenden, die Werbung für die Teilnahme an der Befragung ist dabei von Bedeutung.

- Die Diskussion über die Ergebnisse und die Einleitung von Maßnahmen bzw. Forderungen sind wesentliche Bestandteile der **Umsetzungsphase**.

9.6.1 Planungs- und Vorbereitungsphase

Es gibt unterschiedliche Formen der Befragung. Es kann ein repräsentativer Durchschnitt gebildet werden, so dass nur Teilbefragungen erfolgen. Eine von JAV und Betriebsrat durchgeführte Befragung macht jedoch häufig nur Sinn, wenn alle Auszubildenden beteiligt werden.

Zu unterscheiden ist weiterhin zwischen Interviews, d.h. mündlichen Befragungen, und Fragebogenaktionen. Bei den Befragungstypen ist wie folgt zu differenzieren:

- **Aktionsbefragungen mit wenigen Fragen**
  Bei dieser Umfrage wird auf einen aktuellen Anlass reagiert. Die Befragung lässt sich schnell durchführen, zur Vorbereitung reichen häufig einige Tage. Der Inhalt ist klar zu umschreiben. Dies kann die Ausbildungssituation in einer bestimmten Abteilung sein. Für die Auswertung reicht ein Zählbogen.

- **Befragungen zu breiter angelegten Themen**
  Dies kann eine Befragung zur Ausbildungsqualität im gesamten Betrieb und zu dem Verhältnis von Ausbildern und Auszubildenden mit offenen Antwortmöglichkeiten sein. Erforderlich hierfür ist eine rechtzeitige Vorbereitung. Auch die Auswertung muss frühzeitig geplant werden. Besonders wichtig dabei sind konkrete Absprachen zwischen der JAV und dem Betriebsrat.

Dient ein Fragebogen einer ersten Informationssammlung, kann er auch aus nur zwei oder drei kurzen Fragen bestehen.

Für die Gestaltung des Fragebogens sollten JAV und Betriebsrat ausreichend Zeit einplanen. Denn bei den Fragestellungen ist bereits an die Auswertungsmöglichkeiten zu denken. Von besonderer Bedeutung ist die Formulierung der Fragen. Folgende Grundsätze sind hierbei zu beachten:

- einfache und geläufige Formulierungen,
- einfache, aber vollständige Sätze,
- Vermeidung von „Reizwörtern",
- Vermeidung von suggestiven Formulierungen,
- die Fragen sollten sich genau auf einen Aspekt beziehen,

- die Fragen müssen für den Befragten verständlich und sinnvoll formuliert sein.

JAV und Betriebsrat sollten sich bei jeder Frage überlegen:
- Was wollen wir eigentlich wissen?
- Warum stellen wir genau diese Fragen?
- Wie genau formulieren wir im Hinblick auf unseren Informationsbedarf die Fragen?
- Welche Art von Fragen und Antwortmöglichkeiten nutzen wir?

Aktivierende Elemente einer Befragung sind Fragen, bei denen „frei" geantwortet werden kann, d.h. keine Antworten vorgegeben sind. Es wird unterschieden zwischen offenen und geschlossenen Fragen. Während bei offenen Fragen keine Antwortmöglichkeiten vorgegeben werden, enthalten geschlossene Fragen „Ja/Nein"- oder mehrere Antwortmöglichkeiten, wie z.B.

Muster Befragung

- „Was stört besonders in der Abteilung?

  ....

  ...."

- „Können nach der Einarbeitung die Arbeiten eigenverantwortlich durchgeführt werden?

      O selten/nie   O manchmal   O häufig"

- „Was müsste verbessert werden: ...."

9.6.2 Durchführungsphase

Die Durchführungsphase umfasst zunächst die Sensibilisierung der Auszubildenden. Die Befragung sollte frühzeitig von einer offensiven Öffentlichkeitsarbeit begleitet werden. Die Auszubildenden müssen über Ziele und Ablauf der Befragung informiert werden. Wichtig ist

- die Betonung der Anonymität

sowie

- die Zusicherung der umfassenden und zeitnahen Information über die Ergebnisse der Befragung.

Die Informationen sollten nach und nach erfolgen. Einer Erstankündigung sollten weitere Informationen über Ziel und Ablauf der Befragung folgen. Es können auch Nutzenargumente für die Mitarbeiter benannt werden.

Die Rücklaufquote kann durch „Nachfass-Aktionen" verbessert werden. Durch den Versand von Erinnerungsschreiben kann die Ausschöpfungsquote verbessert werden. Dies ist zwar ein zusätzlicher Aufwand, der sich häufig aber lohnt.

Nach dem Rücklauf der Fragebögen müssen die Daten erfasst werden. Bei Darstellung der Befragungsergebnisse sollten folgende Grundsätze beachtet werden:

- Alle Phasen des Befragungsprozesses müssen so dargestellt werden, dass sie für die Auszubildenden nachvollziehbar sind.
- Alle Fragen des Fragebogens sind im Wortlaut wiederzugeben.

Wichtig ist eine zeitnahe Information, da sich bei den Auszubildenden eine Erwartungshaltung entwickelt. Die Ergebnisse können durch einen schriftlichen Bericht oder auf einer JA-Versammlung dargestellt werden.

Muster: Fragen zur Ausbildungsqualität

Struktur der Ausbildung

Wurde der betriebliche Ausbildungsplan ausgehändigt? O Ja O Nein

Wird der betriebliche Ausbildungsplan eingehalten? O Ja O Nein

In welchen Bereichen gibt es Probleme?

....

Wenn ja, welche?

....

Werden die zum Erreichen des Ausbildungszieles notwendigen Kenntnisse und Fähigkeiten vermittelt?

....

Fachliche Qualität der Ausbildung und Lernbedingungen

In welchem Umfang müssen Tätigkeiten übernommen werden, die nichts mit dem Ausbildungsziel zu tun haben?

O nie   O ab und zu   O häufig   O ständig

Folgende ausbildungsfremde Tätigkeiten müssen verrichtet werden:

....

Ausbilder

Gibt es in den Abteilungen Ansprechpartner
für die Auszubildenden? O Ja O Nein

Können die Ausbilder fachlich die nach Ausbildungsplan erforderlichen Kenntnisse und Fähigkeiten vermitteln? O Ja O Nein

Probleme in der Betreuung treten in der jeweiligen Abteilung auf:

Abteilung...................

Probleme:...

9.6.3 Umsetzungsphase

Die Umsetzungsphase besteht aus den Schlussforderungen der Befragung und der weiteren Vorgehensweise, bei der folgende Überlegungen anzustellen sind:

- Was wollen die Auszubildenden tatsächlich?
- Wo müsste – etwa in Gesprächen mit den Auszubildenden – nachgefragt werden, um genauere Aussagen treffen zu können?
- Wie können JAV und Betriebsrat jetzt vorgehen? Welche Beteiligungsrechte des Betriebsrates helfen hier konkret weiter?

Für die JAV ist mit der Auswertung der Befragungsergebnisse die Arbeit nicht beendet. Vielmehr beginnt sie im Prinzip erst jetzt, da etwa erforderliche Veränderungen im Interesse der Auszubildenden nunmehr zu veranlassen sind.

9.7 Übernahme der Auszubildenden in ein Arbeitsverhältnis

Die Übernahme der Auszubildenden ist in immer mehr Betrieben Diskussionsthema. Die Nicht-Übernahme bedeutet, dass ein junger Mensch keine Möglichkeit hat, in seinem Beruf Erfahrung zu sammeln und weitere Kenntnisse zu erwerben. Dabei sprechen eine ganze Reihe von Gründen für die Übernahme: Nicht nur gesellschaftspolitische Erwägungen, da Auszubildenden eine berufliche Perspektive gegeben wird. Das Sichern von Fachkräften für den Betrieb ist angesichts der Debatte um Fachkräftemangel ebenso von Bedeutung wie der Anspruch, einer personellen Unterbesetzung der Belegschaft entgegen zu wirken, um so gegen Leistungsverdichtung und Stress im Unternehmen anzugehen. Die Abwanderung ausgebildeter Fachkräfte vermindert darüber hinaus die Möglichkeiten zur strukturpolitischen Entwicklung der Regionen.

Die JAV hat nach § 70 Abs. 1 Nr. 1 BetrVG auch Maßnahmen „in Fragen der Übernahme der zu ihrer Berufsausbildung Beschäftigten in ein Arbeitsverhältnis beim Betriebsrat zu beantragen". Betriebsrat und JAV sind deshalb gefordert, ein gemeinsames Vorgehen zu entwickeln.

9.7.1 Regelmäßiges Ende des Ausbildungsverhältnisses nach dem BBiG und Formen der Übernahme

Gemäß § 21 Abs. 1 Satz 1 BBiG endet das Berufsausbildungsverhältnis grundsätzlich mit Ablauf der Ausbildungszeit. Im Falle der Stufenausbildung endet es mit Ablauf der letzten Stufe, § 21 Abs. 1 Satz 2 BBiG. Bestehen Auszubildende vor Ablauf der Ausbildungszeit die Abschlussprüfung, so endet das Berufsausbildungsverhältnis nach § 21 Abs. 2 mit Bekanntgabe des Ergebnisses durch den Prüfungsausschuss.

„Verlängerungsmöglichkeiten" sind im BBiG nur an zwei Stellen vorgesehen, nämlich in § 21 Abs. 3 und § 8 Abs. 2 Satz 1. Bestehen Auszubildende die Abschlussprüfung nicht, so verlängert sich das Berufsausbildungsverhältnis bis zur nächst möglichen Wiederholungsprüfung, höchstens um ein Jahr (§ 21 Abs. 3 BBiG). Außerdem kann die zuständige Stelle in Ausnahmefällen auf Antrag Auszubildender die Ausbildungszeit verlängern, wenn die Verlängerung erforderlich ist, um das Ausbildungsziel zu erreichen (§ 8 Abs. 2 Satz 1 BBiG).

Das Berufsausbildungsverhältnis ist nach alledem vom BBiG auf ein von vornherein zeitlich begrenztes Vertragsverhältnis ausgerichtet. Bei der – automatischen – Beendigung des Berufsausbildungsvertrags durch Zeitablauf oder Bestehen der Abschlussprüfung hat der Betriebsrat keine Beteiligungsrechte, wie etwa bei Kündigungen, vor denen er gemäß § 102 BetrVG anzuhören ist.

Zur Übernahme eines Auszubildenden in ein Arbeitsverhältnis nach Beendigung des Berufsausbildungsverhältnisses ist der Arbeitgeber – abgesehen vom Sonderfall der Übernahme von Jugend- und Auszubildendenvertretern gemäß § 78a BetrVG (s. dazu im Einzelnen u. 11.3) – rechtlich grundsätzlich nicht verpflichtet. Die Übernahme hängt damit vom Einverständnis des Arbeitgebers ab und kann in unterschiedlichen Formen erfolgen.

Für die Jugend- und Auszubildendenvertretung sollte die Forderung nach der Übernahme in ein **unbefristetes Vollzeitarbeitsverhältnis** an erster Stelle stehen.

Lässt sich der Arbeitgeber hierauf nicht ein, gibt es folgende Alternativen, die gewissermaßen als „Notlösungen" anzusehen sind:

In Betracht kommt zunächst die Übernahme in ein **befristetes Vollzeitarbeitsverhältnis**, das nach Zeitablauf automatisch endet.

Für die betroffenen Mitarbeiter hat die Übernahme in ein befristetes Vollzeitarbeitsverhältnis den Vorteil, dass sie nach Beendigung der Ausbildung berufliche Erfahrungen in der Praxis sammeln können. Dies erhöht die Chancen für Bewerbungen auf eine interne Stelle oder bei einem anderen Arbeitgeber.

Auch besteht die Möglichkeit, dass das befristete Arbeitsverhältnis – nach einiger Zeit – in ein unbefristetes umgewandelt wird.

Eine weitere Variante ist die Übernahme in ein **unbefristetes Teilzeitarbeitsverhältnis**. Teilzeitarbeit bedeutet eine reduzierte Vergütung, da die Arbeitszeit verkürzt ist. Für den Arbeitnehmer bietet diese Form der Übernahme die Möglichkeit, praktische Erfahrungen im erlernten Beruf sammeln zu können und im bisherigen Ausbildungsbetrieb weiter tätig zu sein. Sofern eine freie Vollzeitstelle ausgeschrieben ist, kann sich der Beschäftigte darauf bewerben.

Allerdings sollte die Reduzierung der Arbeitszeit auch ein existenzsicherndes Einkommen ermöglichen. Darüber hinaus ist sicherzustellen, dass dem Mitarbeiter, sofern gewünscht, die erleichterte Möglichkeit zur Nebentätigkeit gegeben wird.

Nach § 7 Abs. 1 TzBfG hat der Arbeitgeber einen Arbeitsplatz, den er öffentlich oder innerhalb des Betriebes ausschreibt, auch als Teilzeitarbeitsplatz auszuschreiben, wenn sich der Arbeitsplatz hierfür eignet. Ist der Arbeitgeber bereit, Arbeitsplätze auch mit Teilzeitbeschäftigten zu besetzen, ist bereits in der Ausschreibung darauf hinzuweisen.

Eine letzte Variante stellt die Übernahme in ein **befristetes Teilzeitarbeitsverhältnis** dar. Bei dieser besteht wenigstens die Möglichkeit, Berufspraxis zu erwerben. Die Betroffenen müssen bei dieser Variante jedoch berücksichtigen, dass sie sowohl ein geringeres Einkommen als auch später ggf. ein geringeres Arbeitslosengeld erhalten.

Die JAV sollte deshalb in diesem Fall gemeinsam mit dem Betriebsrat darauf drängen, Bedingungen zur Umwandlung in ein unbefristetes Arbeitsverhältnis festzulegen, um das Risiko der Arbeitslosigkeit zu reduzieren.

9.7.2 Rahmenbedingungen für die befristete Übernahme oder die Übernahme in (befristete) Teilzeit

Die rechtlichen Rahmenbedingungen für befristete Arbeitsverträge und Teilzeitbeschäftigte sind im Teilzeit- und Befristungsgesetz (TzBfG) geregelt.

Ein befristet Beschäftigter darf wegen der Befristung des Arbeitsvertrags nicht schlechter behandelt werden, als ein vergleichbarer unbefristet beschäftigter Arbeitnehmer, es sei denn, dass sachliche Gründe eine unterschiedliche Behandlung rechtfertigen, § 4 Abs. 2 Satz 1 TzBfG. Ein willkürliches Vorgehen des Arbeitgebers gegenüber befristet beschäftigten Arbeitnehmern ist demnach verboten.

Entsprechendes gilt für teilzeitbeschäftigte Arbeitnehmer: Diese dürfen gemäß § 4 Abs. 1 Satz 1 TzBfG wegen der Teilzeitarbeit nicht schlechter behandelt werden, als ein vergleichbarer vollzeitbeschäftigter Arbeitnehmer, es sei denn, dass sachliche Gründe eine unterschiedliche Behandlung rechtfertigen.

Der Arbeitgeber ist zur Transparenz gegenüber befristet Beschäftigten verpflichtet, um deren Chancen zur Umwandlung in ein unbefristetes Arbeitsverhältnis zu verbessern. So muss er nach § 18 Satz 1 TzBfG alle befristet beschäftigten Arbeitnehmer über unbefristete Arbeitsplätze informieren, die besetzt werden sollen. Die Information kann durch allgemeine Bekanntgabe an geeigneter, den Arbeitnehmern zugänglicher Stelle im Betrieb und Unternehmen, etwa durch Aushang am „Schwarzen Brett" oder diesbezügliche Mitteilung im Intranet, erfolgen (§ 18 Satz 2 TzBfG).

Der Arbeitgeber hat zudem die Arbeitnehmervertretung nach § 20 TzBfG über die Anzahl der befristet beschäftigten Arbeitnehmer und ihren Anteil an der Gesamtbelegschaft des Betriebes und des Unternehmens zu informieren.

9.7.3 Möglichkeiten der Befristung des Arbeitsverhältnisses

Befristet beschäftigt ist ein Arbeitnehmer mit einem auf bestimmte Zeit geschlossenen Arbeitsvertrag (§ 3 Abs. 1 Satz 1 TzBfG). Ein befristeter Arbeitsvertrag liegt gemäß § 3 Abs. 1 Satz 2 TzBfG vor, wenn

- seine Dauer kalendermäßig bestimmt ist (kalendermäßig befristeter Arbeitsvertrag)

oder

- die Dauer sich aus Art, Zweck oder Beschaffenheit der Arbeitsleistung ergibt (zweckbefristeter Arbeitsvertrag).

Die Befristung eines Arbeitsvertrags bedarf zu ihrer Wirksamkeit stets der Schriftform, § 14 Abs. 4 TzBfG. Sofern die Befristungsabrede nicht schriftlich vereinbart worden ist, ist die Befristung unwirksam, d.h. der Arbeitsvertrag gilt auf unbestimmte Zeit als geschlossen.

Weiterhin muss die Dauer der Befristung dem Arbeitsvertrag zweifelsfrei zu entnehmen sein. So muss bei einem kalendermäßig befristeten Arbeitsvertrag das genaue Datum angegeben werden, zu dem das Arbeitsverhältnis endet. Bei einem zweckbefristeten Arbeitsvertrag ist der Befristungszweck anzugeben, etwa durch folgende Formulierung: „Die Einstellung erfolgt für die Dauer der Vertretung während der Elternzeit des Mitarbeiters / der Mitarbeiterin …"

Das TzBfG unterscheidet in § 14 zwischen sog. **sachgrundlosen Befristungen** (§ 14 Abs. 2 TzBfG) und sog. **Sachgrundbefristungen** (§ 14 Abs. 1 TzBfG).

9.7.3.1 Sachgrundlose Befristungen

Die kalendermäßige Befristung eines Arbeitsvertrags ohne Vorliegen eines sachlichen Grundes ist gemäß § 14 Abs. 2 Satz 1 Halbsatz 1 TzBfG bis zur Dauer von zwei Jahren zulässig. Bis zu dieser Gesamtdauer von zwei Jahren ist auch die höchstens dreimalige Verlängerung eines kalendermäßig befristeten Arbeitsvertrags zulässig, § 14 Abs. 2 Satz 1 Halbsatz 2 TzBfG. Durch Tarifvertrag können sowohl die Höchstdauer der Befristungen als auch die Anzahl der Verlängerungen abweichend davon geregelt werden (§ 14 Abs. 2 Satz 3 TzBfG).

Zu beachten ist hierbei aber, dass eine sachgrundlose Befristung nach § 14 Abs. 1 Satz 1 TzBfG gemäß § 14 Abs. 1 Satz 2 TzBfG nicht zulässig ist, wenn mit demselben Arbeitgeber bereits zuvor ein befristetes oder unbefristetes Arbeitsverhältnis bestanden hat. Nachdem das BAG in einer Grundsatzentscheidung vom 21.09.2011 angenommen hat, dass ein Berufsausbildungsverhältnis kein Arbeitsverhältnis i.S. des Vorbeschäftigungsverbots für eine sachgrundlose Befristung in § 14 Abs. 2 Satz 2 TzBfG ist (BAG-Urteil vom 21.09.2011 – 7 AZR 375/10, AP Nr. 86 zu § 14 TzBfG), geht der Arbeitgeber bei (zeitweiser) Übernahme eines Auszubildenden nach Beendigung des Berufsausbildungsverhältnisses durch Abschluss eines sachgrundlos befristeten Arbeitsvertrags unter Wahrung der Voraussetzungen des § 14 Abs. 2 Satz 1 TzBfG – anders als bei Sachgrundbefristungen i.S.v. § 14 Abs. 1 TzBfG (s.u. 9.7.3.2) – regelmäßig kein rechtliches Risiko ein.

9.7.3.2 Sachgrundbefristungen

Unabhängig von der Möglichkeit der sachgrundlosen Befristung eines Arbeitsverhältnisses i.S.v. § 14 Abs. 2 Satz 1 TzBfG ist die Befristung des Arbeitsverhältnisses nach § 14 Abs. 1 Satz 1 TzBfG auch dann zulässig, wenn sie durch einen „sachlichen Grund gerechtfertigt ist". Ein sachlicher Grund liegt nach § 14 Abs. 1 Satz 2 TzBfG insbesondere vor, wenn

1. der betriebliche Bedarf an der Arbeitsleistung nur vorübergehend besteht,

2. die Befristung im Anschluss an eine Ausbildung oder ein Studium erfolgt, um den Übergang des Arbeitnehmers in eine Anschlussbeschäftigung zu erleichtern,

3. der Arbeitnehmer zur Vertretung eines anderen Arbeitnehmers beschäftigt wird,

4. die Eigenart der Arbeitsleistung die Befristung rechtfertigt,

5. die Befristung zur Erprobung erfolgt,

6. in der Person des Arbeitnehmers liegende Gründe die Befristung rechtfertigen,

7. der Arbeitnehmer aus Haushaltsmitteln vergütet wird, die haushaltsrechtlich für eine befristete Beschäftigung bestimmt sind, und er entsprechend beschäftigt wird,

8. die Befristung auf einem gerichtlichen Vergleich beruht.

Die zulässige (Höchst-)Dauer der Befristung ist gesetzlich nicht vorgegeben, sondern richtet sich nach dem jeweiligen Befristungsgrund.

Fairerweise muss erwähnt werden, dass der Abschluss von befristeten Arbeitsverträgen mit Sachgrund i.S.v. § 14 Abs. 1 TzBfG nicht frei von Risiken ist, da das Vorliegen eines solchen Sachgrunds der uneingeschränkten Überprüfung durch die Arbeitsgerichte unterliegt und diese unter Anwendung der – kaum noch überschaubaren – Rechtsprechung des BAG bezüglich der Voraussetzungen der einzelnen Befristungsgründe zu dem Ergebnis gelangen können, dass es im Gegensatz zur Annahme des Arbeitgebers am Vorliegen eines Sachgrunds fehlt.

9.7.4 Erfordernis der Information von JAV und Betriebsrat

Damit sich die JAV und der Betriebsrat mit der Problematik der Übernahme von Auszubildenden in ein Arbeitsverhältnis inhaltlich auseinandersetzen können, sind zunächst Informationen über die personelle Situation des Unternehmens und die künftige Planung des Arbeitgebers wichtig. Letzterer ist nach § 80 Abs. 2 Satz 1 BetrVG zur rechtzeitigen und umfassenden Information des Betriebsrats verpflichtet.

Gemäß **§ 90 Abs. 1 BetrVG** hat der Arbeitgeber den Betriebsrat rechtzeitig unter Vorlage der erforderlichen Unterlagen über Planungen

- von Neu-, Um- und Erweiterungsbauten von Fabrikations-, Verwaltungs- und sonstigen betrieblichen Räumen,
- von technischen Anlagen,
- von Arbeitsverfahren und Arbeitsabläufen oder
- der Arbeitsplätze

zu unterrichten.

Die Unterrichtung ist „rechtzeitig" in diesem Sinne, wenn dies so früh erfolgt, dass der Betriebsrat vor der Entscheidung des Arbeitgebers und bevor Tatsachen geschaffen werden, die Möglichkeit hat, sich mit dem Thema auseinander zu setzen. Der Betriebsrat ist bereits zu informieren, wenn der Unternehmer erste Überlegungen in Fragen des Arbeitsplatzabbaus anstellt. Denn der Betriebsrat ist in die Lage zu versetzen, in eigener Verantwortung zu prüfen, ob und welche Aufgaben sich aus dieser Information für das Gremium ergeben. Der Betriebsrat muss die Möglichkeit haben, seine Vorstellungen in den Entscheidungsprozess des Unternehmens einzubringen.

Eine umfassende Information darf sich nicht nur auf den Umfang der geplanten Maßnahmen und die zu erwartenden Auswirkungen auf die Mitarbeiter beschränken, sondern muss auch die Gründe für die Planungen umfassen.

Die Informationen zur Personalplanung können nur hilfreich sein, wenn sie frühzeitig zur Verfügung stehen. Zur Argumentation gegenüber dem Arbeitgeber sind die Unterrichtungsrechte zur Personalplanung nach § 92 BetrVG bei Fragen der Übernahme von besonderer Bedeutung. Häufige Fehler in dieser Informationsphase sind u.a.:

- Die vom Arbeitgeber erteilten Informationen und mitgeteilten Ziele werden nicht genau überprüft.
- Zusätzliche Informationen werden zu spät oder gar nicht angefordert.
- Unterlagen zur wirtschaftlichen Situation liegen nicht vor bzw. werden nicht angefordert.
- Voreilige Zusagen werden dem Arbeitgeber gegenüber gemacht, die nach ausführlicher Information nicht mehr revidiert werden können.
- Handlungsmöglichkeiten durch Einbezug der Beschäftigten werden nicht beachtet.
- Betriebsrat und JAV lassen sich unter Zeitdruck setzen und vereinbaren bereits Verhandlungstermine, obwohl die Dauer der Vorbereitungsphase noch nicht absehbar ist.
- Unzureichende Organisation der JAV- und Betriebsratsarbeit: Termine für Betriebsratssitzungen werden nicht rechtzeitig abgestimmt, keine Verantwortlichen benannt bzw. keine Arbeitsgruppen organisiert.

9.7.5 Gemeinsame Vorgehensweise von JAV und Betriebsrat zur Übernahme von Auszubildenden

Nach § 70 Abs. 1 BetrVG hat die JAV Maßnahmen, die der Übernahme der Auszubildenden in ein Arbeitsverhältnis dienen, beim Betriebsrat zu beantragen. Die JAV kann deshalb dafür sorgen, dass der Betriebsrat diese Angelegenheit auf die nächste Tagesordnung setzt. Diese Regelung gibt der JAV besondere Handlungsmöglichkeiten. Voraussetzung ist jedoch, dass die JAV zunächst selbst in einer Sitzung darüber beraten und einen Beschluss gefasst hat. Der Beschluss ist Grundlage für den Antrag an den Betriebsrat bzw. dessen Vorsitzenden. Gleichzeitig sollte die JAV das Thema eingehend beraten, um es mit dem Betriebsrat sachkundig besprechen zu können und auf Diskussionen vorbereitet zu sein.

Nach § 92a BetrVG kann der Betriebsrat dem Arbeitgeber Vorschläge zur Beschäftigungssicherung und -förderung machen. Unter „Beschäftigungsförderung" fällt auch die Schaffung zusätzlicher Arbeitsplätze. Dazu können u.a. Vorschläge gehören, die der Übernahme von Auszubildenden dienen. Diese Vorschläge können unterschieden werden nach

- Vorschlägen im personellen Bereich

  und

- Vorschlägen zu wirtschaftlichen Angelegenheiten des Unternehmens.

Hierunter fällt auch die Förderung der Teilzeitarbeit bei den Beschäftigten im Betrieb. Nach § 2 Abs. 1 des Teilzeit- und Befristungsgesetzes (TzBfG) ist ein Arbeitnehmer teilzeitbeschäftigt, wenn dessen regelmäßige Wochenarbeitszeit kürzer ist als die eines vergleichbaren vollzeitbeschäftigten Arbeitnehmers.

Eine betriebliche Regelung kann das Gesetz ergänzen und Beschäftigte zur Beantragung von Teilzeitarbeit motivieren. Ziele sollten die Förderung der Zeitsouveränität der Mitarbeiter, die Verbesserung der Vereinbarkeit von Beruf und Familie und die Arbeitsplatzsicherung sein.

Durch eine **betriebliche Regelung** kann die Förderung von Teilzeitarbeit verbessert werden, indem

- Arbeitgeber und Betriebsrat im Betrieb für Teilzeitarbeit werben,
- Teilzeitbeschäftigte – zumindest befristet – einen finanziellen Zuschuss erhalten,
- der Arbeitgeber dem Antrag auf Teilzeit nur widersprechen kann, wenn dringende betriebliche Belange dem entgegenstehen (das TzBfG sieht in § 8 Abs. 4 TzBfG Widerspruchsmöglichkeiten des Arbeitgebers bereits bei „betrieblichen Gründen" vor),
- keine Benachteiligung von Teilzeitbeschäftigten erfolgt, wie etwa bei der Gewährung von Sonderzahlungen.

Die Absicherung der Beschäftigten durch eine Betriebsvereinbarung zur Teilzeit kann die Zahl der Teilzeitverlangen seitens der Mitarbeiter erhöhen. Durch eine solche freiwillige Reduzierung der Arbeitszeit wird damit Auszubildenden die Möglichkeit zur Übernahme gegeben, sofern ausreichend Beschäftigte dazu bereit sind.

Auch die Erleichterung des unbezahlten Urlaubes kann Beschäftigte motivieren, aus persönlichen Gründen eine unbezahlte Freistellung zu beantragen.

9.7.5.1 Vorschläge zur Kostensenkung

Der Betriebsrat hat nach § 92a Abs. 1 BetrVG das Recht, Vorschläge zu unternehmerischen Entscheidungen zu unterbreiten. Der Betriebsrat muss deshalb prüfen, ob die Planungen des Arbeitgebers zum Arbeitsplatzabbau oder zur Nichtübernahme von Auszubildenden führen können.

Zunächst muss sich der Betriebsrat einen Überblick über die anstehende Planung verschaffen. Falls ein Wirtschaftsausschuss besteht, sollte auch dieser zumindest folgende Informationen zu den im Unternehmen geplanten Investitionen anfordern:

- Wie hoch ist das geplante Gesamtvolumen, unterteilt nach Sach- und Finanzinvestitionen?
- Wie teilt sich das Investitionsvolumen auf einzelne Abteilungen und Bereiche des Betriebes oder Unternehmens auf?
- Welche Kosten-Nutzen-Analysen anhand verschiedener Szenarien liegen vor?

Auch sind Fragen zum wirtschaftlichen Nutzen der geplanten Investitionen von Bedeutung, wie etwa die folgenden:

- Können durch die Investitionen neue Produkte angeboten werden?
- Können dadurch neue Dienstleistungen angeboten werden?
- Können neue Kunden gewonnen werden?
- Gibt es für diese neuen Produkte oder Dienstleistungen Absatzmöglichkeiten?
- Die vom Arbeitgeber hierfür genannten Zahlen muss sich der Betriebsrat ggf. genau erläutern lassen. Auch auf Sachzwangargumente des Arbeitgebers kann der Betriebsrat mit weiteren kritischen Fragen reagieren.

Pauschale Behauptungen, nach denen beispielsweise die Wettbewerbsfähigkeit des Unternehmens gefährdet sei, müssen durch insoweit aussagekräftige Unterlagen belegt werden.

Eine ähnliche Vorgehensweise bietet sich nach § 92a BetrVG bei der Situation der Sachkosten an. Dabei sind folgende Fragen von Relevanz:

- Wie setzen sich die Sachkosten zusammen?
- Wie haben sich die Sachkosten in den letzten Jahren entwickelt?
- Liegen dem Wirtschaftsausschuss bereits Kostenstellenberichte vor, aus denen die Planung der Sachkosten hervorgeht?

Der Betriebsrat sollte diese wirtschaftlichen Kennzahlen analysieren und sodann Vorschläge nach § 92a BetrVG erarbeiten, welche Sachkosten reduziert werden können, um im Gegenzug die Übernahme von Auszubildenden zu erreichen.

Der Betriebsrat hat nach § 106 BetrVG über den Wirtschaftsausschuss weitergehende Möglichkeiten, die Erteilung von Informationen und die Vorlage von Planungsunterlagen durchzusetzen. Der Wirtschaftsausschuss ist in allen wirtschaftlichen Angelegenheiten zu unterrichten. Fehlen Informationen, können diese – ggf. im Wege des Einigungsstellenverfahrens nach § 109 BetrVG – angefordert werden.

Nach § 106 Abs. 2 Satz 1 BetrVG hat der Unternehmer den Wirtschaftsausschuss rechtzeitig und umfassend über die wirtschaftlichen Angelegenheiten des Unternehmens unter Vorlage der erforderlichen Unterlagen zu unterrichten, soweit dadurch nicht die Betriebs- und Geschäftsgeheimnisse des Unternehmens gefährdet werden. Dabei sind auch die Auswirkungen auf die Personalplanung darzustellen (§ 106 Abs. 2 Satz 1 letzter Halbsatz BetrVG).

Zu den **wirtschaftlichen Angelegenheiten**, über die der Arbeitgeber den Wirtschaftsausschuss zu informieren hat, gehören insbesondere

- die wirtschaftliche und finanzielle Lage des Unternehmens,
- die Produktions- und Absatzlage,
- das Produktions- und Investitionsprogramm,
- Rationalisierungsvorhaben,
- Fabrikations- und Arbeitsmethoden, insbesondere die Einführung neuer Arbeitsmethoden,
- Fragen des betrieblichen Umweltschutzes,
- die Einschränkung oder Stilllegung von Betrieben oder von Betriebsteilen,
- die Verlegung von Betrieben oder Betriebsteilen,
- der Zusammenschluss oder die Spaltung von Unternehmen oder Betrieben,
- die Änderung der Betriebsorganisation oder des Betriebszwecks.

Weitere Angelegenheiten werden unter § 106 Abs. 3 Nr. 10 BetrVG genannt. Danach ist der Wirtschaftsausschuss auch über sonstige Vorgänge und Vorhaben zu unterrichten, welche die Interessen der Arbeitnehmer des Unternehmens wesentlich berühren können. Sämtliche wirtschaftlichen Planungen der Unternehmensleitung, die Auswirkungen auf die Beschäftigten haben können, sind danach dem Wirtschaftsausschuss zur Beratung vorzutragen. Der Betriebsrat kann somit über den Wirtschaftsausschuss umfassende Unterlagen über die unternehmerischen Planungen erhalten.

Die aufgeführten Bereiche, über die der Unternehmer den Wirtschaftsausschuss zu informieren hat, sind sehr umfassend. Zu den Angelegenheiten, über die der Wirtschaftsausschuss nach § 106 Abs. 3 BetrVG zu unterrichten ist, gehören auch diejenigen, die aus Sicht des Betriebsrates Arbeitsplätze gefährden können und die Übernahme von Auszubildenden betreffen.

9.7.5.2 Einsatz der Mitbestimmungsrechte im Rahmen der Übernahme-Erörterungen

Die im BetrVG geregelten Mitbestimmungsrechte bieten dem Betriebsrat weitgehende Möglichkeiten. Gelingt es der JAV und dem Betriebsrat im Rahmen der Verhandlungen mit dem Arbeitgeber nicht, Übernahmeregelungen hinsichtlich der Auszubildenden nach der Beendigung ihrer Berufsausbildungsverhältnisse zu erreichen, muss sodann über eine entschlossene Strategie beraten werden. Zu prüfen ist dabei, ob und inwieweit insbesondere die Mitbestimmungsrechte des Betriebsrats bei der vorübergehenden Verlängerung der betriebsüblichen Arbeitszeit nach § 87 Abs. 1 Nr. 3 BetrVG sowie bei Einstellungen nach § 99 BetrVG gewissermaßen „einzusetzen" sind.

Werden trotz absehbarer Nichtübernahme von Auszubildenden ständig Überstunden geleistet, so indiziert dies einen Bedarf an – weiterem – Personal. Die Absicherung der Auszubildenden sollte insoweit für den Betriebsrat vorrangig sein. Deshalb muss der Betriebsrat die Möglichkeit zur Ablehnung von Überstunden nutzen. Dem Unternehmer ist bereits im Vorfeld deutlich zu machen, dass ein Verzicht auf die Beschäftigung der bisherigen Auszubildenden auch Konsequenzen hat. Nur so kann ein Umdenken erreicht werden. Bei der Verweigerung der nach § 87 Abs. 1 Nr. 3 BetrVG erforderlichen Zustimmung zu beabsichtigen Überstunden wird der Arbeitgeber, sofern er die Überstunden gleichwohl anordnen will, gemäß § 87

Abs. 2 BetrVG in die Durchführung eines diesbezüglichen Einigungsstellenverfahrens i.S.v. § 76 BetrVG sozusagen „gezwungen". Auch möglicherweise bestehende, ausgeweitete Arbeitszeitkonten – beispielsweise ein Arbeitszeitrahmen mit bis zu 50 Plusstunden im Halbjahr – sollten von JAV und Betriebsrat in diesem Zusammenhang in Frage gestellt werden. Wenn die Übernahme der Auszubildenden gefährdet ist, bleibt es dem Betriebsrat unbenommen, in einer Betriebsratssitzung offen die Kündigung der diesbezüglichen Arbeitszeitregelungen zu erörtern.

Sollte der Arbeitgeber beabsichtigen, Auszubildende nicht zu übernehmen, wären damit Neueinstellungen von Arbeitnehmern, insbesondere in den Ausbildungsberufen der Auszubildenden nur schwerlich zu vereinbaren. Insoweit kann der Betriebsrat seine nach § 99 Abs. 1 Satz 1 BetrVG erforderliche Zustimmung zu der Einstellung unter Berufung auf den Widerspruchsgrund des § 99 Abs. 2 Nr. 3 BetrVG (Benachteiligung von anderen, im Betrieb beschäftigten Arbeitnehmern, ohne dass dies aus betrieblichen oder persönlichen Gründen gerechtfertigt ist) verweigern. Der diesbezügliche Beschluss ist in einer Sitzung des Betriebsrats zu fassen und dem Arbeitgeber innerhalb von einer Woche nach Unterrichtung schriftlich und unter Angabe der Gründe mitzuteilen (§ 99 Abs. 3 Satz 1 BetrVG). Anderenfalls gilt die Zustimmung des Betriebsrats nach § 99 Abs. 4 Satz 2 BetrVG als erteilt. Mit diesem Vorgehen macht der Betriebsrat dem Arbeitgeber deutlich, dass die Übernahme von Auszubildenden hohe Priorität hat. Dem Arbeitgeber bleibt im Falle der Zustimmungsverweigerung durch den Betriebsrat die Möglichkeit, gemäß § 99 Abs. 4 BetrVG beim Arbeitsgericht im Rahmen des Beschlussverfahrens i.S.v. § 2a Abs. 1 Nr. 2, Abs. 2 ArbGG i.V.m. §§ 80 ff. BetrVG die Ersetzung der verweigerten Zustimmung zu beantragen.

9.7.5.3 Stellenausschreibungen

Damit Auszubildende auch Informationen über freie Stellen im Betrieb erhalten, müssen die JAV und Betriebsrat darauf hinwirken, dass diese auch innerbetrieblich ausgeschrieben werden. Nach § 93 BetrVG kann der Betriebsrat verlangen, dass Arbeitsplätze, die besetzt werden sollen, allgemein oder für bestimmte Arten von Tätigkeiten vor ihrer Besetzung innerhalb des Betriebs ausgeschrieben werden. Wird dies vom Betriebsrat verlangt und unterbleiben daraufhin solche innerbetrieblichen Stellenausschreibungen, kann der Betriebsrat den vom Arbeitgeber beabsichtigten

Einstellungen oder Versetzungen nach § 99 Abs. 2 Nr. 5 BetrVG widersprechen.

Aufgrund dieser Ausschreibungspflicht können sich Auszubildende auf Stellen bewerben, die der Arbeitgeber möglicherweise mit externen Bewerbern besetzen will.

9.7.5.4 Beschwerderecht der Auszubildenden

Eine individuelle Möglichkeit der betroffenen Auszubildenden bietet § 85 BetrVG. Danach hat der Betriebsrat Beschwerden von Arbeitnehmern entgegenzunehmen und beim Arbeitgeber auf Abhilfe hinzuwirken. Da diese Regelung nur gilt, soweit der Gegenstand der Beschwerde kein Rechtsanspruch ist, kann auch die Übernahme von Auszubildenden in ein Arbeitsverhältnis nach Beendigung des Berufsausbildungsverhältnisses darunter gefasst werden.

Kommt es über die Berechtigung der Beschwerde zwischen Betriebsrat und Arbeitgeber zu Meinungsverschiedenheiten, so kann der Betriebsrat nach § 85 Abs. 2 BetrVG die Einigungsstelle anrufen. Die Übernahme von Auszubildenden kann dadurch aber nicht gegen den Willen des Arbeitgebers erzwungen werden.

9.7.6 Strategieplanung der JAV zur Übernahme von Auszubildenden

In einem Aktionsplan sollten die notwendigen Schritte zur Erreichung der Übernahme aller Auszubildenden aufgenommen werden. Die JAV kann damit einzelne Schritte nachvollziehen und behält einen besseren Überblick, was noch zu tun ist.

Dieser **Aktionsplan** kann etwa wie folgt aussehen:

1. In einer JAV-Sitzung werden die Forderungen beschlossen. Weiterhin wird in dieser JAV-Sitzung beschlossen, dass der Betriebsrat über die Übernahme dieser Forderungen zu beraten und zu entscheiden hat.
2. Der Betriebsrat wird über dessen Vorsitzenden aufgefordert, die Übernahme der Forderungen auf die Tagesordnung der nächsten Sitzung zu setzen, dort darüber zu beraten und zu entscheiden.
3. JAV und Betriebsrat entwickeln gemeinsam unter Nutzung der Informationsrechte des Betriebsrats eine Argumentationsstrategie gegenüber dem Arbeitgeber.
4. In einer Information an die Auszubildenden und alle anderen Beschäftigten wird die Thematik der Übernahme dargestellt.
5. Erste Gespräche von JAV und Betriebsrat mit dem Arbeitgeber.
6. Der Betriebsrat beschließt über

    - die Ablehnung von Überstunden

    und

    - die Zustimmungsverweigerung bei Einstellungen.

7. Verhandlungen mit dem Arbeitgeber

    Es empfiehlt sich ein Vorgehen in folgenden Schritten:

    a) Wie ist die Situation?
    - Wann werden wie viele Auszubildende auslernen?
    - In welchen Berufen?
    - Was sagt der Arbeitgeber verbindlich zu den aktuellen Übernahmeplanungen?
    - Welche Ursachen hat die Entscheidung des Unternehmens?
    - Sind die geschilderten Gründe plausibel oder vorgeschoben?

    b) Was sind die Ziele von JAV und Betriebsrat?
    - An erster Stelle sollte die Forderung stehen: Übernahme in ein unbefristetes Vollzeitarbeitsverhältnis im erlernten Beruf für alle Auszubildenden.

c) Wie können die Forderungen rechtlich durchgesetzt werden?
- Welche Gesetze gibt es, die weiterhelfen können?
- Gibt es Regelungen eines – auf den Betrieb anwendbaren – Tarifvertrags oder von Betriebsvereinbarungen, die eine Übernahme vorsehen?
- Wie können JAV und Betriebsrat ihre Argumentation aufbauen?

Betriebsrat und JAV müssen deutlich machen, dass die Nichtübernahme von Auszubildenden nicht als Normalität angesehen werden darf.

9.7.7 Betriebsvereinbarung zur Übernahme von Auszubildenden

Die Übernahme von Auszubildenden in ein Arbeitsverhältnis nach Beendigung ihrer Berufsausbildungsverhältnisse kann der Betriebsrat nicht im Wege der Mitbestimmung erzwingen. Er kann jedoch versuchen, mit dem Arbeitgeber eine freiwillige Betriebsvereinbarung i.S.v. § 88 BetrVG abzuschließen, die eine solche Übernahme zum Gegenstand hat und die dann für die betroffenen Auszubildenden gemäß § 77 Abs. 4 Satz 1 BetrVG unmittelbar und zwingend („normativ") gilt.

Bei der Erarbeitung des Vorschlags für diese Betriebsvereinbarung durch den Betriebsrat bzw. der JAV sollten folgende Eckpunkte berücksichtigt werden:

Festlegung des Geltungsbereichs

Häufig beginnen Betriebsvereinbarungen mit einer Präambel. Diese haben grundsätzlich zwar keine besondere rechtliche Bedeutung. Kommt es jedoch zu Streitigkeiten über die Auslegung von einzelnen Bestimmungen der Betriebsvereinbarung, kann die Präambel insoweit als Auslegungshilfe dienen.

Angesichts des primären Ziels von Betriebsrat und JAV, allen Auszubildenden die Übernahme in ein unbefristetes Vollzeitarbeitsverhältnis zu ermöglichen, bietet sich an, dass der Betriebsrat und die JAV dem Arbeitgeber als Präambel der abzuschließenden Betriebsvereinbarung folgende Formulierung vorschlagen:

„Zwischen der Geschäftsleitung und dem Betriebsrat der Firma ... wird die folgende Betriebsvereinbarung zur Übernahme der Auszubildenden geschlossen:

Arbeitgeber, Betriebsrat und JAV sind sich einig, dass die Übernahme aller Auszubildenden in ein unbefristetes Vollzeitarbeitsverhältnis entsprechend ihrer Qualifikation oberstes Ziel der Personalplanung ist.

Mit dieser Betriebsvereinbarung soll der Bedarf des Unternehmens an Fachkräften gedeckt und Auszubildenden die Möglichkeiten zur Erlangung von beruflicher Praxiserfahrung gegeben werden."

Informations- und Beratungspflichten des Arbeitgebers

Im Entwurf einer Betriebsvereinbarung sollte ein Zeitpunkt aufgenommen werden, zu dem der Arbeitgeber mit dem Betriebsrat und der JAV über die Übernahme des Auszubildenden zu beraten und zuvor diesbezügliche Informationen zu erteilen hat. Insoweit bietet sich folgende Formulierung an:

„Der Arbeitgeber hat mindestens 6 Monate vor der Abschlussprüfung mit Betriebsrat und JAV über die Übernahme der Auszubildenden zu beraten.

Im Vorfeld hat der Arbeitgeber mindestens folgende Unterlagen vorzulegen:

- *Personalbedarfsplanung,*
- *Personaleinsatzplanung,*
- *geplante und geleistete Überstunden je Abteilung,*
- *Planungsunterlagen zu anstehenden Umstrukturierungen,*
- *Unterlagen zur wirtschaftlichen Situation des Unternehmens."*

Anspruch auf Übernahme

Kernpunkt der Vereinbarung ist das Ziel, alle Auszubildenden in ein unbefristetes Vollzeitarbeitsverhältnis im erlernten Beruf zu übernehmen, das durch folgende Formulierung erreicht wird:

> *"Nach erfolgreicher Abschlussprüfung haben die Auszubildenden Anspruch auf Übernahme in ein unbefristetes Arbeitsverhältnis."*

Sollte eine solche Regelung gegenüber dem Arbeitgeber nicht durchsetzbar sein, kann stattdessen auch vorgeschlagen werden, dass ein Anspruch des Auszubildenden zumindest auf befristete Beschäftigung nach Beendigung des Ausbildungsverhältnisses besteht und der Auszubildende rechtzeitig über die Planungen des Arbeitgebers zu informieren ist. In Betracht kommen hier folgende Formulierungen:

> *"Sollte aus dringenden betrieblichen Gründen die Übernahme des Auszubildenden in ein unbefristetes Arbeitsverhältnis nicht möglich sein, besteht zumindest ein Anspruch des Auszubildenden gegen den Arbeitgeber auf befristete Übernahme von 6 Monaten.*
>
> *Der Auszubildende wird jedoch mindestens 4 Monate vor dem voraussichtlichen Bestehen der Abschlussprüfung darüber informiert, dass die Übernahme in ein unbefristetes Arbeitsverhältnis nicht möglich ist. Anderenfalls gilt ein unbefristetes Arbeitsverhältnis als begründet."*

Der letzte Satz gewährleistet dem Auszubildenden die unbefristete Übernahme, sofern ihn der Arbeitgeber nicht rechtzeitig zuvor über die geplante Nichtübernahme unterrichtet.

Zu betonen ist allerdings, dass all diese Regelungen vom Betriebsrat gegenüber dem Arbeitgeber nicht erzwungen werden können.

9.7.8 Betriebliche Öffentlichkeitsarbeit

Neben der Wahrnehmung der eben genannten Handlungsmöglichkeiten sollten die JAV und der Betriebsrat die Mitarbeiter des Betriebs über die Übernahmesituation stets auf dem Laufenden halten und über ihre Aktivitäten auf diesem Gebiet regelmäßig informieren.

Dies kann sowohl im firmeninternen Intranet als auch auf einer JA-Versammlung oder einer Betriebsversammlung erfolgen, zu denen auch ein

Vertreter der Agentur für Arbeit eingeladen werden kann, um die Situation junger Arbeitsloser darzustellen. Der Arbeitgeber hat dann seinerseits noch einmal ausführlich zu begründen, weshalb die Übernahme der Auszubildenden nicht möglich sein soll.

Schließlich können die JAV und der Betriebsrat einen Zusammenhang aufzeigen zwischen der Situation von Mitarbeitern, die sich durch ihre Arbeit überlastet fühlen, und den Auszubildenden, deren Übernahme zu einer Arbeitsentlastung für diese Mitarbeiter führen würde.

9.8 Kontrolle der Ausbildungszeugnisse

Jeder Auszubildende hat nach § 16 Abs. 1 Satz 1 BBiG bei Beendigung des Berufsausbildungsverhältnisses einen Anspruch auf Erteilung eines Ausbildungszeugnisses. Dieses ist dem Auszubildenden vom Ausbildenden unaufgefordert auszustellen. Die JAV und der Betriebsrat haben im Hinblick auf § 70 Abs. 1 Nr. 2 BetrVG bzw. § 80 Abs. 1 Nr. 1 BetrVG darüber zu wachen, ob dem Auszubildenden bei Beendigung des Berufsausbildungsverhältnisses ein ordnungsgemäßes Zeugnis erteilt wird.

9.8.1 Einfaches und qualifiziertes Zeugnis

Das betriebliche Ausbildungszeugnis muss gemäß § 16 Abs. 2 Satz 1 BBiG Angaben enthalten über

- Art, Dauer und Ziel der Ausbildung

  sowie

- die erworbenen beruflichen Fertigkeiten, Kenntnisse und Fähigkeiten des Auszubildenden,

sog. **einfaches Zeugnis**.

Auf Verlangen des Auszubildenden sind auch Angaben über

- Verhalten

  und

- Leistung

aufzunehmen, sog. **qualifiziertes Zeugnis** (§ 16 Abs. 2 Satz 2 BBiG).

Regelmäßig werden den Auszubildenden von vornherein qualifizierte Ausbildungszeugnisse erteilt, da diese bei künftigen Bewerbungen für den möglichen neuen Arbeitgeber aussagekräftiger sind.

Zur Erteilung eines (einfachen oder qualifizierten) **Zwischenzeugnisses** ist der Ausbildende auf Verlangen des Auszubildenden verpflichtet, wenn hierfür ein triftiger Grund besteht. Dieser ist etwa gegeben, wenn der Auszubildende

- die Ausbildung abbrechen will,
- einen Wechsel des Ausbildungsberufs oder -betriebs beabsichtigt,
- nach der Ausbildung nicht übernommen wird und sich deshalb frühzeitig anderweitig bewerben muss.

9.8.2 Wesentliche Grundsätze der Zeugniserteilung

Da das Ausbildungszeugnis einerseits dem Auszubildenden als Unterlage für künftige Bewerbungen dient, muss es zum einen **wohlwollend** sein, um ihn in seinem beruflichen Fortkommen nicht zu hindern. Andererseits soll es einen anderen Arbeitgeber, der die Einstellung des Auszubildenden in Erwägung zieht, zutreffend unterrichten und muss daher auch wahr sein.

Die inhaltliche Formulierung des Zeugnisses ist Sache des Ausbildenden. Dieser hat insoweit einen Beurteilungsspielraum. Die Wahl der Worte kann ihm nicht vorgeschrieben werden. Der Ausbildende ist daher frei bei seiner Entscheidung, welche Leistungen und Eigenschaften er mehr hervorheben oder zurücktreten lassen will. Allerdings muss er sich der Zeugnissprache bedienen, die sich in der Praxis allgemein herausgebildet hat. Dies gilt jedenfalls dann, wenn er sich dem üblichen Zeugnissprachgebrauch anschließt. Er hat dann bei der Beurteilung des Auszubildenden einen nach der Verkehrssitte üblichen Maßstab anzulegen.

In **formeller Hinsicht** ist zu beachten, dass die Erteilung des Zeugnisses in elektronischer Form (etwa per E-Mail oder per Telefax) gemäß § 16 Abs. 1 Satz 2 BBiG nicht möglich ist. Hat der Ausbildende die Berufsausbildung selbst nicht durchgeführt, so soll auch der Ausbilder das Zeugnis unterschreiben, § 16 Abs. 1 Satz 3 BBiG. Das Zeugnis muss vom Ausbildenden und vom Ausbilder jeweils eigenhändig unterzeichnet werden. Ein Faksimile, eine kopierte oder eingescannte Unterschrift oder eine Paraphe reichen nicht aus. Weiterhin muss das Zeugnis, wie es das BAG formuliert, in „gehöriger Form" erteilt werden. Dies bedeutet, dass das Zeugnis sauber und ordentlich ohne Schreibfehler geschrieben wird und keine Flecken, Radierungen, Verbesserungen o.ä. enthält. Außerdem muss die äußere Form des Zeugnisses so gestaltet sein, dass es nicht einen seinem Wortlaut nach sinnentstellenden Inhalt hat. Durch die äußere Form darf nicht der Eindruck erweckt werden, der Ausbildende distanziere sich vom Wortlaut seiner Erklärung.

Verwendet der Ausbildende im Geschäftsverkehr üblicherweise **Geschäftsbögen** (bzw. Firmenbögen), kann der Auszubildende verlangen, dass das Zeugnis auf einem solchen Geschäftsbogen geschrieben wird. In dem Fall ist das Zeugnis nicht ordnungsgemäß, wenn es nur mit einem der Unterschrift beigefügten Firmenstempel versehen ist.

Auf ein „**ungeknicktes**" Zeugnis soll nach Auffassung des BAG kein Anspruch bestehen. Vielmehr werde der Zeugnisanspruch auch mit einem Zeugnis erfüllt, das zweimal gefaltet sei, um den Zeugnisbogen in einem Geschäftsumschlag üblicher Größe unterzubringen, sofern das Originalzeugnis kopierfähig sei und die Knicke im Zeugnisbogen sich nicht auf den Kopien abzeichneten, z.B. durch Schwärzungen (vgl. BAG-Urteil vom 21.09.1999 – 9 AZR 893/98, AP Nr. 23 zu § 630 BGB).

9.8.3 Verschlüsselungstechniken

Verschlüsselungstechniken machen es für einen unbedarften Auszubildenden häufig schwierig, den Bedeutungsgehalt scheinbar positiver Formulierungen zu erkennen.

Zur Verdeutlichung folgende Beispiele:

Im **Leistungsbereich** dürfte inzwischen allgemein bekannt sein, dass die – durchaus positiv klingende – Wendung „Er hat sich stets **bemüht**, ..." in der Sache bedeutet, dass die Leistungen des Auszubildenden schlecht waren.

Die Formulierung „Er zeigte viel Verständnis für die Arbeit." bringt zum Ausdruck, dass sich die Tätigkeiten des Auszubildenden auf das Nötigste beschränkt haben.

Mit der Formulierung „Er hatte Gelegenheit, alle Bereiche unseres Unternehmens kennenzulernen." wird dem Auszubildenden attestiert, dass er dort keine oder nur unzureichende Leistungen erbracht hat.

Ähnliches gilt für die Formulierung „Die Tätigkeiten, die er aufgriff, bearbeitete er mit regem Interesse.", was bedeutet, dass der Auszubildende die Tätigkeiten zwar aufgegriffen, aber nicht erledigt hat.

Die Wendung „Für seine Tätigkeit stand ihm eine EDV-Anlage zur Verfügung." bescheinigt dem Auszubildenden, dass er unfähig war, diese Anlage auch zu bedienen.

Zuweilen ist in Zeugnissen auch die Formulierung anzutreffen: „Seine Leistungen bewegten sich stets im oberen Bereich seiner intellektuellen Möglichkeiten." Im „Klartext" bedeutet dies, dass der Auszubildende mangels intellektueller Fähigkeiten nicht in der Lage war, die ihm übertragenen Tätigkeiten zu verrichten.

Im **Verhaltensbereich** liest sich die Formulierung „Durch seine Geselligkeit trug er zur Verbesserung des Betriebsklimas bei." auf den ersten Blick an sich positiv. In der Sache bedeutet sie aber, dass der Auszubildende während der Arbeitszeit Alkohol getrunken oder alkoholisiert seine Tätigkeiten wahrgenommen hat.

Fast noch schlimmer ist die – an sich ebenfalls positiv klingende – Formulierung „Er zeigte stets Einfühlungsvermögen für die Belange unserer Mitarbeiterinnen.", die bedeutet, dass der Auszubildende seine Arbeitskolleginnen sexuell belästigt hat.

Eine Sonderform der Verschlüsselungstechnik stellt das sog. **„beredte Schweigen"**, wie es das BAG formuliert, dar. Gemeint ist hiermit, dass das Zeugnis – bewusst – Auslassungen enthält, wo der Leser eine positive Hervorhebung erwartet, etwa bei der Ehrlichkeit eines Auszubildenden zum Kassierer oder der Kreativität eines Auszubildenden im Marketing- und Werbungsbereich (vgl. BAG-Urteil vom 12.08.2008 – 9 AZR 632/07, AP Nr. 1 zu § 109 GewO).

9.8.4 Inhalte und Gliederung eines Ausbildungszeugnisses

Ein einfaches Ausbildungszeugnis sollte folgende Inhalte haben und wie folgt gegliedert sein:

- Überschrift: Ausbildungszeugnis
- Name und Anschrift des Ausbildenden (auf Firmenbriefpapier)
- Personalien des Auszubildenden (Vor- und Nachname, Geburtsdatum, Anschrift)
- Angaben zur Art der Ausbildung
- Dauer der Ausbildungszeit
- Ziel der Ausbildung
- erfolgreiches Bestehen der Abschlussprüfung
- Erworbene Fähigkeiten und Kenntnisse
- Schlussformel (Wünsche für den weiteren Berufsweg – nicht zwingend!)
- Ort, Datum, Unterschriften des Ausbildenden und des Ausbilders.

Das qualifizierte Ausbildungszeugnis ist in gleicher Weise strukturiert, muss aber zudem eine Bewertung der Leistungen und des Verhaltens des Auszubildenden umfassen.

Das **qualifizierte Arbeitszeugnis** sollte folgende Inhalte haben und wie folgt gegliedert sein:

- Überschrift: Ausbildungszeugnis
- Name und Anschrift des Ausbildenden (auf Firmenbriefpapier)
- Personalien des Auszubildenden (Vor- und Nachname, Geburtsdatum, Anschrift)
- Angaben zur Art der Ausbildung
- Dauer der Ausbildungszeit
- Ziel der Ausbildung

- erfolgreiches Bestehen der Abschlussprüfung
- Erworbene Fähigkeiten und Kenntnisse
- Verhaltens- und Leistungsbeurteilung, z.B.
  - Teamfähigkeit, Kooperationsbereitschaft, soziales Verhalten
  - Initiative, Interesse
  - Lernwilligkeit, Auffassungsgabe
  - besondere fachliche Fähigkeiten und Kenntnisse
  - Arbeitsverhalten
- Zusammenfassende Gesamtbeurteilung
- Schlussformel (Wünsche für den weiteren Berufsweg – nicht zwingend!)
- Ort, Datum, Unterschriften des Ausbildenden und des Ausbilders.

9.8.5 Muster eines qualifizierten Ausbildungszeugnisses

Real Hypo Bank München, den 14. Juli 2020
Insolvenzgasse 15
81829 München

Ausbildungszeugnis

für Herrn Max Meier, geb. am 26. Februar 2000 in München, wohnhaft in 81643 München, Azubiplatz 13.

Herr Meier wurde in der Hauptstelle und in zwei Zweigstellen unseres Kreditinstituts ausgebildet. Die Ausbildung begann am 1. August 2017 und endete am 13. Juli 2020. Die Ausbildung erfolgte in dem Ausbildungsberuf Bankkaufmann gemäß der Ausbildungsordnung und endete mit dem erfolgreichen Bestehen der Abschlussprüfung.

Herr Meier erwarb in der praktischen Ausbildung und im vertiefenden betrieblichen Unterricht umfassende Kenntnisse und Fertigkeiten u.a. im Zahlungsverkehr, in der Geld- und Kapitalanlage, in der Finanzierung, im Rechnungswesen und in der automatisierten Datenverarbeitung und Verwaltung.

Herr Meier war stets ehrlich und pünktlich. Er zeichnete sich durch eine freundliche Hilfsbereitschaft auf, so dass unsere Mitarbeiter besonders gerne mit ihm zusammenarbeiteten. Herr Meier erwarb durch eine diskrete fachbezogene Beratung schnell das Vertrauen unserer Kunden. Die ihm übertragenen Aufgaben erledigt er *[Varianten: stets zu unserer vollen / zu unserer vollsten / stets zu unserer vollsten]* Zufriedenheit.

Im Verlauf der Ausbildung zeigte Herr Meier eine besondere Neigung für Finanzierungsfragen und entwickelte besondere Fähigkeiten im kurz- und mittelfristigen Kreditgeschäft.

Wir wünschen Herrn Meier für sein weiteres berufliches Fortkommen alles Gute.

(Unterschrift des Ausbildenden)

(Unterschrift des Ausbilders)

10. Rechtsstellung der JAV-Mitglieder

10.1 Ehrenamtliche Tätigkeit

Die Mitglieder der JAV führen ihr Amt – ebenso wie die Mitglieder des Betriebsrats – gemäß § 65 Abs. 1 BetrVG i.V.m. § 37 Abs. 1 Satz 1 BetrVG unentgeltlich als **Ehrenamt**.

Von ihrer beruflichen Tätigkeit sind sie ohne Minderung ihrer Vergütung zu befreien, wenn und soweit dies zur ordnungsgemäßen Durchführung ihrer Aufgaben erforderlich ist, § 65 Abs. 1 BetrVG i.V.m. § 37 Abs. 2 BetrVG. Anders als beim Betriebsrat kommen allgemeine Freistellungen von der beruflichen Tätigkeit nach § 38 BetrVG für Mitglieder der JAV allerdings nicht in Betracht, da die Vorschrift des § 38 BetrVG in § 65 Abs. 1 BetrVG nicht für entsprechend anwendbar erklärt wird.

Zum Ausgleich für JAV-Tätigkeiten, die aus betriebsbedingten Gründen außerhalb der Arbeitszeit durchzuführen ist, haben sie nach § 65 Abs. 1 BetrVG i.V.m. § 37 Abs. 3 Satz 1 BetrVG Anspruch auf entsprechende Arbeitsbefreiung unter Fortzahlung der Vergütung.

10.2 Tätigkeits- und Entgeltschutz

Zu Gunsten der Mitglieder der JAV greift nach § 65 Abs. 1 BetrVG i.V.m. § 37 Abs. 4 und 5 BetrVG der gleiche Tätigkeits- und Entgeltschutz ein, wie für die Mitglieder des Betriebsrats: Sie dürfen daher innerhalb eines Zeitraums von einem Jahr nach Beendigung ihrer Amtszeit nur mit Tätigkeiten beschäftigt werden, die den Tätigkeiten vergleichbarer Arbeitnehmer mit betriebsüblicher beruflicher Entwicklung gleichwertig sind. Auch das Arbeitsentgelt darf nicht geringer bemessen werden, als das Arbeitsentgelt vergleichbarer Arbeitnehmer.

10.3 Schulungs- und Bildungsveranstaltungen

Gemäß § 65 Abs. 1 BetrVG i.V.m. § 37 Abs. 6 und 7 BetrVG haben die Mitglieder der JAV einen Anspruch auf Befreiung von ihrer beruflichen Tätigkeit für die Teilnahme an Schulungs- und Bildungsmaßnahmen nach den gleichen Grundsätzen, wie sie für Betriebsratsmitglieder maßgebend sind. Für die Arbeit der JAV sind jedoch nur solche Veranstaltungen „erforderlich" i.S.v. § 37 Abs. 6 Satz 1 BetrVG, soweit diese Kenntnisse vermitteln, die in einem Zusammenhang mit dem gegenüber dem Betriebsrat eingeschränkten Tätigkeitsbereich der JAV stehen. Vom BAG wurde daher zwar eine Schulung von Mitgliedern der JAV über das BetrVG, nicht aber über speziell die jugendlichen und auszubildenden Arbeitnehmer betreffende gesetzliche Regelungen (wie z.B. das BBiG und das JArbSchG) für erforderlich erachtet. Begründet wurde dies damit, dass Träger der Mitbestimmungsrechte allein der Betriebsrat sei und die Mitglieder der JAV nicht die gleichen Kenntnisse haben müssten, wie die Mitglieder des Betriebsrats (BAG-Beschluss vom 10.05.1974 – 1 ABR 60/73, AP Nr. 4 zu § 65 BetrVG 1972). Ebenso wurde vom BAG die Erforderlichkeit einer Schulungsveranstaltung bei einem Ersatzmitglied der JAV abgelehnt, das noch nicht endgültig in die JAV nachgerückt ist (BAG-Beschluss vom 10.05.1974 – 1 ABR 47/73, AP Nr. 2 zu § 65 BetrVG 1972).

Für Personen, die erstmals in die JAV gewählt worden sind, erhöht sich nach § 65 Abs. 1 BetrVG i.V.m. § 37 Abs. 7 Satz 2 BetrVG der Anspruch auf bezahlte Freistellung für die Teilnahme an als **geeignet** anerkannten Schulungs- und Bildungsveranstaltungen von drei Wochen, die anderen Mitgliedern der JAV gemäß § 65 Abs. 1 BetrVG i.V.m. § 37 Abs. 7 Satz 1 BetrVG jeweils zustehen, auf vier Wochen.

Die Festsetzung der zeitlichen Lage der Veranstaltung sowie die Entscheidung, welche Mitglieder der JAV daran teilnehmen, erfolgen nicht durch die JAV, sondern durch den Betriebsrat. Bei dessen Beschlussfassung hat aber die JAV ein volles Stimmrecht nach § 67 Abs. 2 BetrVG (s.o. 7.4).

10.4 Benachteiligungs- und Begünstigungsverbot

Die Mitglieder der JAV dürfen – ebenso wie die Betriebsratsmitglieder – in der Ausübung ihrer Tätigkeit weder gestört noch behindert und wegen ihrer Tätigkeit weder benachteiligt noch bevorzugt werden, § 78 BetrVG. Insbesondere dürfen sie auch in ihrer beruflichen Entwicklung nicht gestört oder benachteiligt werden. Den Mitgliedern der JAV ist demnach die gleiche berufliche Entwicklungschance einzuräumen, wie vergleichbaren anderen Arbeitnehmern.

10.5 Geheimhaltungspflicht

Die Mitglieder der JAV unterliegen nach § 79 Abs. 2 BetrVG der gleichen Geheimhaltungspflicht, wie die Mitglieder des Betriebsrats. Der Betriebsrat darf aber keine Geheimnisse i.S.v. § 79 Abs. 1 Satz 1 BetrVG an die JAV weitergeben, da diese von § 79 Abs. 1 Satz 3 und 4 BetrVG nicht in den Kreis der Personen einbezogen werden, denen gegenüber die Geheimhaltungspflicht aufgehoben worden ist. Umgekehrt besteht keine Geheimhaltungspflicht der JAV-Mitglieder gegenüber dem Betriebsrat (§ 79 Abs. 2 i.V.m. Abs. 1 Satz 3 BetrVG).

10.6 Allgemeine Verhaltenspflichten

Soweit das Betriebsverfassungsgesetz für den Betriebsrat allgemeine Verhaltenspflichten statuiert und diese nicht ohnehin bereits ausdrücklich auf die JAV erstreckt, wie etwa die eben genannte Geheimhaltungspflicht nach § 79 Abs. 2 BetrVG, finden diese auf die Mitglieder der JAV zumindest entsprechend Anwendung.

Im Einzelnen gilt dies für folgende **Grundsätze**:

- das Gebot der vertrauensvollen Zusammenarbeit (§ 2 Abs. 1 BetrVG)
- das Arbeitskampfverbot (§ 74 Abs. 2 Satz 1 BetrVG)
- die betriebsverfassungsrechtliche Friedenspflicht (§ 74 Abs. 2 Satz 2 BetrVG)
- das Verbot parteipolitischer Betätigung (§ 74 Abs. 2 Satz 3 BetrVG)
- die Verhaltensmaximen in § 75 BetrVG

11. Besondere Schutzvorschriften zu Gunsten der JAV-Mitglieder

11.1 Kündigungsschutz

Die Interessenkonflikte, die mit der Amtsausübung verbunden sind, begründen eine besondere Schutzbedürftigkeit der JAV-Mitglieder gegenüber Kündigungen ihres Ausbildungs- oder Arbeitsverhältnisses. Ein bloßes Benachteiligungsverbot wegen ihrer Tätigkeiten (s.o. 10.4) ist nicht ausreichend, weil die unausgesprochene Motivation einer Kündigung, wenn sie auf der (früheren) JAV-Tätigkeit beruht, kaum beweisbar ist. Den JAV-Mitgliedern wird deshalb gesetzlich ein besonderer Kündigungsschutz gewährt.

11.1.1 Ordentliche Kündigung

Die ordentliche Kündigung eines Mitglieds der JAV während der Amtszeit ist nach § 15 Abs. 1 Satz 1 KSchG grundsätzlich ausgeschlossen. Dies gilt auch für JAV-Mitglieder, bei denen es sich um Auszubildende handelt und die sich noch in der Probezeit befinden, so dass ihnen an sich nach § 22 Abs. 1 BBiG jederzeit gekündigt werden könnte. Eine gleichwohl ausgesprochene Kündigung ist unwirksam (§ 134 BGB).

Nach Beendigung der Amtszeit ist die ordentliche Kündigung eines Mitglieds der JAV innerhalb eines Jahres ebenfalls unzulässig (§ 15 Abs. 1 Satz 2 KSchG).

Ausnahmen vom Verbot der ordentlichen Kündigung während der Amtszeit und innerhalb eines Jahres nach derer Beendigung gelten lediglich in den Fällen der Stilllegung des Betriebs oder einer Betriebsabteilung unter den Voraussetzungen von § 15 Abs. 4 und 5 KSchG.

11.1.2 Außerordentliche Kündigung

Die außerordentliche Kündigung eines Mitglieds der JAV ist während der Amtszeit nur zulässig, wenn

- zum einen ein wichtiger Grund i.S.v. § 626 Abs. 1 BGB vorliegt (§ 15 Abs. 1 Satz 1 KSchG)

und

- zum anderen **zuvor** der Betriebsrat zugestimmt hat oder dessen Zustimmung vom Arbeitsgericht ersetzt worden ist (§ 103 Abs. 1 und 2 BetrVG).

Allein ein grober Verstoß des Mitglieds der JAV gegen seine Amtspflichten berechtigt den Arbeitgeber nach allgemeiner Ansicht nicht zur außerordentlichen Kündigung des Arbeits- oder Berufsausbildungsverhältnisses. In dem Fall hat der Arbeitgeber nur das Recht, gemäß § 65 Abs. 1 BetrVG i.V.m. § 23 Abs. 1 Satz 1 BetrVG beim Arbeitsgericht den Ausschluss der betreffenden Person aus der JAV zu beantragen. Die fristlose Kündigung eines Mitglieds der JAV kommt nur dann ausnahmsweise in Betracht, wenn in der Amtspflichtverletzung gleichzeitig eine schwere Verletzung arbeitsvertraglicher Pflichten liegt, wobei aber die Rechtsprechung des BAG wegen der besonderen Konfliktsituation eines betriebsverfassungsrechtlichen Funktionsträgers für die zur Kündigung berechtigenden schweren Verletzungen einen besonders strengen Prüfungsmaßstab anlegt.

11.1.3 Ersatzmitglieder

Den Ersatzmitgliedern der JAV steht allein wegen dieser Eigenschaft ohne Ausübung in der JAV kein besonderer Kündigungsschutz zu. Solange Ersatzmitglieder stellvertretend für ein verhindertes Mitglied der JAV angehören, genießen sie jedoch den gleichen Schutz wie die Mitglieder der JAV (s.o. 11.1.1). Nach Beendigung des Vertretungsfalls haben Ersatzmitglieder ebenfalls den nachwirkenden Kündigungsschutz gemäß § 15 Abs. 1 Satz 2 KSchG, der unabhängig von der Dauer der Vertretung ein Jahr beträgt (vgl. BAG-Urteil vom 18.05.2006 – 6 AZR 627/05, AP Nr. 2 zu § 15 KSchG 1969 Ersatzmitglied).

11.2 Versetzung

Die Versetzung von Mitgliedern der JAV, die zum Verlust des Amtes oder der Wählbarkeit führen würde, wie z.b. die Versetzung in einen anderen Betrieb des Unternehmens, bedarf nach § 103 Abs. 3 Satz 1 Halbsatz 1 BetrVG der Zustimmung des Betriebsrats. Dies gilt nicht, wenn das Mitglied der JAV mit der Versetzung einverstanden ist, § 103 Abs. 3 Satz 1 Halbsatz 2 BetrVG. Verweigert der Betriebsrat die Zustimmung, hat der Arbeitgeber gemäß § 103 Abs. 3 Satz 2 i.V.m. Abs. 2 BetrVG die Möglichkeit beim Arbeitsgericht die Ersetzung der Zustimmung zu beantragen, wobei das Arbeitsgericht die Zustimmung zu der Versetzung ersetzen kann, wenn diese auch unter Berücksichtigung der betriebsverfassungsrechtlichen Stellung des betroffenen Arbeitnehmers aus dringenden betrieblichen Gründen notwendig ist.

11.3 Übernahmeanspruch von JAV-Mitgliedern nach § 78a BetrVG

Grundsätzlich endet das Berufsausbildungsverhältnis mit Ablauf der vereinbarten Dauer der Ausbildungszeit oder mit dem Bestehen der Abschlussprüfung (§ 21 Abs. 1 und 2 BBiG). Weigert sich der Arbeitgeber nach dem Ende des Berufsausbildungsverhältnisses, mit dem bisherigen Auszubildenden einen Arbeitsvertrag abzuschließen, kann ihn der bisherige Auszubildende hierzu im Regelfall nicht zwingen. Zu Gunsten der in der Berufsausbildung beschäftigten Mitglieder der JAV oder des Betriebsrats greift jedoch ein besonderer Schutz nach § 78a BetrVG ein, der den Auszubildenden nach der gesetzlichen Begründung die Ausübung ihres Amtes ohne Furcht vor Nachteilen für die berufliche Entwicklung ermöglichen und darüber hinaus die Kontinuität und Unabhängigkeit der Arbeit in der JAV und im Betriebsrat sicherstellen soll (BT-Drucks. VII/1180, S.1).

Beabsichtigt der Arbeitgeber, einen Auszubildenden, der Mitglied der JAV oder des Betriebsrats ist, nicht in ein Arbeitsverhältnis auf unbestimmte Zeit zu übernehmen, so hat er dies gemäß § 78a Abs. 1 BetrVG mindestens drei Monate vor Beendigung des Ausbildungsverhältnisses dem Auszubildenden schriftlich mitzuteilen. Gleiches gilt nach § 78a Abs. 3 BetrVG, wenn das Berufsausbildungsverhältnis vor Ablauf eines Jahres nach Beendigung der Amtszeit der JAV oder des Betriebsrats endet. Auch ein vorübergehend nachgerücktes Ersatzmitglied der JAV kann nach einer Entscheidung des

BAG vom 13.03.1986 den nachwirkenden Schutz des § 78a Abs. 3 BetrVG für sich in Anspruch nehmen, sofern das Berufsausbildungsverhältnis innerhalb eines Jahres nach dem Vertretungsfall erfolgreich abgeschlossen wird (vgl. BAG-Urteil vom 13.03.1986 – 6 AZR 207/05, AP Nr. 3 zu § 9 BPersVG).

Unterlässt der Arbeitgeber die rechtzeitige Mitteilung, führt dies nicht automatisch zu einer Überleitung des Ausbildungsverhältnisses in ein Arbeitsverhältnis. Die unterlassene Mitteilung kann allenfalls Schadensersatzansprüche des Auszubildenden begründen. Die Absätze 2 bis 4 von § 78a BetrVG finden aber gemäß § 78a Abs. 5 BetrVG unabhängig davon Anwendung, ob der Arbeitgeber der Mitteilungspflicht nach § 78a Abs. 1 BetrVG nachgekommen ist (vgl. BAG-Beschluss vom 05.12.2012 – 7 ABR 38/11, AP Nr. 56 zu § 78a BetrVG 1972).

Kommt der Arbeitgeber seiner Mitteilungspflicht aus § 78a Abs. 1 BetrVG nicht nach oder beabsichtigt er, den Auszubildenden nicht in ein Arbeitsverhältnis auf unbestimmte Zeit zu übernehmen, so kann der Auszubildende **innerhalb der letzten drei Monate vor Beendigung des Berufsausbildungsverhältnisses** vom Arbeitgeber **schriftlich** die Weiterbeschäftigung verlangen (vgl. § 78a Abs. 2 Satz 1 und Abs. 5 BetrVG). Maßgebend für die Berechnung der Dreimonatsfrist ist der Zeitpunkt der Bekanntgabe der Abschlussprüfung, sofern dieser dem vertraglich vereinbarten Ende des Ausbildungsverhältnisses vorangeht.

Ein Weiterbeschäftigungsverlangen i.S.v. § 78a Abs. 2 Satz 1 BetrVG, das früher als drei Monate vor Beendigung des Berufsausbildungsverhältnisses gestellt wird, ist unwirksam und muss innerhalb der Dreimonatsfrist wiederholt werden. Eine entsprechende Anwendung der Sechsmonatsfrist des § 12 Abs. 1 Satz 2 BBiG auf das Weiterbeschäftigungsverlangen von Auszubildendenvertretern wird vom BAG ausdrücklich abgelehnt (BAG-Beschluss vom 15.12.2011 – 7 ABR 40/10, AP Nr. 55 zu § 78a BetrVG 1972; BAG-Beschluss vom 05.12.2012 – 7 ABR 38/11, AP Nr. 56 zu § 78a BetrVG 1972).

Für das Weiterbeschäftigungsverlangen ist die Schriftform i.S.v. § 126 Abs. 1 BGB erforderlich. Die Textform i.S.v. § 126b BGB genügt hierfür nicht. Eine E-Mail wird dem Schriftformerfordernis daher nicht gerecht, sofern sie nicht in sog. elektronischer Form des § 126a BGB erfolgt. Allerdings kann es dem Arbeitgeber im Einzelfall nach Treu und Glauben verwehrt sein, sich auf den Schriftformverstoß des Weiterbeschäftigungsverlangens zu berufen. Die Berufung des Arbeitgebers auf die Nichteinhaltung der nach § 78a Abs. 2 Satz 1 BetrVG einzuhaltenden Frist erfolgt nach Auffassung des BAG allerdings nur dann in treuwidriger Weise, wenn außergewöhnliche besondere Umstände hinzutreten. Dies sei der Fall, wenn das Verhalten des Arbeitgebers darauf abziele, den Auszubildenden von der form- und fristgerechten Geltendmachung des Weiterbeschäftigungsverlangens abzuhalten, obwohl die entstehenden Nachteile für den Arbeitgeber vorhersehbar gewesen seien und es ihm möglich und zumutbar gewesen wäre, sie abzuwenden (BAG-Beschluss vom 15.12.2011 – 7 ABR 40/10, AP Nr. 55 zu § 78a BetrVG 1972; BAG-Beschluss vom 05.12.2012 – 7 ABR 38/11, AP Nr. 56 zu § 78a BetrVG 1972). Der Arbeitgeber, der einem Auszubildenden auf gewerkschaftliche Intervention hin erklärt habe, er werde ihn in ein Arbeitsverhältnis übernehmen, sofern er bis zum Ausbildungsende seinen Pflichten nachkomme, handele nicht treuwidrig, wenn er sich später aufgrund erneuter Pflichtverstöße des Auszubildenden auf die Nichteinhaltung der Frist zur Geltendmachung des Übernahmeverlangens berufe (so BAG-Beschluss vom 05.12.2012 – 7 ABR 38/11, AP Nr. 56 zu § 78a BetrVG 1972).

Angesichts dessen sollte der Auszubildende stets innerhalb der letzten drei Monate vor der Beendigung seines Berufsausbildungsverhältnisses an den Arbeitgeber bzw. dessen Personalabteilung ein von ihm unterzeichnetes Schreiben richten, in dem er unter Hinweis auf seine Funktion als Mitglied der JAV seine Übernahme in ein unbefristetes (Vollzeit-)Arbeitsverhältnis ausdrücklich verlangt.

Muster: Schreiben für ein Übernahmeverlangen nach § 78a BetrVG

Max Meier   München, den 29. Mai 2020
Azubiplatz 13
81643 München

An die
Real Hypo Bank
– Geschäftsführung –
Insolvenzgasse 15
81829 München

Betreff: Übernahme in ein unbefristetes Vollzeit-Arbeitsverhältnis
             nach § 78a BetrVG

Sehr geehrte Damen und Herren,

hiermit verlange ich gemäß § 78a BetrVG aufgrund meiner Funktion als Jugend- und Auszubildendenvertreter die Übernahme in ein unbefristetes Vollzeit-Arbeitsverhältnis als .... *(Bezeichnung des Ausbildungsberufs)* nach Abschluss meiner Ausbildung.

Hilfsweise erkläre ich mich mit einer Weiterbeschäftigung zu folgenden geänderten Bedingungen einverstanden: .... *(konkrete Bezeichnung der Tätigkeiten)*

Ich bitte um kurzfristige schriftliche Bestätigung.

Mit freundlichen Grüßen

_____
(Unterschrift)

Das in dem Schreiben hilfsweise erklärte Einverständnis mit der Weiterbeschäftigung zu geänderten, konkret zu bezeichnenden Bedingungen beruht darauf, dass der Auszubildende nach einer Entscheidung des BAG vom 17.02.2010 im Falle der Unzumutbarkeit der Weiterbeschäftigung im erlernten Ausbildungsberuf seine Bereitschaft, auch zu anderen Arbeitsbedingungen im Ausbildungsbetrieb übernommen zu werden, dem Arbeitgeber unverzüglich nach dessen Mitteilung der Nichtübernahme erklären und dabei konkret angeben muss, zu welchen Bedingungen er sich die Weiterarbeit vorstellt (BAG-Beschluss vom 17.02.2010 – 7 ABR 89/08, AP Nr. 53 zu § 78a BetrVG 1972). Wörtlich führt das BAG in dieser Entscheidung aus:

*„Ein Auszubildender, der bei Fehlen einer ausbildungsadäquaten Weiterbeschäftigungsmöglichkeit auch zu anderen als den sich aus § 78a Abs. 2 BetrVG ergebenden Arbeitsbedingungen in ein Arbeitsverhältnis im Ausbildungsbetrieb übernommen werden möchte, muss dem Arbeitgeber unverzüglich nach dessen Nichtübernahmemitteilung seine Bereitschaft zu einer Übernahme in ein Arbeitsverhältnis zu geänderten Vertragsbedingungen mitteilen. Eine Einverständniserklärung im gerichtlichen Verfahren über den Auflösungsantrag genügt nicht. Dem Arbeitgeber muss ausreichend Zeit für die Prüfung der Bereitschaftserklärung und ggf. die Durchführung eines Beteiligungsverfahrens nach § 99 Abs. 1 BetrVG verbleiben. **Der Auszubildende darf sich nicht darauf beschränken, sein Einverständnis mit allen in Betracht kommenden Beschäftigungen zu erklären oder die Bereitschaftserklärung mit einem Vorbehalt verbinden. Er muss vielmehr die von ihm hilfsweise für möglich gehaltene Beschäftigung so konkret beschreiben, dass der Arbeitgeber erkennen kann, wie sich der Auszubildende seine Weiterarbeit vorstellt.** Kommt es nach der Bereitschaftserklärung zum Abschluss eines Arbeitsvertrags, wird hierdurch die Entstehung des gesetzlichen Arbeitsverhältnisses nach § 78a Abs. 2 Satz 1 BetrVG zu ausbildungsadäquaten Bedingungen abbedungen oder der Inhalt des bereits entstandenen Arbeitsverhältnisses abgeändert. Lehnt der Auszubildende die vom Arbeitgeber angebotene anderweitige Beschäftigung ab, kann er sich im anschließenden Verfahren nach § 78a Abs. 4 BetrVG nicht darauf berufen, dem Arbeitgeber sei die Beschäftigung zumutbar (...).“*

Hat der Auszubildende form- und fristgerecht seine Weiterbeschäftigung verlangt, so gilt nach § 78a Abs. 2 Satz 1 letzter Halbsatz BetrVG im Anschluss an das Berufsausbildungsverhältnis ein Arbeitsverhältnis als auf unbestimmte Dauer begründet. Es entsteht damit ein unbefristetes Vollzeitarbeitsverhältnis.

Der Arbeitgeber kann jedoch gemäß § 78a Abs. 4 Satz 1 BetrVG spätestens bis zum Ablauf von zwei Wochen nach Beendigung des Berufsausbildungsverhältnisses beantragen,

1. festzustellen, dass ein Arbeitsverhältnis nach Abs. 2 oder 3 von § 78a BetrVG nicht begründet wird, oder

2. das bereits nach Abs. 2 oder 3 von § 78a BetrVG begründete Arbeitsverhältnis aufzulösen.

Der Antrag ist nach § 78a Abs. 4 Satz 1 letzter Halbsatz begründet, wenn Tatsachen vorliegen, aufgrund derer dem Arbeitgeber unter Berücksichtigung aller Umstände die Weiterbeschäftigung nicht zugemutet werden kann. Der Begriff der Zumutbarkeit in § 78a Abs. 4 Satz 1 BetrVG stimmt nicht mit dem in § 626 Abs. 1 BGB überein. Dem Arbeitgeber ist die Weiterbeschäftigung nicht erst dann unzumutbar i.S.v. § 78a Abs. 4 Satz 1 BetrVG, wenn die Voraussetzungen des § 626 Abs. 1 BGB erfüllt sind. Die zum Begriff der Unzumutbarkeit in § 626 Abs. 1 BGB entwickelten Grundsätze lassen sich nicht auf § 78a Abs. 4 Satz 1 BetrVG übertragen Der Tatbestand des § 626 Abs. 1 BGB liegt vor, wenn dem Arbeitgeber schon die Fortsetzung des Arbeitsverhältnisses bis zum Ablauf der Kündigungsfrist oder bis zur vereinbarten Beendigung nicht zugemutet werden kann. Bei der Auflösung des nach § 78a Abs. 2 Satz 1 BetrVG entstanden Arbeitsverhältnisses ist demgegenüber maßgeblich, ob dem Arbeitgeber die Beschäftigung in einem unbefristeten Arbeitsverhältnis möglich ist. Für die Feststellung der Unzumutbarkeit der Weiterbeschäftigung im Sinne des § 78a Abs. 4 BetrVG ist auf den Zeitpunkt der Beendigung des Berufsausbildungsverhältnisses abzustellen (BAG-Beschluss vom 18.09.2019 – 7 ABR 44/17, AP Nr. 57 zu § 78a BetrVG 1972 m.w.N.).

Nach ständiger Rechtsprechung des BAG können **betriebliche Gründe** ausnahmsweise zur Unzumutbarkeit der Weiterbeschäftigung des Auszubildenden führen. Dies setzt voraus, dass im Betrieb des Arbeitgebers zum Zeitpunkt der Beendigung des Berufsausbildungsverhältnisses auf Dauer kein freier Arbeitsplatz vorhanden ist, auf dem der Auszubildende mit seiner durch die Ausbildung erworbenen Qualifikation beschäftigt werden kann (siehe etwa BAG-Beschluss vom 15.11.2006 – 7 ABR 15/06, AP Nr. 38 zu § 78a BetrVG 1972). Fehlt es an geeigneten Beschäftigungsmöglichkeiten, ist der Arbeitgeber nicht verpflichtet, einen neuen, nicht benötigten Arbeitsplatz zu schaffen oder einen Arbeitsplatz durch Kündigung eines anderen Arbeitnehmers frei zu machen. Ebenso wenig ist der Arbeitgeber gezwungen, Arbeitsplätze, die er einsparen will, wieder zu besetzen. Denn die Vorgabe, welche Arbeiten im Betrieb mit welcher Anzahl von Arbeitnehmern verrichtet werden sollen, unterliegt der Entscheidungsfreiheit des Arbeitgebers (vgl. BAG-Beschluss vom 29.11.1989 – 7 ABR 67/88, AP Nr. 20 zu § 76 a BetrVG 1972). Es unterliegt auch der unternehmerischen Freiheit des Arbeitgebers zu entscheiden, ob etwa durch Abbau von Überstunden oder durch eine Modifikation von der Schichteinteilung, ein Arbeitsplatz geschaffen werden soll oder nicht. Beschäftigt der Arbeitgeber jedoch Leiharbeitnehmer auf dauerhaft eingerichteten Arbeitsplätzen, kann es ihm nach den Umständen des Einzelfalls zumutbar sein, einen solchen Arbeitsplatz für den zu übernehmenden Jugend- und Auszubildendenvertreter freizumachen (BAG-Beschluss vom 17.02.2010 – 7 ABR 89/08, AP Nr. 53 zu § 78a BetrVG 1972).

Maßgeblich sind stets die Verhältnisse des Ausbildungsbetriebs. Beschäftigungsmöglichkeiten in einem anderen Betrieb des Unternehmens sind bei der Beurteilung der Zumutbarkeit grundsätzlich nicht zu berücksichtigen (so BAG-Beschluss vom 15.11.2006 – 7 ABR 15/06, AP Nr. 38 zu § 78a BetrVG 1972).

Die Zumutbarkeit der Weiterbeschäftigung des JAV-Mitglieds beurteilt sich grundsätzlich nach den Verhältnissen zum Zeitpunkt der Beendigung des Berufsausbildungsverhältnisses. Nach diesem Zeitpunkt frei werdende Arbeitsplätze sind nicht zu berücksichtigen (BVerwG-Beschluss vom 29.03.2006 – 6 P 2/06, NZA-RR 2006, 501). Ist dagegen zum Zeitpunkt der Beendigung des Berufsausbildungsverhältnisses ein freier Arbeitsplatz vorhanden, hat bei der Prüfung der Unzumutbarkeit einer Weiterbeschäftigung ein künftiger Wegfall von Arbeitsplätzen unberücksichtigt zu bleiben (BAG-Beschluss vom 16.08.1995 – 7 ABR 52/04, AP Nr. 25 zu § 78a BetrVG 1972).

Die Weiterbeschäftigung eines nach § 78a BetrVG geschützten Auszubildenden kann dem Arbeitgeber im Sinne des § 78a Abs. 4 BetrVG zuzumuten sein, wenn er einen innerhalb von **drei Monaten** vor der vertraglich vereinbarten Beendigung des Berufsausbildungsverhältnisses frei werdenden Arbeitsplatz besetzt und die sofortige Neubesetzung nicht durch dringende betriebliche Gründe geboten ist (BAG-Beschluss vom 12.11.1997 – 7 ABR 63/96, AP Nr. 30 zu § 78a BetrVG 1972). Dagegen soll dem Arbeitgeber die Weiterbeschäftigung eines nach § 78a BetrVG geschützten Auszubildenden unzumutbar sein, wenn **fünf Monate** zuvor freie Arbeitsplätze mit Arbeitnehmern besetzt wurden, die ihre Ausbildung vorzeitig beendet haben (so BAG-Beschluss vom 12.11.1997 – 7 ABR 73/96, AP Nr. 31 zu § 78a BetrVG 1972).

Neben betrieblichen und personenbedingten Gründen können auch **verhaltensbedingte Gründe** die Auflösung des kraft Gesetzes entstandenen Arbeitsverhältnisses rechtfertigen. Ein Fehlverhalten des Auszubildenden führt nur dann zur Unzumutbarkeit der Weiterbeschäftigung, wenn es sich als grobe Verletzung der Ausbildungspflichten darstellt, das die Befürchtung rechtfertigt, der Auszubildende werde auch in seinem Arbeitsverhältnis in grober Weise gegen seine Pflichten aus dem Arbeitsvertrag verstoßen. Hierfür bedarf es einer umfassenden Würdigung aller Umstände. Im Betracht kommen etwa Straftaten, Tätlichkeiten, beharrliche Arbeitsverweigerung, hartnäckige unberechtigte Arbeitsversäumnis, schwere Verstöße gegen die betriebliche Ordnung o.ä. Der Arbeitgeber ist nicht gehindert, sich zur Begründung der Weiterbeschäftigung im Auflösungsverfahren des § 78a Abs. 4 BetrVG auf Auflösungsgründe zu berufen, die bereits Gegenstand einer im Ausbildungsverhältnis erteilten Abmahnung waren (BAG-Beschluss vom 18.09.2019 – 7 ABR 44/17, AP Nr. 57 zu § 78a BetrVG 1972).

Auch bei wiederholtem Nichtbestehen der Abschlussprüfung dürfte die Weiterbeschäftigung des Auszubildenden im Allgemeinen unzumutbar sein. Etwas anderes dürfte ausnahmsweise dann gelten, wenn dem Arbeitgeber die Weiterbeschäftigung des Auszubildenden auf einem minder qualifizierten Arbeitsplatz, etwa für ungelernte Arbeitnehmer, möglich und der Auszubildende nach Maßgabe der obigen Ausführungen hiermit einverstanden ist.

Ein **Qualifikationsvergleich** zwischen einem JAV-Mitglied und anderen für die Besetzung eines Arbeitsplatzes in Frage kommenden Arbeitnehmern ist grundsätzlich **nicht zulässig**. Deshalb kann der Arbeitgeber die Unzumutbarkeit der Weiterbeschäftigung nicht damit begründen, andere Auszubildende hätten die Prüfung mit einem besseren Ergebnis abgeschlossen oder er beabsichtige, den freien Arbeitsplatz mit einem besser qualifizierten anderen Arbeitnehmer zu besetzen.

Sowohl ein vor dem Ende des Berufsausbildungsverhältnisses nach § 78a Abs. 4 Satz 1 Nr. 1 BetrVG gestellter Antrag des Arbeitgebers als auch ein erst nach Beendigung des Berufsausbildungsverhältnisses nach § 78a Abs. 4 Satz 1 Nr. 2 BetrVG gestellter Antrag führen nach ständiger Rechtsprechung des BAG nur zur Auflösung des Arbeitsverhältnisses mit Rechtskraft des stattgebenden Beschlusses (BAG-Urteil vom 10.01.1995 – 7 AZR 74/94, AP Nr. 24 zu § 78a BetrVG 1972; BAG-Urteil vom 24.08.2016 – 5 AZR 853/15, NZA 2017, 872).

Leitet der Arbeitgeber beim Arbeitsgericht ein Verfahren nach § 78a Abs. 4 BetrVG ein, kann dem betroffenen JAV-Mitglied nur dringend empfohlen werden, sich in diesem gewerkschaftlich oder anwaltlich vertreten zu lassen. Hinzuweisen ist indes darauf, dass nach der Rechtsprechung des BAG der Arbeitgeber nicht die Kosten einer anwaltlichen Tätigkeit zu tragen hat, die einem Mitglied der JAV in einem Verfahren nach § 78a Abs. 4 BetrVG entstanden sind (so ausdrücklich BAG-Beschluss vom 05.04.2000 – 7 ABR 6/99, AP Nr. 33 zu § 78a BetrVG 1972).

Da durch das form- und fristgerechte Übernahmeverlangen eines JAV-Mitglieds zwischen diesem und dem Arbeitgeber im Anschluss an das beendete Berufsausbildungsverhältnis nach § 78a Abs. 2 Satz 1 BetrVG kraft Gesetzes ein unbefristetes Arbeitsverhältnis im Ausbildungsberuf begründet wird, hat das JAV-Mitglied gegen den Arbeitgeber, der die Beschäftigung unter Berufung auf die in § 78a Abs. 4 Satz 1 Nr. 2 BetrVG genannten Gründe als unzumutbar ablehnt, auch einen Anspruch auf **Vergütung wegen Annahmeverzugs**. Ein tatsächliches Angebot der Arbeitsleistung ist regelmäßig entbehrlich. Es genügt zur Begründung des Annahmeverzugs, wenn das Mitglied der JAV gegen die Ablehnung seiner Arbeitsleistung protestiert (BAG-Urteil vom 24.08.2016 – 5 AZR 853/15, AP Nr. 149 zu § 615 BGB). Im Falle des Eingreifens von (ein- oder zweistufigen) **tariflichen Ausschlussfristen**, insbesondere wegen beiderseitiger Tarifbindung (vgl. § 3 Abs. 1, § 4 Abs. 1 Satz 1 TVG) und/oder Allgemeinverbindlichkeit eines Tarifvertrags i.S.v. § 5 TVG, muss das JAV-Mitglied aber aufpassen: Zwar wahrt ein JAV-Mitglied mit dem form- und fristgerechten Weiterbeschäftigungsverlangen nach § 78a Abs. 2 Satz 1 BetrVG die **erste Stufe** einer tariflichen Ausschlussfrist für den Anspruch auf Vergütung wegen Annahmeverzugs. Dagegen wird die **zweite Stufe** einer tariflichen Ausschlussfrist, wonach bei Ablehnung des Anspruchs durch den Arbeitgeber oder Nichterklärung durch diesen innerhalb einer bestimmten Frist die Ansprüche innerhalb einer weiteren Frist **gerichtlich geltend** gemacht werden müssen, durch ein vom Arbeitgeber eingeleitetes Beschlussverfahren nach

§ 78a Abs. 4 Satz 1 Nr. 2 BetrVG nicht gewahrt. Vielmehr beginnt sie bereits mit Fälligkeit des Anspruchs zu laufen (BAG-Urteil vom 24.08.2016 – 5 AZR 853/15, AP Nr. 149 zu § 615 BGB). Werden bei einer solchen zweistufigen tariflichen Ausschlussfrist die Ansprüche auf Vergütung wegen Annahmeverzugs vom JAV-Mitglied nicht rechtzeitig innerhalb der in der zweiten Stufe gesetzten Frist gerichtlich geltend gemacht, verfallen sie deshalb.

12. Jugend- und Auszubildendenversammlungen

Die JAV kann nach § 71 Satz 1 BetrVG vor oder nach jeder Betriebsversammlung im Einvernehmen mit dem Betriebsrat eine Jugend- und Auszubildendenversammlung (JA-Versammlung) einberufen. Diese dient dazu, dass die JAV über ihre Arbeit in den vergangenen Monaten berichtet („Rechenschaftsbericht" der JAV). Zudem soll sie den jugendlichen Arbeitnehmern und den Auszubildenden unter 25 Jahren die Möglichkeit geben, mit der JAV zu diskutieren und Probleme anzusprechen, um dadurch auf die Meinungsbildung der JAV einzuwirken. Auch künftige Aufgaben der JAV können während der JA-Versammlung erörtert werden.

Die JA-Versammlung ist das Forum der JAV. Die Versammlung erfordert eine rechtzeitige Vorbereitung durch die JAV und eine gute Absprache ihrer Mitglieder. Die Veranstaltung ist eine gute Möglichkeit, Jugendlichen und Auszubildenden Aufgaben und Ziele der JAV näher zu bringen. Diese Chance sollte die JAV offensiv nutzen und nicht nur als bloße Pflichtaufgabe betrachten.

12.1 Einberufung

Die Einberufung der JA-Versammlung und die Festsetzung der Tagesordnung erfolgen aufgrund eines entsprechenden Beschlusses der JAV, der von dieser mit einfacher Mehrheit zu fassen ist.

Ob die JAV eine JA-Versammlung durchführt, liegt in ihrem Ermessen. Eine Verpflichtung hierzu besteht nicht, da es sich bei § 71 Satz 1 BetrVG lediglich um eine sog. „Kann-Vorschrift" handelt. Das Ermessen würde aber von der JAV fehlerhaft ausgeübt, wenn sie eine JA-Versammlung einberuft, ohne dass hierfür ein berechtigtes Interesse besteht. Dies wäre etwa der Fall, wenn die JAV keine Themen zu besprechen haben sollte und auch keine Anträge oder Beschwerden der jugendlichen Arbeitnehmer und Auszubildenden unter 25 Jahren vorlägen. Sofern die JAV in dem Fall dennoch eine JA-Versammlung allein zu dem Zweck einberuft, gleichsam in eigener Sache Werbung zu machen, würde dies eine Amtspflichtverletzung darstellen, die ggf. sogar eine Amtsenthebung zur Folge haben könnte.

Die Einberufung der JA-Versammlung bedarf der Zustimmung des Betriebsrats, der hierüber ebenfalls nach pflichtgemäßem Ermessen zu entscheiden hat. Das Zustimmungserfordernis bezieht sich auf die zeitliche Lage der JA-Versammlung und die Tagesordnung. An der Beschlussfassung des Betriebsrats sind alle JAV-Mitglieder gemäß § 67 Abs. 1 Satz 2 und Abs. 2 BetrVG teilnahme- und stimmberechtigt.

Die Ladung der Teilnehmer hat durch den Vorsitzenden der JAV rechtzeitig und unter Mitteilung der Tagesordnung zu erfolgen.

Muster: Einladungsschreiben

Liebe Kolleginnen und Kollegen,

hiermit laden wir zur nächsten Jugend- und Auszubildendenversammlung am .... (*Datum*), um .... (*Uhrzeit*), in .... (*Ort*) ein.

Als Tagesordnung ist vorgesehen:

TOP 1   Eröffnung und Einleitung

TOP 2   Bericht der Jugend- und Auszubildendenvertretung
mit den Schwerpunkten:
– Begrüßung der neuen Auszubildenden
– Qualität der Ausbildung
– Übernahmesituation in diesem Jahr

TOP 3   Bericht des Betriebsrates über die Verhandlungen zur Übernahme der Auszubildenden

TOP 4   Bericht der Geschäftsführung

TOP 5   Verschiedenes

Das voraussichtliche Ende der Veranstaltung wird um ..... Uhr sein.

Die Teilnahme an der JA-Versammlung ist Arbeitszeit. Für Auszubildende der Geschäftsstellen werden die Fahrtkosten übernommen.

Mit freundlichen Grüßen

....
(JAV-Vorsitzender)

12.2 Zeitpunkt und Ort

Die JA-Versammlungen finden regelmäßig während der Arbeitszeit vor oder nach jeder Betriebsversammlung statt, soweit nicht die Eigenart des Betriebs eine andere Regelung zwingend erfordert, § 71 Satz 3 BetrVG i.V.m. § 44 Abs. 1 Satz 1 BetrVG. Findet beispielsweise eine Betriebsversammlung von 10.00 Uhr bis 12.00 Uhr statt, kann die JA-Versammlung entweder für 09.00 Uhr bis 10.00 Uhr oder für 12.00 Uhr bis 13.00 Uhr angesetzt werden. Einer Zustimmung des Arbeitgebers bedarf es hierfür nicht.

Mit dem Arbeitgeber muss dagegen – ebenso wie mit dem Betriebsrat – Einvernehmen erzielt werden, wenn die JAV die JA-Versammlung zu einem anderen Zeitpunkt einberufen will, § 71 Satz 2 BetrVG. Die Erteilung der Zustimmung liegt im Ermessen des Arbeitgebers und des Betriebsrats. Ein Rechtsanspruch hierauf besteht nicht.

Die JA-Versammlung findet grundsätzlich in einem vom Arbeitgeber zur Verfügung zu stellenden Raum im Betrieb statt.

- In diesem Raum muss die Versammlung ohne Störungen ablaufen können. Nicht geeignet hierfür ist eine Kundenhalle, in der Kunden erscheinen können. In dem Fall müsste sichergestellt sein, dass zur Zeit der Durchführung der JA-Versammlung kein Kundenverkehr stattfindet.

- Der Raum muss von einer solchen (Mindest-)Größe sein, dass dort alle Teilnehmen einen Sitzplatz haben.

- Der Raum muss zu einer Zeit frei sein, zu der auch eine JA-Versammlung sinnvoll ist. Eine Veranstaltung erst spät abends schließt eine konzentrierte Teilnahme aus.

Sind ausreichende Räumlichkeiten im Betrieb für die Durchführung der JA-Versammlung nicht vorhanden, müssen ggf. – auf Kosten des Arbeitgebers – Räumlichkeiten außerhalb des Betriebs gemietet werden.

12.3 Teilnahmeberechtigte

Die JA-Versammlungen sind grundsätzlich nicht öffentlich. Obwohl § 71 Satz 3 BetrVG nicht auf § 42 Abs. 1 Satz 2 BetrVG hinsichtlich der Nichtöffentlichkeit von Betriebsversammlungen verweist, ist letztgenannte Vorschrift nach allgemeiner Ansicht auch bei JA-Versammlungen entsprechend anzuwenden.

Teilnahmeberechtigt sind daher lediglich

- Arbeitnehmer, die das 18. Lebensjahr noch nicht vollendet haben,
- die zu ihrer Berufsausbildung Beschäftigten, die das 25. Lebensjahr noch nicht vollendet haben,
- sämtliche Mitglieder der JAV,
- der Betriebsratsvorsitzende oder ein beauftragtes Betriebsratsmitglied (§ 71 Satz 3 BetrVG i.V.m. § 65 Abs. 2 Satz 2 BetrVG),
- der Arbeitgeber (§ 71 Satz 3 BetrVG i.V.m. § 43 Abs. 2 Satz 1 BetrVG),
- ein Beauftragter des Arbeitgeberverbands, dem der Arbeitgeber angehört (§ 71 Satz 3 BetrVG i.V.m. § 46 Abs. 1 Satz 2 BetrVG),
- Beauftragte der im Betrieb vertretenen Gewerkschaften (§ 71 Satz 3 BetrVG i.V.m. § 46 Abs. 1 Satz 1 BetrVG).

An der JA-Versammlung teilnehmen können weiterhin Gäste, Sachverständige und Auskunftspersonen, sofern dies die JAV beschlossen und dem der Betriebsrat zugestimmt hat.

12.4 Themen

Die Vorschrift des § 71 BetrVG bezeichnet nicht die Themen, die auf der JA-Versammlung behandelt werden können, sondern verweist in Satz 3 lediglich auf § 45 BetrVG. Deshalb können die in der letztgenannten Bestimmung genannten Angelegenheiten erörtert werden, sofern ein unmittelbarer Bezug zu den jugendlichen Arbeitnehmern oder den im Betrieb beschäftigten Auszubildenden unter 25 Jahren besteht. Themen der JA-

Versammlung können daher tarifpolitische, sozialpolitische, wirtschaftliche und solche Fragen sein, die sich auf die von der JAV nach § 70 BetrVG wahrzunehmenden Aufgaben beziehen. Nicht erforderlich ist, dass die Angelegenheiten besonders oder überwiegend die jugendlichen Arbeitnehmer oder die Auszubildenden betreffen. Vielmehr reicht es aus, wenn sie diesen Personenkreis zumindest auch betreffen.

12.5 Durchführung der Versammlung

Die Durchführung der JA-Versammlung richtet sich weitgehend nach den Vorschriften, die für die Durchführung von Betriebsversammlungen maßgebend sind (vgl. § 71 Satz 3 BetrVG). Anders als Betriebsversammlungen sind JA-Versammlungen jedoch stets als **Vollversammlungen** durchzuführen. Die Abhaltung von JA-Versammlungen als Abteilungsversammlungen und Teilversammlungen ist grundsätzlich nicht möglich.

Die Leitung der JA-Versammlung obliegt dem Vorsitzenden der JAV. Während der Versammlung steht ihm das Hausrecht zu. Dies bedeutet, dass er das Rederecht zu erteilen und dafür Sorge zu tragen hat, dass die JA-Versammlung ordnungsgemäß abläuft und keine unzulässigen Themen erörtert werden. Kommt der JAV-Vorsitzende dieser Verpflichtung nicht nach, so ist der Betriebsratsvorsitzende bzw. das beauftragte Betriebsratsmitglied berechtigt und verpflichtet, auf einen ordnungsgemäßen Verlauf der JA-Versammlung hinzuwirken.

Die Form der Veranstaltung bleibt der JAV überlassen. Zulässig sind nicht nur Vorträge oder die freie Rede. Eine Möglichkeit, die Versammlung aufzulockern, ist die Bildung von Arbeitsgruppen während eines Teils der Versammlung, um dadurch im kleinen Kreis Themen der Auszubildenden zu diskutieren.

Zur – vorübergehenden – Möglichkeit der Durchführung von JA-Versammlungen mittels audiovisueller Einrichtungen nach der Sonderregelung des § 129 Abs. 3 BetrVG aus Anlass der COVID-19-Pandemie s.u. 15.

Die **Gestaltung** der JA-Versammlung kann in folgenden unterschiedlichen Formen erfolgen:

- In Arbeitsgruppen kann häufig offener miteinander gesprochen werden. Es sollte jedoch mindestens ein JAV-Mitglied in jeder Arbeitsgruppe sein, um einen Einblick in den Verlauf und die angesprochenen Themen der Diskussionen zu erhalten.
- Kurze Rollenspiele
- Kartenabfrage zur Situation der Ausbildung („Was findet Ihr gut? Was stört Euch an der Ausbildung?"), damit auch Auszubildende sich beteiligen können, die zunächst nicht offen mitdiskutieren wollen.
- Wandzeitungen
- Video-Film
- Besprechung von konkreten Problemen.

Mit dem Arbeitgeber, der an der JA-Versammlung ein Teilnahmerecht hat, bzw. mit dessen Vertreter kann im Vorfeld abgesprochen werden, dass dieser bei einem Teil der Veranstaltung nicht zugegen ist, damit die Auszubildenden offener diskutieren können. Möglich ist dies aber nicht gegen den Willen des Arbeitgebers bzw. seines Vertreters, da dieser einen rechtlichen Anspruch auf Teilnahme an der Versammlung hat.

12.6 Kosten

Die Kosten für die Durchführung der JA-Versammlung hat gemäß § 40 Abs. 1 BetrVG der Arbeitgeber zu tragen.

Die Zeit der Teilnahme an der JA-Versammlung einschließlich der zusätzlichen Wegezeiten ist den Teilnehmern nach § 71 Satz 3 BetrVG i.V.m. § 44 Abs. 1 Satz 2 BetrVG wie Arbeitszeit zu vergüten. Dies gilt auch dann, wenn die Versammlungen wegen der Eigenart des Betriebs außerhalb der Arbeitszeit stattfinden, § 71 Satz 3 BetrVG i.V.m. § 44 Abs. 1 Satz 3 Halbsatz 1 BetrVG. Fahrtkosten, die den Teilnehmern an der JA-Versammlung durch die Teilnahme hieran entstehen, sind gemäß § 71 Satz 3 BetrVG i.V.m. § 44 Abs. 1 Satz 3 Halbsatz 2 BetrVG vom Arbeitgeber zu erstatten.

12.7 Streitigkeiten

Streitigkeiten über die Zulässigkeit, Einberufung und Durchführung einer JA-Versammlung sind im arbeitsgerichtlichen Beschlussverfahren auszutragen (§ 2a Abs. 1 Nr. 1, Abs. 2 ArbGG i.V.m. §§ 80 ff. ArbGG). Die Ansprüche eines Mitglieds der JAV auf Zahlung von Vergütung bzw. Auslagenerstattung sind dagegen als individualrechtliche Streitigkeiten im arbeitsgerichtlichen Urteilsverfahren zu verfolgen (§ 2 Abs. 1 Nr. 3a, Abs. 5 ArbGG i.V.m. §§ 46 ff ArbGG). Gleiches gilt für Ansprüche auf Vergütung und Fahrtkostenerstattung von Teilnehmern an der JA-Versammlung.

12.8 Nachbetrachtung durch die JAV

Nach der Veranstaltung sollten sich die Mitglieder der JAV – etwa in der nächsten Sitzung – über den Verlauf der Versammlung austauschen und dabei folgende Fragen erörtern:

- Welche Eindrücke haben die JAV-Mitglieder von der Versammlung?
- Wie war die Resonanz der Teilnehmer auf die JA-Versammlung?
- Welche Vorschläge und Fragen der jugendlichen Arbeitnehmer und Auszubildenden kamen auf?
- Was sollte beim nächsten Mal besser gemacht werden?

12.9 Checkliste: Vorbereitung und Ablauf der JA-Versammlung

Die Organisation einer JA-Versammlung ist eine aufwendige Aufgabe. Folgende Punkte sollten stets frühzeitig angegangen werden:

Terminplanung

Der Termin ist rechtzeitig in der JAV-Sitzung abzusprechen. Dabei ist auch frühzeitig der Betriebsrat einzubeziehen.

Aufgabenverteilung

Die Vorbereitung der Versammlung ist nicht nur Aufgabe des JAV-Vorsitzenden, sondern sämtlicher Mitglieder der JAV.

In der JAV-Sitzung ist rechtzeitig zu beraten,

- welche Themen wichtig sind,
- wie etwas präsentiert werden kann

  und
- wer die jeweiligen Aufgaben übernimmt.

Der Betriebsrat kann im Vorfeld angesprochen werden, bestimmte Themen, wie etwa die Sachlage bei der Übernahme der Auszubildenden, einzubringen.

- **Einladung**

Die Auszubildenden müssen durch einen Aushang oder persönliche Anschreiben unter Mitteilung der Tagesordnung eingeladen werden. Die Einladungen können kreativ gestaltet werden, indem eine Karikatur bzw. Zeichnung verwendet oder der Veranstaltung ein Motto geben wird.

Die Einladung ist das „Aushängeschild" der Versammlung: Wie der Text gestaltet wird, entscheidet häufig, ob die Auszubildenden hieran auch teilnehmen. Deshalb sollte die Tagesordnung über Punkte wie „Bericht der JAV" oder „Bericht des Betriebsrates" hinausgehen und konkrete Themen benennen, die für die Auszubildenden von Interesse sind. Die Auszubildenden müssen auch darüber informiert werden, dass die Veranstaltung während der Arbeitszeit stattfindet.

- **Versammlungsleitung**

Die Leitung der JA-Versammlung übernimmt der JAV-Vorsitzende. Es ist aber auch möglich, die einzelnen Tagesordnungspunkte auf verschiedene JAV-Mitglieder zu verteilen. Thematische Schwerpunkte sollten im Vorfeld abgesprochen werden, da eine Veranstaltung meist lebendiger und abwechslungsreicher ist, wenn mehrere Personen sprechen. Hierdurch wird zugleich verdeutlicht, dass die JAV ein Team ist.

- **Rechenschaftsbericht**

Der Bericht über die JAV-Arbeit ist besonders wichtig, da bei der JA-Versammlung alle Auszubildenden erreicht werden können. Der Bericht kann auch durch eine Wandzeitung unterstützt werden.

Wichtig ist, dass kein langweiliger Bericht erfolgen sollte. Vielmehr sollen möglichst viele JAV-Mitglieder etwas zur Arbeit der letzten Monate und den Zielen für die Zukunft sagen. Maßgebend dabei ist:

- Was hat die JAV erreicht?
- Welche Probleme sollen als nächstes angegangen werden?

Schließlich sind Diskussions- und Fragemöglichkeiten für die Auszubildenden einzuplanen.

13. Gesamt-Jugend- und Auszubildendenvertretung

13.1 Bedeutung und Funktion

Mit der Gesamt-Jugend- und Auszubildendenvertretung (G-JAV) soll erreicht werden, dass auch auf **Unternehmensebene** ein betriebsverfassungsrechtliches Organ besteht, das sich speziell der Belange der jugendlichen Arbeitnehmer und Auszubildenden unter 25 Jahren des Unternehmens annimmt.

Die Stellung der G-JAV ist zum einen gegenüber dem Gesamtbetriebsrat, zum anderen gegenüber den betrieblichen Jugend- und Auszubildendenvertretungen abzugrenzen: Im Verhältnis zum Gesamtbetriebsrat hat die G-JAV die gleiche Stellung wie die JAV zum Betriebsrat. Insoweit kommt ihr lediglich eine Hilfsfunktion für den Gesamtbetriebsrat zu, der ihr unmittelbarer Gesprächspartner ist. Ihre Kompetenzen übt sie durch Einflussnahme auf die Willensbildung des Gesamtbetriebsrats aus. Eigene Mitwirkungs- und Mitbestimmungsrechte gegenüber dem Arbeitgeber stehen ihr jedoch nicht zu. Ebenso wenig kann sie mit dem Arbeitgeber in rechtlich wirksamer Weise „eigene" Gesamtbetriebsvereinbarungen abschließen. Im Verhältnis zu den einzelnen Jugend- und Auszubildendenvertretungen des Unternehmens steht sie neben diesen und ist ihnen weder über- noch untergeordnet, § 73 Abs. 2 BetrVG i.V.m. § 50 Abs. 1 Satz 2 BetrVG.

13.2 Voraussetzungen der Errichtung

Die Errichtung einer G-JAV setzt nach § 72 Abs. 1 BetrVG voraus, dass in dem Unternehmen mehrere (also mindestens zwei) Jugend- und Auszubildendenvertretungen bestehen. Weitere Voraussetzung für die Errichtung einer G-JAV ist das Bestehen eines Gesamtbetriebsrats, da nur über diesen Beteiligungsrechte durchgesetzt werden können. Die Errichtung einer G-JAV kommt deshalb nicht in Betracht, wenn die Bildung des Gesamtbetriebsrats gesetzeswidrig unterlassen worden ist.

Sind die gesetzlichen Voraussetzungen für die Errichtung einer G-JAV gegeben, so muss diese **zwingend** gebildet werden. Eines besonderen Errichtungsbeschlusses der Jugend- und Auszubildendenvertretungen bedarf es hierfür nicht.

13.3 Zusammensetzung

In die G-JAV entsendet grundsätzlich jede JAV ein Mitglied, § 72 Abs. 2 BetrVG. Für dieses hat die JAV nach § 72 Abs. 3 BetrVG mindestens ein Ersatzmitglied zu bestellen und die Reihenfolge des Nachrückens festzulegen. Durch Tarifvertrag oder Betriebsvereinbarung kann die Mitgliederzahl nach Maßgabe von § 72 Abs. 4 oder 5 BetrVG abweichend geregelt werden.

13.4 Amtszeit

Die G-JAV ist ebenso wie der Gesamtbetriebsrat eine **Dauereinrichtung** und hat deshalb **keine feste Amtszeit**. Hinsichtlich der Beendigung der Mitgliedschaft in der G-JAV gelten nach § 73 Abs. 2 BetrVG i.V.m. § 49 BetrVG die Grundsätze für die Beendigung der Mitgliedschaft im Gesamtbetriebsrat entsprechend (siehe dazu im Einzelnen *Bopp/Ehrich*, Geschäftsführung des Betriebsrats und Arbeit des Gesamtbetriebsrats, 2. Aufl. 2018, S. 276).

13.5 Zuständigkeit

Die G-JAV ist nach § 73 Abs. 2 BetrVG i.V.m. § 50 Abs. 1 Satz 1 BetrVG zuständig für alle Angelegenheiten, die das Unternehmen oder mehrere Betriebe betreffen und nicht durch die einzelnen Jugend- und Auszubildendenvertretungen innerhalb ihrer Betriebe geregelt werden können. Maßgebend für die Abgrenzung sind die gleichen Grundsätze, die für den Gesamtbetriebsrat gelten (Einzelheiten dazu siehe bei *Bopp/Ehrich*, Geschäftsführung des Betriebsrats und Arbeit des Gesamtbetriebsrats, 2. Aufl. 2018, S. 293 ff.). Die originäre Zuständigkeit der G-JAV erstreckt sich insoweit auch auf Betriebe des Unternehmens, in denen keine Jugend- und Auszubildendenvertretungen errichtet worden sind (§ 73 Abs. 2 BetrVG i.V.m. § 50 Abs. 1 Satz 1 letzter Halbsatz BetrVG).

Die Zuständigkeit der G-JAV ist ferner gegeben, wenn eine JAV mit der Mehrheit der Stimmen ihrer Mitglieder die G-JAV beauftragt, eine Angelegenheit für sie zu behandeln, § 73 Abs. 2 BetrVG i.V.m. § 50 Abs. 2 Satz 1 BetrVG. Hierfür ist nicht erforderlich, dass der Gesamtbetriebsrat vom Betriebsrat ebenfalls beauftragt worden ist.

13.6   Geschäftsführung

Für die Geschäftsführung der G-JAV gelten aufgrund der gesetzlichen Verweisung des § 73 Abs. 2 BetrVG die Grundsätze zur Geschäftsführung der JAV (s.o. 5.) weitgehend entsprechend. Die Möglichkeit der Einrichtung von Sprechstunden durch die G-JAV besteht allerdings nicht.

Die Rechte der G-JAV gegenüber dem Gesamtbetriebsrat sind weitgehend identisch mit denen der JAV gegenüber dem Betriebsrat (s.o. 7.), da § 73 Abs. 2 BetrVG u.a. die Vorschriften der §§ 66 bis 68 BetrVG für entsprechend anwendbar erklärt.

Nach § 73 Abs. 1 Satz 1 BetrVG kann die G-JAV nach Verständigung des Gesamtbetriebsrats **Sitzungen** abhalten. Eine Zustimmung des Gesamtbetriebsrats ist hierfür nicht erforderlich. Die bloße Mitteilung reicht aus. Der Arbeitgeber ist vorher ebenfalls zu verständigen, § 73 Abs. 2 BetrVG i.V.m. § 30 Satz 3 BetrVG. Teilnahmeberechtigt sind alle Mitglieder der G-JAV. Der Vorsitzende des Gesamtbetriebsrats oder ein anderes beauftragtes Mitglied des Gesamtbetriebsrats kann an den Sitzungen teilnehmen (§ 73 Abs. 1 Satz 2 BetrVG). Das Teilnahmerecht des Arbeitgebers und der Gewerkschaftsbeauftragten besteht wie bei Betriebsratssitzungen, § 73 Abs. 2 BetrVG i.V.m. § 51 Abs. 1 Satz 1 und Abs. 2 Satz 3 BetrVG i.V.m. § 29 Abs. 4 BetrVG und § 31 BetrVG). Ein selbständiges Teilnahmerecht der Gesamtschwerbehindertenvertretung (§ 180 Abs. 1 SGB IX) besteht nicht.

Die **Beschlussfassung** richtet sich gemäß § 73 Abs. 2 BetrVG i.V.m. § 51 Abs. 3 BetrVG nach den für den Gesamtbetriebsrat geltenden Grundsätzen. Beschlüsse der G-JAV werden daher, soweit nichts anderes bestimmt ist, mit Mehrheit der Stimmen der anwesenden Mitglieder gefasst (§ 73 Abs. 2 BetrVG i.V.m. § 51 Abs. 3 Satz 1 BetrVG), wobei allerdings das in § 72 Abs. 7 BetrVG geregelte sog. Prinzip der Stimmengewichtung (s.u. 13.7) insoweit maßgebend ist. Bei Stimmengleichheit gilt der Antrag als abgelehnt, § 73 Abs. 2 BetrVG i.V.m. § 51 Abs. 3 Satz 2 BetrVG.

Die **Beschlussfähigkeit** ist nur gegeben, wenn mindestens die Hälfte der Mitglieder der G-JAV an der Beschlussfassung teilnimmt und die Teilnehmenden mindestens die Hälfte aller Stimmen unter Berücksichtigung der Stimmengewichtung (s.u. 13.7) vertreten, § 73 Abs. 2 BetrVG i.V.m. § 51 Abs. 3 Satz 2 BetrVG.

13.7 Stimmengewichtung

Für die Abstimmung in der G-JAV gilt nach § 72 Abs. 7 Satz 1 BetrVG das sog. Prinzip der Stimmengewichtung, d.h. jedes Mitglied der G-JAV hat so viele Stimmen, wie in dem Betrieb, in dem es gewählt wurde, jugendliche Arbeitnehmer und Auszubildende unter 25 Jahren in die Wählerliste eingetragen sind. Ist ein Mitglied der G-JAV für mehrere Betriebe entsandt worden, hat es so viele Stimmen, wie in den Betrieben, für die es entsandt ist, jugendliche Arbeitnehmer und Auszubildende unter 25 Jahren in den Wählerlisten eingetragen sind (§ 72 Abs. 7 Satz 2 BetrVG). Sind mehrere Mitglieder der JAV entsandt worden, stehen diesen die Stimmen gemäß § 72 Abs. 7 Satz 3 BetrVG anteilig zu.

Für Mitglieder der G-JAV, die aus einem gemeinsamen Betrieb mehrerer Unternehmen entsandt worden sind, können nach § 72 Abs. 8 BetrVG durch Tarifvertrag oder Betriebsvereinbarung von § 72 Abs. 7 BetrVG abweichende Regelungen getroffen werden.

13.8 Rechtsstellung der Mitglieder

Die Rechtsstellung der Mitglieder der G-JAV hinsichtlich ehrenamtlicher Tätigkeit und Arbeitsbefreiung sowie Schutzbestimmungen und Geheimhaltungspflichten entspricht der der Mitglieder in der JAV (s.o. 10.).

Anders als die Mitglieder der JAV haben die Mitglieder der Gesamt-JAV keinen eigenständigen Anspruch auf Teilnahme an Schulungs- und Bildungsveranstaltungen i.S.v. § 37 Abs. 6 und 7 BetrVG. Vielmehr müssen diese die Veranstaltungen in ihrer Eigenschaft als Jugend- und Auszubildendenvertreter besuchen. Zuständig für die Beschlussfassung eines Jugend- und Auszubildendenvertreters auf eine Schulungs- und Bildungsveranstaltung ist weder der Gesamtbetriebsrat noch die G-JAV, sondern allein der Betriebsrat (BAG-Beschluss vom 10.06.1975 – 1 ABR 140/73, AP

Nr. 1 zu § 73 BetrVG 1972). Bei der Beurteilung der Erforderlichkeit der zu vermittelnden Kenntnisse für die Amtstätigkeit ist aber auch die Stellung des Mitglieds der JAV als Mitglied der G-JAV zu berücksichtigen.

14. Konzern-Jugend- und Auszubildendenvertretung

Nach § 73a Abs. 1 Satz 1 BetrVG kann in einem Konzern i.S.v. § 18 Abs. 1 AktG, sofern mehrere Gesamt-Jugend- und Auszubildendenvertretungen bestehen, durch Beschlüsse der einzelnen Gesamt-Jugend- und Auszubildendenvertretungen eine Konzern-Jugend- und Auszubildendenvertretung (K-JAV) gebildet werden. Die Initiative zur Errichtung einer K-JAV kann von jeder G-JAV ausgehen. Besteht in einem Konzernunternehmen nur eine JAV, so nimmt diese gemäß § 73a Abs. 1 Satz 3 BetrVG die Aufgaben der G-JAV wahr.

Die **Errichtung** einer K-JAV erfordert – anders als die Bildung des Konzernbetriebsrats (vgl. § 54 Abs. 1 Satz 2 BetrVG) – gemäß § 73a Abs. 1 Satz 2 BetrVG die Zustimmung der Gesamt-Jugend- und Auszubildendenvertretungen, in denen insgesamt mindestens **75 %** der jugendlichen Arbeitnehmer und Auszubildenden unter 25 Jahren beschäftigt sind. Voraussetzung für die Errichtung einer K-JAV ist zudem das Bestehen eines Konzernbetriebsrats. Denn nur über und durch diesen kann die K-JAV – wie sich aus der Verweisung auf die §§ 66 bis 68 BetrVG in § 73b Abs. 2 BetrVG sowie aus § 73b Abs. 1 BetrVG ergibt – ihre Aufgaben erfüllen. Besteht kein Konzernbetriebsrat, so kann daher eine K-JAV selbst dann nicht errichtet werden, wenn es in den Gesamt-Jugend- und Auszubildendenvertretungen des Konzerns die erforderliche Mehrheit von mindestens 75 % i.S. des § 73a Abs. 1 Satz 2 BetrVG gibt.

In die K-JAV entsendet jede G-JAV eines ihrer Mitglieder (§ 73a Abs. 2 Satz 1 BetrVG). Für jedes Mitglied hat die G-JAV gemäß § 73a Abs. 2 Satz 2 BetrVG mindestens ein Ersatzmitglied zu bestellen und die Reihenfolge des Nachrückens festzulegen. Durch Tarifvertrag oder Betriebsvereinbarung kann die Mitgliederzahl nach Maßgabe von § 72 Abs. 4 und 5 BetrVG abweichend geregelt werden (§ 72a Abs. 4 BetrVG).

Die Rechte der K-JAV gegenüber dem Konzernbetriebsrat sind weitgehend identisch mit denen der JAV gegenüber dem Betriebsrat (s.o. 7.), da § 73b Abs. 2 BetrVG u.a. die Vorschriften der §§ 66 bis 68 BetrVG für entsprechend anwendbar erklärt.

Die K-JAV kann nach Verständigung des Konzernbetriebsrats **Sitzungen** abhalten, § 73b Abs. 1 Satz 1 BetrVG. Der Arbeitgeber ist vorher ebenfalls zu verständigen, § 73b Abs. 2 BetrVG i.V.m. § 30 Satz 3 BetrVG. An den

Sitzungen kann der Vorsitzende oder ein beauftragtes Mitglied des Konzernbetriebsrats teilnehmen (§ 73b Abs. 1 Satz 2 BetrVG).

Die **Beschlussfassung** richtet sich gemäß § 73b Abs. 2 Satz 1 BetrVG i.V.m. § 51 Abs. 3 BetrVG nach den für den Gesamtbetriebsrat geltenden Grundsätzen. Beschlüsse der K-JAV werden daher, soweit nichts anderes bestimmt ist, mit Mehrheit der Stimmen der anwesenden Mitglieder gefasst (§ 73b Abs. 2 Satz 1 BetrVG i.V.m. § 51 Abs. 3 Satz 1 BetrVG), wobei hier ebenfalls das in § 73a Abs. 3 BetrVG geregelte Prinzip der sog. Stimmengewichtung gilt, demzufolge jedes Mitglied der K-JAV so viele Stimmen hat, wie die Mitglieder der entsendenden G-JAV insgesamt Stimmen haben. Bei Stimmengleichheit gilt der Antrag als abgelehnt, § 73b Abs. 2 Satz 2 BetrVG i.V.m. § 51 Abs. 3 Satz 2 BetrVG.

Die **Beschlussfähigkeit** ist nur gegeben, wenn mindestens die Hälfte der Mitglieder der K-JAV an der Beschlussfassung teilnimmt und die Teilnehmenden mindestens die Hälfte aller Stimmen unter Berücksichtigung der Stimmengewichtung vertreten, § 73b Abs. 2 BetrVG i.V.m. § 51 Abs. 3 Satz 3 BetrVG.

Hinsichtlich der **Amtszeit** und der **Zuständigkeit** der K-JAV sind die gleichen Grundsätze maßgebend, die für den Konzernbetriebsrat gelten (Einzelheiten dazu siehe bei *Weber/Ehrich/Hörchens/Oberthür*, Handbuch zum Betriebsverfassungsrecht, 2. Aufl. 2003, Teil B, Rn. 346 ff., 366 ff.), da in § 73b Abs. 2 BetrVG u.a. die Vorschriften der §§ 57 und 58 BetrVG für entsprechend anwendbar erklärt werden.

15. Sonderregelungen aus Anlass der COVID-19-Pandemie

Auf Grund der sog. COVID-19-Pandemie hat der Gesetzgeber durch Art. 5 des Gesetzes zur Förderung der beruflichen Weiterbildung im Strukturwandel und zur Weiterentwicklung der Ausbildungsförderung vom 20. Mai 2020 (BGBl. I, S. 1044) rückwirkend ab dem 1. März 2020 zur Aufrechterhaltung der Handlungs- und Beschlussfähigkeit der Betriebsverfassungsorgane während der Corona-Zeiten in § 129 BetrVG „Sonderregelungen aus Anlass der COVID-19-Pandemie" aufgenommen, wonach die Teilnahme an Sitzungen des Betriebsrats, Gesamtbetriebsrats, Konzernbetriebsrats, der JAV, der G-JAV und der K-JAV sowie die Beschlussfassung mittels Video-, und Telefonkonferenz erfolgen können, wenn sichergestellt ist, dass Dritte vom Inhalt dieser Sitzung keine Kenntnis nehmen können, § 129 Abs. 1 Satz 1 BetrVG (zu den – durchaus berechtigten – Bedenken an dieser Regelung siehe *Müller*, Corona-Virus und Betriebsratsarbeit – Digitales Irrlichtern der Bundesregierung bei der geplanten Einführung des § 129 BetrVG, ArbRAktuell 2020, 247 ff. Siehe dazu weiterhin *Däubler/Klebe*, Betriebsratsarbeit in Zeiten einer Pandemie: § 129 BetrVG, NZA 2020, 545 ff.; *Mückl/Wittek*, Betriebsverfassung 4.0: Virtuelle Sitzungen und Versammlungen nach dem neuen § 129 BetrVG, DB 2020, 1289 ff.; *Lütkehaus/Powietzka*, Virtuelle Betriebsratssitzung und virtuelle Einigungsstelle, NZA 2020, 552 ff.; *Schulze/Helmrich*, Digitale Betriebsratstätigkeit und Datenschutz, ArbRAktuell 2020, 253 ff.). Eine Aufzeichnung dieser Sitzungen ist nach § 129 Abs. 1 Satz 2 BetrVG unzulässig. Die Regelung des § 34 Abs. 1 Satz 3 BetrVG, wonach der Sitzungsniederschrift eine Anwesenheitsliste beizufügen ist, in die sich jeder Teilnehmer einzutragen hat, gilt gemäß § 129 Abs. 1 Satz 3 BetrVG mit der Maßgabe, dass die Teilnehmer ihre Anwesenheit gegenüber dem Vorsitzenden in Textform bestätigen. Gleiches gilt für die von den in § 129 Abs. 1 Satz 1 BetrVG genannten Gremien gebildeten Ausschüssen (§ 129 Abs. 1 Satz 4 BetrVG).

§ 129 Abs. 3 BetrVG sieht weiterhin vor, dass Betriebsversammlungen, Betriebsräteversammlungen und JA-Versammlungen nach den §§ 42, 53 und 71 BetrVG mittels audiovisueller Einrichtungen durchgeführt werden können, wenn sichergestellt ist, dass nur teilnahmeberechtigte Personen Kenntnis vom Inhalt der Versammlung nehmen können, wobei auch hier Aufzeichnungen von solchen Versammlungen unzulässig sind (siehe dazu *Klumpp/Holler*, Die „virtuelle Betriebsversammlung" nach § 129 Abs. 3 BetrVG, BB 2020, 1268 ff.).

Diese Sonderregelungen galten, wie sich aus Art. 6 i.V.m. Art. 19 Abs. 6 des Gesetzes zur Förderung der beruflichen Weiterbildung im Strukturwandel und zur Weiterentwicklung der Ausbildungsförderung vom 20. Mai 2020 ergibt, zunächst befristet bis zum 31. Dezember 2020. Sie wurden zunächst verlängert bis zum 30. Juni 2021durch Art. 4 des Gesetzes zur Beschäftigungssicherung infolge der COVID-19-Pandemie (Beschäftigungssicherungsgesetz BeschSiG) vom 3. Dezember 2020 (BGBl. I, S. 2691).

16. Literaturverzeichnis

Arnold/Gräfl, Kommentar zum Teilzeit- und Befristungsgesetz, 3. Aufl. 2012

Boecken/Joussen, Kommentar zum Teilzeit- und Befristungsgesetz, 6. Aufl. 2019

Bopp/Ehrich, Geschäftsführung des Betriebsrats und Arbeit des Gesamtbetriebsrats, 2. Aufl. 2018

Däubler/Klebe, Betriebsratsarbeit in Zeiten einer Pandemie: § 129 BetrVG, NZA 2020, 545 ff.

Däubler/Klebe/Wedde, Betriebsverfassungsgesetz, Kommentar für die Praxis, 17. Aufl. 2020

Ehrich, Das Mitbestimmungsrecht des Betriebsrats bei der Bestellung und Abberufung von betrieblichen Bildungsbeauftragten (§ 98 Abs. 2, 5 BetrVG), RdA 1993, 220 ff.

Ehrich/Fröhlich, Die Einigungsstelle, 2. Aufl. 2010

Fitting/Engels/Schmidt/Trebinger/Linsenmaier, Kommentar zum Betriebsverfassungsgesetz, 30. Aufl. 2020

Greiser/Kador, Das Arbeitszeugnis im Wandel der Rechtsprechung, ArbuR 2012, 201 ff.

Grobys/Panzer-Heemeier, Stichwortkommentar zum Arbeitsrecht, 3. Aufl. 2017

Klumpp/Holler, Die „virtuelle Betriebsversammlung" nach § 129 Abs. 3 BetrVG, BB 2020, 1268 ff.

Lakies/Malottke, Kommentar zum Berufsbildungsgesetz, 7. Aufl. 2020

Laux/Schlachter, Kommentar zum Teilzeit- und Befristungsgesetz, 2. Aufl. 2011

Lütkehaus/Powietzka, Virtuelle Betriebsratssitzung und virtuelle Einigungsstelle, NZA 2020, 552 ff.

Mückl/Wittek, Betriebsverfassung 4.0: Virtuelle Sitzungen und Versammlungen nach dem neuen § 129 BetrVG, DB 2020, 1289 ff.

Müller, Corona-Virus und Betriebsratsarbeit – Digitales Irrlichtern der Bundesregierung bei der geplanten Einführung des § 129 BetrVG, ArbRAktuell 2020, 247 ff.

Schleßmann, Das Arbeitszeugnis, 22. Aufl. 2017

Schulze/Helmrich, Digitale Betriebsratstätigkeit und Datenschutz, ArbRAktuell 2020, 253 ff.

Taubert, Kommentar zum Berufsbildungsgesetz, 3. Aufl. 2021

Weber/Ehrich/Hörchens/Oberthür, Handbuch zum Betriebsverfassungsrecht, 2. Aufl. 2003

17. Stichwortverzeichnis

A

Amtszeit der JAV 46
Anregungsrechte 72
Antragsrechte 66
Assessment Center 92
Aufgaben der JAV 63
Aufgaben des Wahlvorstands 24
Ausbilder 56, 62, 68, 82, 84, 93, 100, 112, 122, 126, 142, 153, 156, 178, 180
Ausbildungsbeauftragte 130
Ausbildungsfremde Tätigkeiten 124
Ausbildungsnachweis 66, 71, 125, 133
Ausbildungsmittel 66, 70, 82, 117, 125
Ausbildungsordnung 82, 84, 96, 99, 114, 120, 124, 129, 131, 182
Ausbildungsplan 66, 74, 82, 113, 130, 139, 146, 149, 156
Ausbildungsplan, betrieblicher 120, 122
Ausbildungsqualität 83, 108, 112, 120, 146, 149, 153
Ausbildungsrahmenplan 96, 117, 120, 122
Ausbildungsvergütung 69
Ausbildungszeugnis 176
Ausschüsse der JAV 48
Ausschüsse des Betriebsrats 77
Aussetzung von Betriebsratsbeschlüssen 78
Auswahlrichtlinien 89

B

BBiG 14, 67, 75, 82, 96, 108, 112, 131, 138, 158, 176, 184, 186, 188
Befragung der Auszubildenden 136
Befristung 70, 161
Begünstigungsverbot 185
Benachteiligungsverbot 185, 186
Beratungsrechte 73

Berichtshefte 129
Berufsausbildungsvertrag 96
Berufsbildungsbedarf 86, 88, 89
Berufsbildungsgesetz 67, 69, 70
Berufsschule 67, 69, 106, 126
Beschlüsse der G-JAV 207, 210
Beschlüsse der JAV 49, 54, 57, 72, 74
Beschlüsse des K-JAV 212
Beschlussfähigkeit 57, 210
Beschlussfassung 48, 53, 57, 58, 59, 60, 74, 77, 78, 184, 199, 209, 210, 213
Beschlussverfahren 62, 142, 204
Beschwerderecht 171
Betriebsvereinbarung 53, 64, 76, 90, 91, 95, 108, 112, 120, 123, 140, 145, 166, 173, 174, 208, 210, 212
Beurteilungsgrundsätze 141
Beurteilungssystem 53, 64, 76, 77, 145

C

Charakterliche Förderung 127
COVID-19-Pandemie 56, 08, 221 f.

D

d'Hondt'sches Höchstzahlensystem 20, 31
d'Hondt'sches Höchstzahlensystem 26

E

Eignung 115, 116, 117, 130, 132
Eignung des Ausbildungsbetriebs 116
Ersatzmitglieder 17, 19, 46, 54, 57, 58, 187

F

Fragebogen 93, 149

G

Geheimhaltungspflicht 73, 185
Geschäftsführung der G-JAV 209
Geschäftsführung der JAV 62, 209
Geschäftsordnung 48, 59, 60
Gewerkschaft 20, 23, 24, 33, 38, 42, 52
G-JAV 59
Größe der JAV 16
Größe des Wahlvorstands 22

J

JArbSchG 67
JAV, allgemeine Aufgaben 17, 48
JA-Versammlung 50, 152, 155, 198
JAV-Sitzung 205
Jugendarbeitsschutzgesetz 98, 114

K

K-JAV 212
Konstituierende Sitzung der JAV 40, 49
Kostensenkung 166
Kündigung 41, 54, 62, 101, 126, 170, 186

L

Lernzielkontrollen 146

M

Mehrheitswahl 19, 54
Minderheitenschutz der Geschlechter 16, 26
Mitbestimmungsrechte 65, 83, 107, 120, 141, 169, 184, 207

N

Nichtigkeit der JAV-Wahl 43

P

Personalbedarfsplanung 85, 174
Personalplanung 84, 124, 133, 164, 168, 174
Pflichten der JAV 183, 185
Pflichten des Ausbildenden 125
Praktikant 14, 137
Praktikum 91, 137
Probezeit 100, 186

R

Rechte der JAV 73

S

Schulungen 86, 95, 135, 136, 148
Sitzungen der JAV 40, 49, 72, 74, 165, 200
Sitzungen der K-JAV 212
Sitzungen des BR 73, 165, 170
Sitzungen des G-JAV 209
Sonderkündigungsschutz 41, 186
Sprechstunden 61, 209
Stellenausschreibung 170
Stellenbeschreibung 87
Stimmauszählung 34, 39
Stimmengewichtung 209, 213
Stimmrechte der JAV in BR-Sitzungen 76
Streitigkeiten 62

T

Tarifvertrag 15, 64, 70, 106, 109, 142, 161, 173, 208, 210, 212
Tarifverträge 99
Teilnahmeberechtigte an JA-Versammlungen 201, 203
Teilnahmeberechtigte an JAV-Sitzungen 52
Teilnahmerecht der JAV an Besprechungen 79
Teilnahmerecht der JAV an BR-Sitzungen 75, 78, 199

Teilnahmerecht des BR und der JAV 95
Teilzeit- und Befristungsgesetz 70
Teilzeit- und Befristungsgesetzt 139, 159

U

Übernahme Auszubildender 74, 86, 164
Übernahme von Auszubildenden 66, 74, 76, 86, 90, 92, 157
Übernahme von JAV-Mitgliedern 42
Übernahmeanspruch von JAV-Mitgliedern 188
Überwachungsaufgaben der JAV 18
Überwachungsauftrag von JAV und BR 108
Überwachungsrechte 66
Unterrichtungsrechte 73
Urlaub 54, 75, 105, 110, 149, 166
Urteilsverfahren 62

V

Verhältniswahl 19, 26, 54
Versetzung 42, 55, 64, 90, 120, 123, 140, 171, 188
Versetzungsplan 64, 120, 123, 140
Versetzungsplan, betrieblicher 120
Versetzungsschutz von JAV-Mitgliedern 42, 188
Vorschlagslisten 20, 25, 28, 32, 34, 54
Vorsitzender der JAV 40, 49, 199, 202
Vorsitzender des BR 54, 61, 74, 78, 165, 202
Vorsitzender des GBR 209
Vorsitzender des KBR 213
Vorsitzender des Wahlvorstands 22, 32, 40

W

Wahl der JAV 17
Wahlanfechtung 42
Wahlausschreiben 16, 20, 24, 32, 40
Wählerliste 18, 24, 33, 37, 42, 210
Wahlkosten 41
Wahlniederschrift 40
Wahlrecht, aktives 18, 41, 45
Wahlrecht, passives 18, 23, 45
Wahlschutz 41
Wahlverfahren, Einleitung 20, 24, 35
Wahlverfahren, normales 21
Wahlverfahren, vereinfachtes 19, 21, 36
Wahlvorstand 15, 20, 32, 49
Weisungsberechtigte Personen 116
Wirtschaftliche Angelegenheiten 165, 168
Wirtschaftsausschuss 167

Z

Zeitpunkt der JAV-Wahl 17
Zusammenarbeit BR und JAV 45, 81
Zusammenarbeit JAV und BR 80, 81
Zusammensetzung der JAV 16
Zuständigkeit der G-JAV 207
Zuständigkeit der K-JAV 213